# La gran guía del lenguaje no verbal



Divulgación

## Biografía

Teresa Baró Catafau es especialista en comunicación personal en el ámbito profesional, tiene una larga experiencia asesorando a directivos, empresarios, políticos y a todo tipo de perfiles públicos. Trabaja con empresas e instituciones de España y Latinoamérica, y diseña programas formativos para los colectivos más diversos y especializados. Baró realiza una importante tarea divulgadora como conferenciante internacional, escritora y youtuber. Es autora de *Imparables*, *Manual de la comunicación personal de éxito*, *Guía ilustrada de insultos* e *Inteligencia no verbal*, todos ellos publicados por Paidós.

www.teresabaro.com

**Teresa Baró**

# La gran guía del lenguaje no verbal

*Domina tus relaciones presenciales y virtuales en la complejidad del mundo actual*

PAIDÓS

PEFC Certificado
El papel de este libro procede de bosques gestionados de forma sostenible
PEFC
PEFC/14-38-00305
www.pefc.es


Paidós, un sello editorial de Editorial Planeta, S. A.
Avda. Diagonal, 662-664, 08034 Barcelona (España)
www.paidos.com
www.planetadelibros.com

Adaptación de la cubierta: Booket / Área Editorial Grupo Planeta
Ilustración de la cubierta: © Alphavector, Vectorium / Shutterstock
Primera edición en Colección Booket: noviembre de 2021
Primera edición en esta presentación: septiembre de 2025
Segunda impresión: agosto de 2026

Depósito legal: B. 13.313-2025
ISBN: 978-84-08-30785-3
Impreso en España

*Dedicado a todas las personas que están decididas a cambiar el rumbo de su vida. Para que lleven en sus alforjas un valioso y ligero equipaje.*

*Dedicado a mis hijos, espejo permanente de mis errores y mis aciertos en la compleja tarea de comunicar.*

# SUMARIO

SEGUNDA PARTE

TERCERA PARTE

# AGRADECIMIENTOS

No sé si es el azar, la conjunción de los astros o nuestra capacidad para hacer que las cosas sucedan y para encontrar las personas adecuadas en el momento oportuno. No sé si esto es relevante. Lo que es importante es que hay personas decisivas en la vida de uno y les debemos parte de lo que somos y de lo que hacemos.

Este libro no habría sido posible sin una serie de profesionales que, sin saberlo, recorrían conmigo el camino para llegar, por lo menos, hasta aquí.

Agradezco a Quim Cuixart que me confiara la sección de «Comunicación no verbal» de *Para todos La 2* entre los años 2010 y 2016.

Mi agradecimiento a Daniel Royo, que por arte de magia convirtió un café en la semilla de este libro.

Mi reconocimiento a Elisabet Navarro, la editora, por la ilusión depositada en este proyecto, por su profesionalidad y su buen criterio.

A todos los lectores que han hecho posibles las sucesivas reediciones de este libro y lo mantienen vivo, llevándolo a la práctica en su comunicación cotidiana.

# PRÓLOGO

Es una alegría poder escribir este prólogo a una nueva edición, ampliada y revisada, de *La gran guía del lenguaje no verbal* que ya ha cumplido diez años.

Diez años no son nada, han sido tan rápidos como una exhalación. Pero desde 2013 han sucedido tantas cosas que no podemos valorar las relaciones humanas y la comunicación sin aportar nuevas perspectivas.

Muchos motivos me impulsan a mantener este libro activo y abierto a nuevas aportaciones.

En primer lugar, el éxito que ha tenido entre los lectores de habla hispana de todo el mundo. Y, por lo tanto, la evidencia de que la comunicación no verbal, en particular, es un tema de interés para todo tipo de profesionales y para cualquier persona que se interese por mejorar sus habilidades. Gracias a todos por leerlo, consultarlo y divulgarlo.

En segundo lugar, porque en comunicación hay pocas cosas que podamos afirmar rotundamente. Cada día sabemos más acerca de la psicología humana y tenemos estudios reveladores de sociología, antropología y otras disciplinas que nos aportan nuevas miradas para el estudio de la conducta no verbal. En la medida de lo posible, tenemos que actualizar la información.

Y, por supuesto, la tecnología nos ha demostrado que se puede infiltrar de tal manera en nuestras vidas que incluso perdemos la noción de frontera entre la realidad y la virtualidad. Y en esto, lo no verbal tiene un gran protagonismo.

A lo largo de esta última década hemos vivido procesos acelerados de digitalización, nos hemos acostumbrado más todavía a mantener relaciones virtuales, al cien por cien, o combinadas con encuentros cara a cara. Nuestro cerebro ha tenido que adaptarse a una nueva forma de percibir el lenguaje corporal de nuestros interlocutores, y nosotros, como emisores, hemos aprendido otras formas de transmitir e influir en los demás.

La inteligencia artificial (IA) está presente ya en la vida cotidiana de todos, tanto si la utilizamos activamente como si somos sus «víctimas». Tenemos al alcance herramientas para generar imágenes o para distorsionarlas, utilizando la comunicación no verbal, pero también podemos ser engañados por los *deepfakes* o imágenes generadas artificialmente.

Pero no es únicamente el impacto de la tecnología lo que hace necesaria una nueva mirada sobre el estudio de la comunicación no verbal, sino también los grandes cambios sociales que están modificando formas ancestrales de ver el mundo y las relaciones humanas, aunque a distintas velocidades según países y sectores.

Sobre esta cuestión pondré solo dos ejemplos, pero de tal magnitud que podemos afirmar que nunca más volveremos a ver el mundo como antes. La cada vez más cercana igualdad de género en la cultura occidental, la difuminación de las fronteras entre lo considerado tradicionalmente masculino y femenino, y la evolución de conceptos como *buena imagen*, *lujo*, *jerarquía* o *protocolo*, por ejemplo.

Por otro lado, los movimientos migratorios, la facilidad para viajar a escala mundial, la globalización y unas sociedades cada vez más diversas en cuanto a etnia, religión y cultura dan a nuestros entornos una elasticidad que nos obliga a estar atentos a la evolución constante de costumbres y pautas de convivencia. Esta «nueva» vida nos hace dudar muchas veces de la solidez de lo que hemos aprendido desde niños y necesitamos capacidad de observación y criterio para adaptarnos rápidamente o rechazar, si lo creemos mejor, lo que aparece ante nuestros ojos.

Estos son, entre otros muchos, los motivos que me impulsan a seguir divulgando acerca de la comunicación no verbal. Siempre siendo consciente de lo inabarcable de la inmensa variedad de temas y de los estudios que aparecen cada semana.

Me daría por satisfecha si al leer este libro encuentras los fundamentos de la comunicación no verbal en las relaciones presenciales y sugerencias para llevar estos conocimientos a la comunicación digital.

Hay aspectos de la comunicación humana que parecen más perennes y universales. Pero no podemos negar que estamos sometidos a cambios constantes y que también tenemos que estar preparados para ellos.

Los cambios respecto a las ediciones anteriores afectan especialmente a los capítulos sobre el engaño y la seducción. Además, he incorporado consejos sobre comunicación no verbal en relación con la marca personal, la telegenia y la comunicación en videoconferencias.

Espero que las reflexiones y las sugerencias de esta edición sean un estímulo para ahondar más en cada uno de los temas que más te afectan y te interesan. Y para mantenerte alerta ante todos los cambios que, sin duda, modificarán nuestros hábitos de relación a lo largo de nuestra vida.

# PRIMERA PARTE

Capítulo 1

# BIENVENIDO A UNA NUEVA FORMA DE ENTENDER LAS RELACIONES

Si tienes este libro en las manos es porque eres una de esas personas curiosas, interesadas en el fascinante tema de la comunicación humana. Y es posible que la faceta no verbal sea la que te resulte más atractiva. Eres de los míos, pues. Será un placer acompañarte en el descubrimiento de estos códigos que todos utilizamos, pero que tan poco dominamos de manera consciente. La experiencia nos demuestra cada día que, por desconocimiento, no damos al lenguaje no verbal la importancia que se merece, así que me gustaría compartir contigo inquietudes y conocimientos.

Pero quizá estás aquí por algo más que curiosidad. ¿Necesitas mejorar tu posición laboral? ¿Crees que tienes dificultades para relacionarte con los demás? ¿No sabes cómo desarrollar tus dotes de seducción? ¿Te gustaría tener otra imagen?

Seamos sinceros. A todos nos gustaría tener una capacidad de influencia sobre los demás que nos permitiera alcanzar todos nuestros deseos. De igual manera, nos encantaría leer la mente de las personas que nos rodean, saber qué piensan de nosotros y qué intenciones tienen. Esta situación de película del futuro no es posible, de momento. No creo siquiera que sea deseable. ¿Te imaginas un mundo donde las mentes fueran transparentes? Sin duda, las relaciones entre los humanos serían completamente distintas a como las hemos vivido hasta ahora. ¿Te imaginas que pudieras tener tal poder de persuasión que consiguieras el cien por cien de tus objetivos? ¡Tendrías el poder absoluto sobre el resto de los habitantes de este planeta! Mientras cada uno de nosotros tenga intereses, actitudes y objetivos distintos, cada día será una lucha por **defender nuestro lugar en el mundo** y **ser feliz**.

Entre nuestros más recientes antepasados y nosotros hay una enorme distancia en cuanto a conocimientos disponibles sobre la comunicación humana. Siempre ha habido personas con una gran capacidad para comprender a los demás, convencer y seducir. La diferencia estriba en que ahora tenemos conocimientos basados en investigaciones científicas, cada día más amplios, que nos permiten aprender y desarrollar estas habilidades que hasta ahora se creían innatas. Muchas personas, y no solo los expertos, ya aplican en su vida cotidiana este saber y consiguen grandes resultados. Estas herramientas están al alcance de la mayoría pero no todo el mundo tiene la inquietud de conocer, la voluntad de mejorar o la lucidez de percibir la comunicación no verbal como una herramienta crucial para su felicidad.

Tú puedes tomar la delantera y conocer los secretos de este lenguaje silencioso. La información es poder. Entra a formar parte de este círculo de personas que puede leer las señales no verbales e interpretar mucho mejor los mensajes que emiten los demás.

Has dado con el manual que desvelará tus dudas y te dará soluciones para cada situación, tanto en el ámbito privado como el profesional. Mi propósito es poner a tu alcance los conocimientos sobre comunicación no verbal de que disponemos hoy en día para que **tú** puedas utilizarlos y conseguir **tus** objetivos. Quizá alguna vez te has planteado seguir un curso de comunicación, recibir clases personales de técnicas de seducción o contratar un entrenador personal para preparar tus intervenciones en público. Excelente idea. Mientras te decides, una buena opción es el autoaprendizaje.

Al escribir este libro no he querido llenar estanterías con un libro más de comunicación no verbal sino proporcionar una guía realmente útil para quien quiera iniciarse en el conocimiento de este tema. No solo para tener más cultura general y pasar un buen rato, sino para ir más allá aplicando este saber a necesidades y objetivos concretos. Te guiaré en un proceso de aprendizaje práctico que te permitirá controlar de manera consciente tu comunicación, incorporar nuevos gestos a tu repertorio, evitar actitudes que te perjudican y entender la conducta no verbal de los demás. Es importante que aprendas esto que en la escuela no te enseñaron porque **el lenguaje corporal y la voz inciden, de manera mucho más decisiva que la palabra, en la inmensa mayoría de nuestras relaciones**. Hasta el punto de que un gesto puede anular por completo un discurso cargado de argumentos.

Nuestra formación en la escuela, en la universidad, se ha articulado alrededor del lenguaje verbal escrito. Nadie nos ha enseñado la «gramática del lenguaje corporal» o los recursos vocales que podemos utilizar. En la educación primaria y secundaria se ha priorizado el análisis del lenguaje verbal y su estudio teórico en lugar de fomentar la oralidad, con la intervención correspondiente de la voz y el lenguaje corporal. Nos han mostrado solo una parte de la realidad. A partir de ahora, te sugiero que te sitúes en otro ángulo y empieces a ver la comunicación de una forma distinta.

Con nuestra educación predominantemente racional creemos que lo más importante es el mensaje verbal. Incluso tenemos la percepción de que es el único mensaje que enviamos, tal es la atención que ponemos en él: conceptos, datos, argumentos, opiniones, emociones descritas... En cambio, ignoramos los mensajes que envuelven a los anteriores y que inevitablemente transmitimos: ilusión, compromiso, desánimo, nerviosismo, confianza...

Cuando se trata de mensajes escritos o de preparar una exposición oral, todos nos sentimos bastante capaces de expresar nuestras ideas y argumentos en palabras. Podemos planificar el texto, escoger los vocablos, utilizar recursos expresivos. Pero no solemos hacer lo mismo con el lenguaje corporal, pues no sabemos cómo prepararnos y estos mensajes son tanto o más poderosos que el contenido de las palabras.

El caso de Obama es paradigmático. El político puede tener un gran discurso preparado por el mejor redactor. Pero son sus movimientos, su mirada, su tono de voz, los que convencen, emocionan, movilizan. Igual pasa en otras profesiones, podemos tener una buena presentación, podemos ser expertos en nuestro tema, pero no llegar a conectar con el interlocutor si falta naturalidad, seguridad o gracia en la expresión.

Te invito a ver a las personas y a su forma de relacionarse desde una nueva perspectiva. Nos pondremos unas gafas imaginarias que enfocarán especialmente el comportamiento no verbal, tanto el propio como el de los demás. Aprenderemos a ver señales que hasta ahora nos pasaban desapercibidas. Seremos capaces de descubrir la incoherencia entre el mensaje verbal y el no verbal que emite simultáneamente una persona. Y nos habituaremos a mantener una distancia emocional que nos permita observar a los demás y decidir cuál es nuestra mejor respuesta.

Es decir, el objetivo es acabar siendo como un ornitólogo que va por el campo y distingue las aves, conoce sus nombres, su canto, su vuelo, sus nidos, su forma de emparejarse y prevé su comportamiento mientras que los demás paseantes solo ven «pájaros», si es que ven alguno.

Mi experiencia como consultora me confirma que muchos profesionales, competentes desde el punto de vista técnico, no alcanzan mayores retos profesionales porque no saben comunicar con eficacia.

Y en esta eficacia tiene un papel primordial la comunicación no verbal: desde la indumentaria al más leve de los movimientos.

En mis años de formadora de profesionales he tenido grandes satisfacciones al comprobar cómo mis alumnos han conseguido sus objetivos, incluso más allá de lo que podían imaginar, al dominar una herramienta que les ha permitido **conocerse mejor y comunicar lo mejor de sí mismos**.

Hay otros libros de comunicación no verbal en el mercado y muchos de ellos se aproximan a un compendio de gestos y sus posibles interpretaciones. Otros plantean el manejo de la comunicación no verbal como instrumento de manipulación que permite al lector obtener más poder, gozar de más autoridad y manejar a los demás, así como convertirse en un seductor irresistible que puede conquistar a cuantos hombres o mujeres desee.

En mi libro encontrarás los conocimientos que necesitas para comprender el lenguaje corporal y leer los mensajes más importantes que los seres humanos emitimos constantemente. Además, me gustaría contribuir a tu felicidad proporcionándote **herramientas para el autoanálisis, el reconocimiento de limitaciones inconscientes, la toma de consciencia, el inicio del cambio y la adquisición de nuevos hábitos**. Y todo ello para que puedas tener, con quien tú desees, las mejores relaciones personales y profesionales. Las que te permitirán conseguir tus objetivos, el más importante de ellos: la felicidad.

Como cada uno tiene una concepción distinta de la felicidad, en este punto quiero aclarar que, para mí, la felicidad no se alcanza a base de conquistar retos profesionales como el éxito, el dinero o la fama, sino que es algo mucho menos aparente y está muy vinculado a la calidad de las relaciones humanas que establecemos a nuestro alrededor. Para mí, la felicidad solo existe cuando puede ser compartida con las personas que queremos.

Para ello creo que es fundamental mantener una actitud positiva, generosa y honesta hacia los demás. Y creo en el poder de la benevolencia más que en la agresividad, en la cooperación más que en la competitividad. No creas, por ello, que tengo una visión ilusa del mundo. Sé que para poder actuar como te propongo hay que partir de unas condiciones de seguridad y fortaleza que te permitan ser consciente de lo que ocurre y de establecer una relación, como mínimo, en igualdad de condiciones. Por eso tan importante es comunicarte bien como leer bien la comunicación de los demás.

El libro tiene tres partes. En la primera encontrarás todo lo que es imprescindible saber sobre la comunicación no verbal, los fundamentos.

En la segunda veremos estos conocimientos aplicados a situaciones de la vida diaria en el campo familiar, profesional y de pareja.

En la tercera, te propongo entrenamientos que puedes hacer tú mismo en casa para mejorar tu comunicación no verbal y comprobar los resultados desde el primer minuto.

Te invito a contarme tus logros o a consultar tus dudas a través de mi página <www.teresabaro.com>.

**Quiero ayudarte en tu conquista diaria de la felicidad.**

Capítulo 2
# HACIA NUEVOS HÁBITOS DE INTERACCIÓN

## EL ROSTRO SOCIAL

Expresiones como «la cara es el espejo del alma» ilustran el inevitable reflejo de las emociones en nuestro rostro, e incluso también en nuestro cuerpo y nuestra voz. Ampliando el área de estudio, podemos afirmar que incluso nuestro espacio próximo, sobre el que tenemos clara incidencia, es el reflejo de cómo somos y cómo nos sentimos. Gran parte de las manifestaciones de la comunicación no verbal hablan como un libro abierto. Así, solo con mirar a alguien un instante podemos saber si se siente abatido, alegre, orgulloso o emocionado por algo. Hasta aquí todo es muy fácil y, salvo personas afectadas por algunas minusvalías, todos podemos detectar estados de ánimo, actitudes y sentimientos en los demás.

Todos hemos pasado por el largo proceso de aprendizaje del lenguaje corporal, que empieza en el momento en que nacemos y que nunca deberíamos dar por concluido. Llegamos al mundo con la capacidad para expresar las emociones básicas. Por lo tanto, este es un legado genético. Sabemos que casi todas las culturas comparten las mismas manifestaciones de estas emociones universales. En cambio, el cómo y el cuándo, con qué frecuencia, en relación a qué, etc., dependen de las influencias sociales, el entorno familiar y el propio individuo.

Todo el repertorio de gestos que tenemos incorporado en nuestro «disco duro» será utilizado a veces **consciente e intencionadamente**, y otras **inconsciente e involuntariamente**. Todas las investigaciones que se han hecho hasta el momento han respondido a la necesidad de analizar, catalogar y clasificar infinidad de gestos, movimientos y expresiones para poder entenderlos y controlarlos.

1. Si somos capaces de **leer el lenguaje no verbal** en otra persona, podemos saber lo que siente y casi lo que piensa, por qué reacciona como reacciona. Tenemos una **información privilegiada**.
2. Si controlamos nuestra comunicación no verbal de manera **consciente** y la utilizamos **adecuadamente** según los objetivos, estamos mucho más cerca del éxito.

En realidad a todos nos interesa cumplir los dos objetivos: ser más **eficaces en nuestra comunicación** y más hábiles **en el descifrado de la comunicación de los demás**. Porque así jugaremos con ventaja.

Tener estas habilidades sería muy fácil si la correspondencia

**Emoción ——→ lenguaje corporal**

Me siento feliz ——→ sonrío

fuera directa. Pero no siempre lo es.

Por un lado, estamos muy lejos de expresarnos de forma primaria, siguiendo exclusivamente nuestros deseos, nuestras inseguridades o nuestras fobias. La socialización exige que camuflemos muchos de los sentimientos que no podemos evitar. Con mucha frecuencia tenemos que mostrarnos de forma distinta a como somos. Las razones son tan variadas como las situaciones que las provocan: aparentar una personalidad, disimular una intención, falsear una relación, simular una emoción, etc.

**Todos somos mentirosos.** O, si lo prefieres, todos somos actores por necesidad. Nuestro deseo de ser aceptados nos conduce a maquillar, a veces con varias capas, nuestro auténtico ser. Desde pequeños ya activamos estas habilidades para sentirnos aceptados por los seres que nos cuidan, por los compañeros y por el entorno social en general. Creamos, por lo tanto, un repertorio de habilidades que nos permitirán, como los camaleones, adaptarnos a cada situación y a cada interlocutor con el fin de salir no solo indemnes de toda relación, sino también aceptados y, si puede ser, gloriosos. **Es cuestión de supervivencia.**

Piensa en algunas de las situaciones de tu infancia que te han llevado hasta aquí:

- Tu madre te decía «eso no se toca» o «no te chupes el dedo»: llegaste a controlar el impulso.
- El profesor detectaba tus mentiras y te castigaba por ello: aprendiste a mentir con mayor perfección.
- No era correcto reírte de alguien que tuviera un aire extravagante: aprendiste a disimular la risa o a desviar la mirada.
- Si te negabas a participar en una travesura de tu pandilla, no te aceptaban: disimulabas el miedo a ser pillado y te sumabas al grupo.
- Querías esquivar las reprimendas de tus padres al volver demasiado tarde o ante el fuerte olor a tabaco que desprendías: intentabas no dar información y, si no había más remedio, con una mentira piadosa salías del apuro (o eso creías tú).

Desde los primeros días de tu vida has aprendido a actuar tal como intuías que los demás querían que actuaras: para no tener problemas, para ser aceptado, para seguir los patrones dominantes, para no defraudar y para que los demás se sintieran orgullosos de ti. Has sido moldeado, «educado», para socializarte adecuadamente. Has construido tu **rostro social**.

Esto es común a todos los humanos y no necesariamente es negativo. De hecho, si no lleváramos a cabo muchos de los esfuerzos por camuflar nuestras emociones, quizá la vida en sociedad sería insoportable.

El caso de una antigua compañera del colegio es un ejemplo de cómo la falta de control sobre el «rostro social» puede conducir al fracaso profesional y al rechazo. Desde pequeña fue una chica muy extrovertida, simpática y con sentido del humor. En realidad buscaba ser el centro de atención y lo conseguía siempre. Pero muchas veces su comportamiento estaba más allá de los límites de la discreción y de la educación. El afán de protagonismo la hacía llevar al extremo algunas conversaciones personales donde todo tenía que girar en torno a ella, su problema o su proyecto. Mostraba empatía cero y libertad total para expresar sus emociones, opiniones o deseos en cualquier situación. Consideraba que esto la convertía en una de las pocas personas sinceras de este planeta, todos los demás eran hipócritas y cobardes. En el terreno profesional, ha vivido momentos de éxito gracias a su talento, pero han sido efímeros debido a su dificultad para relacionarse con clientes y colegas.

Hacer y decir siempre lo que nos viene en gana, con el argumento de la sinceridad y honestidad, no es la mejor forma de engrasar la maquinaria de las relaciones. Por eso todos aplicamos una cierta dosis de «diplomacia» en las relaciones cotidianas: tenemos que aceptar que todos somos «mentirosos» en mayor o menor grado.

**Hacer siempre lo que deseo, expresar sin filtro mis emociones, decir siempre lo que pienso dificulta las relaciones sociales y profesionales y puede dañar las relaciones personales más estrechas.**

## VER MÁS ALLÁ DEL ROSTRO SOCIAL

Para tener controlado ese «animal» que todos llevamos dentro hemos pasado por un proceso de socialización y de refinamiento que se ejerce a distintos niveles:

- Capacidad racional para controlar los impulsos más primitivos.
- Gestión de las emociones.
- Aprendizaje de normas sociales de conducta que llamamos buenas maneras, buena educación, urbanidad, cortesía o protocolo.

Esto significa que debajo de un comportamiento socialmente aceptable puede haber un deseo, un pensamiento o una intención no confesable que hay que disimular. Esta ocultación se puede considerar una habilidad social. Hay personas con una gran capacidad para no mostrar sus auténticas emociones. Otras mienten con gran facilidad y, además, resultan creíbles.

Sin embargo, a ojos de un buen observador la mayoría de nosotros nos delatamos a cada movimiento: con un simple pestañear o una leve inflexión en la voz. Somos más sinceros a través del lenguaje corporal porque es más inconsciente, no lo controlamos tanto, ni siquiera somos conscientes de muchos de los gestos que hacemos. Estos gestos involuntarios son indicios de lo que está pasando en nuestro interior. Si los demás no los ven o no los interpretan correctamente es porque son, en gran medida, **analfabetos de la comunicación no verbal**.

Al mismo tiempo que te has ido entrenando durante todos los días de tu vida para «actuar», también te has entrenado para desenmascarar a los demás. Porque eso mismo que tú hacías, lo podías detectar en otros. Así se agudizó tu instinto, incluso tu capacidad racional para analizar determinados gestos y acciones. Aprendiste a distinguir lo coherente de lo incoherente y a detectar si algo no funciona. Especialmente las personas sometidas durante largo tiempo a maltratos físicos o psicológicos han desarrollado de forma muy especial la capacidad de leer cualquier indicio no verbal que les permita predecir la actuación de su agresor.

Sin embargo, la educación que recibimos, basada en la razón y el conocimiento, el método científico y la comunicación a través de la palabra, ha hecho que desviemos nuestra atención hacia señales equivocadas. Nos centramos excesivamente en la palabra del otro y, aunque los vemos, dejamos pasar indicios de incoherencia entre el fondo y la forma. A veces, somos ciegos ante estos signos. A veces, nos interesa incluso ponernos una venda sobre los ojos.

En este libro aprenderás a detectar más rápidamente estas señales y a tenerlas en cuenta para elaborar tus juicios y tomar decisiones. Evidentemente, cada uno puede tomar las decisiones que quiera, pero serán sobre la base del conocimiento de los mensajes que los demás están emitiendo. Si te casas con un tipo que no te mira intensamente a los ojos cuando te dice que te quiere, es tu elección, pero yo me lo pensaría dos veces.

Como hemos dicho anteriormente, la capacidad para interpretar la comunicación no verbal es una cuestión de supervivencia: detectar si un hombre es una amenaza para ti en una calle desierta o discernir si esta persona puede ser la pareja ideal para tener hijos son habilidades que han permitido a la humanidad no solo sobrevivir, sino llegar a superpoblar el planeta.

Pero la mayoría de las razones que mueven nuestros actos en la actualidad no son tan primarias: conseguir un trabajo mejor y más satisfactorio, obtener reconocimiento y valoración social, adquirir más poder, ser un líder de masas o un gran seductor pueden ser tus objetivos. O quizá simplemente tu mayor aspiración sea mejorar las relaciones con los demás, para vivir con plenitud en la familia, la amistad y el trabajo. En todos estos casos, dominar la comunicación no verbal es decisivo.

Emitir los mensajes adecuados y descifrar los mensajes de los demás, ya sean voluntarios o involuntarios, te pone en una situación de partida ventajosa. Todas las personas que tienes a tu alrededor y que vas encontrando a lo largo de tu vida pueden relacionarse contigo básicamente de tres maneras:

1. Con neutralidad.
2. Con ánimo de colaboración.
3. Con ánimo de confrontación.

En el primer caso puede que te interese convertirlos en aliados, en el segundo, conservarlos y sacar el máximo partido de esta relación y, en el tercer caso, necesitas prever sus posibles actuaciones para neutralizarlas al máximo. **Detectar a tiempo las intenciones de los demás te permitirá tomar las medidas necesarias para ser tú quien domine la situación.**

Leer los mensajes del otro también es necesario para la empatía, para seducir, para persuadir, para tener un verdadero intercambio. Por muy bueno que seas transmitiendo información, incluso sentimientos y actitudes, no conseguirás incidir en los demás si no eres capaz de recibir simultáneamente las señales verbales y no verbales del interlocutor. Si no descodificas correctamente la información que inevitablemente te envían, estarás en pleno monólogo y tus mensajes serán como apuntar a una diana con los ojos vendados.

## ¿PODRÉ LLEGAR A DESCIFRAR CON TOTAL CERTEZA EL LENGUAJE NO VERBAL DE LOS DEMÁS?

Desde mediados del siglo XX, con la posibilidad de grabar imágenes de escenas, espontáneas o preparadas especialmente para la investigación, se han podido estudiar los gestos, movimientos y micromovimientos de las personas en distintas situaciones. Además de la observación a simple vista, la posibilidad de revisar las imágenes a cámara lenta ha aportado reveladores resultados. Además, hoy tenemos herramientas como el escáner, que nos permiten saber qué reacciones se producen en el cerebro ante un estímulo determinado.

Hay cada vez más conocimientos del ser humano, de su comportamiento y de sus formas de comunicarse no solo a nivel consciente, sino también inconsciente.

De todas formas es quizá demasiado optimista pensar que es factible conseguir los resultados del doctor Cal Lightman de la serie *Miénteme*. Aunque está inspirada en la vida y las experiencias de un investigador real, Paul Ekman, que ha aportado interesantes descubrimientos en este campo, tienes que poner la extraordinaria capacidad del personaje en el marco de la ficción. En la vida real, es arriesgado realizar afirmaciones basándose en un gesto observado, especialmente si las consecuencias pueden afectar dramáticamente la vida de las personas.

Antropólogos, lingüistas, psicólogos, sociólogos han aportado descubrimientos muy relevantes acerca de la conducta humana y la forma como nos expresamos. Y no ha sido solo una encomiable vocación científica la que ha permitido avanzar en este terreno, sino también, como puedes imaginar, el afán de aplicar estos conocimientos a terrenos tan trascendentes para las personas y los países como la seguridad, la prevención de conductas criminales, la diagnosis de patologías psíquicas, la detección de mentiras en la criminología. En el ámbito de la empresa también hay un interés creciente por dominar estos lenguajes para negociar con ventaja, para conocer las intenciones del cliente, para potenciar la capacidad de liderazgo, para detectar actitudes en los colaboradores o emociones ocultas en los subordinados.

También en el terreno personal, nos interesa saber si somos correspondidos o no por esta persona que nos gusta, si nuestros hijos nos engañan cuando aseguran que han estudiado toda la tarde y si nuestra pareja nos es fiel.

Seguro que ya tienes una elevada capacidad para leer el rostro de los seres más queridos y de tu entorno más próximo. Detectas el desánimo, la decepción, el disgusto, la irritación. También percibes las emociones y actitudes positivas como la ilusión, la alegría, la seguridad, las ganas de emprender, etc. Lo que llamamos intuición o sexto sentido nos da esta capacidad para comprender de forma instantánea, sin pasar por el filtro de la razón, cómo se siente el otro y prever cómo reaccionará. Algunas veces podríamos llegar a describir el gesto que nos ha aportado esta información. La mayoría de las veces simplemente «lo sabemos», porque la información transmitida actúa a nivel inconsciente, tanto por parte del emisor como por parte del receptor.

Pero podemos ir más lejos. Con lo que sabemos hoy en día del comportamiento humano y la relación con la comunicación no verbal, podemos sacar mucho más partido a esta intuición natural. Podemos entrenar nuestra capacidad para «ver», para «analizar» y para descodificar. Esto aumentará muchísimo nuestra percepción de todo lo que sucede en nuestro entorno. Será como ponerte unas gafas y empezar a ver señales donde no veías nada. Pero no es suficiente verlo, sino que hay que «interpretarlo». La descodificación de estos mensajes es el gran salto que podrás dar leyendo este libro. Establecer una correspondencia entre un gesto y un significado es posible en muchas situaciones, pero siempre tienes que mantener una actitud prudente, sobre todo si un posible error tiene una consecuencia importante para la persona observada o para vuestra relación.

---

**La traducción directa de un gesto a un significado concreto es difícil y arriesgada, sobre todo si somos parte implicada de la comunicación y tenemos que observar a simple vista. Actúa con prudencia.**

---

## ¿CUÁL SERÁ EL PROCESO DE APRENDIZAJE?

En mis cursos de comunicación no verbal o, en general, de habilidades de comunicación, los asistentes se sorprenden por cómo puedo detallarles rasgos de su personalidad, describir cómo se sienten en un momento determinado y qué limitaciones tienen a la hora de asumir determinados retos personales o profesionales. Cuando acaban el curso, ellos ya han aumentado su capacidad observadora. Es una cuestión de aprendizaje y práctica. Todos tenemos en mente pitonisas y videntes a los que admiramos y tememos a la vez. Parece que tienen poderes sobrenaturales y es posible que en algún caso estén en poder de unas habilidades que no tenemos la mayoría de los mortales y que todavía la ciencia no ha podido describir. Lo que seguro que poseen todos es una sensibilidad especial para conectar con sus clientes e interpretar su lenguaje corporal, de tal forma que reciben una información emocional directa que les permite conocer miedos e inseguridades, ilusiones, pasiones. Esta información que captan con extraordinaria facilidad es básica para emitir el mensaje adecuado a la persona que los consulta.

El experto en comunicación no verbal ha aprendido a observar, a analizar y a interpretar. Como en casi todas las habilidades adquiridas de forma voluntaria y consciente, hay dos grandes fases:

1. **Adquirir conocimientos.** Comprender la comunicación humana. Conocer los fundamentos de la comunicación no verbal. Conocer cómo se transmiten las actitudes y las emociones. Saber cómo se manifiestan a través de señales para poder detectarlas. Conocer el significado de estas señales. Tener presentes las señales del engaño.
2. **Entrenar.** Aplicar estos conocimientos en la vida cotidiana para:
   a. Entender a los demás. Observar las señales en personas reales y en situaciones reales. Analizar estos indicios y sacar conclusiones. Si es posible, comprobar la veracidad de estas conclusiones. A medida que vayas practicando, verás más señales: las más imperceptibles y las que se combinan en secuencias. Con la comprobación del acierto en tus diagnósticos, cada vez podrás estar más seguro de tu capacidad de interpretación del lenguaje corporal.
   b. Mejorar tu propia comunicación. Definir tus objetivos y diseñar la imagen que quieres proyectar. Realizar un diagnóstico de cómo te comunicas actualmente y la imagen que los demás perciben de ti. Seguir un plan de entrenamiento que te propongo en la tercera parte de este libro.

# CÓMO SACAR EL MÁXIMO PARTIDO A ESTE LIBRO

Puedes limitarte a leerlo como si fuera una novela o un ensayo. Una vez terminado te habrán quedado algunas nociones generales de cómo funciona la comunicación no verbal. Ten en cuenta que nuestra memoria es muy limitada y dentro de unos días solo te acordarás de los aspectos que te hayan llamado más la atención, en función de tus intereses o inquietudes actuales. Lo que hayas retenido del contenido del libro solo son conocimientos teóricos que únicamente te servirán para tener un tema de conversación en una cena. La teoría no te servirá de mucho si no la **aplicas** en tus relaciones.

Te propongo un plan mejor. Tómalo como si fuera una guía de viaje, que te sirve para planificarlo desde la comodidad del sofá de tu casa y para tenerla en la mano cuando ya estás en ruta y necesitas orientarte por caminos y callejuelas desconocidos. Primero la teoría, después la práctica. Coge un lápiz, marcadores fosforescentes, papelitos para notas. Subraya, destaca, comenta, añade; interroga y tacha si no estás convencido de lo que lees. Puedes escribirme para comentármelo, para aclarar dudas, para aportar tus experiencias.

Una vez acabado, mantenlo cerca durante un tiempo; no lo guardes todavía en el estante de los libros leídos. El entrenamiento sigue. Revisa tus notas de vez en cuando y asegúrate de que vas progresando. No bajes la guardia. Como cualquier habilidad, la lectura del lenguaje corporal y la mejora de tu propia comunicación no es algo que finalice en una fecha determinada. Si tú quieres, el entrenamiento puede durar toda la vida, porque siempre hay algo que podemos mejorar. Puede que hoy sepas jugar al tenis, pero si dejas de practicarlo durante un tiempo, cuando quieras reanudar la práctica de este deporte habrás perdido facultades. Tenemos que mantenernos en forma.

Para realizar con éxito este aprendizaje debes tener en cuenta que es necesario:

1. **Tener una actitud curiosa, consciente y analítica.** Tienes que estar dispuesto a «leer a la gente». Imagínate que eres un detective y que cualquier pista te puede dar la clave para resolver un caso. A partir de este momento ya no podrás salir de casa sin tu «lupa». No verás solo personas moviéndose, hablando y relacionándose, sino que verás qué hacen y por qué lo hacen. Podrás detectar las más leves señales y deducir qué las provoca.
2. **Ser parte del objeto de análisis.** No te puedes limitar a observar a desconocidos o personas de tu alrededor como si fueran animales del zoo, sino que tienes que experimentar siendo parte de la manada. Para aprender de verdad tendrás que interactuar: observarte y observar a los demás al mismo tiempo. Los demás se comunican en función de los estímulos que reciben. Y en la relación contigo, tú les proporcionas unos estímulos determinados. Tendrás que ver su reacción y estudiarla. Su respuesta depende tanto de cómo te has comportado tú como de su personalidad o su percepción de ti. Es una forma, por lo tanto, de conocerte más a ti mismo.

---

**¿Te ha pasado alguna vez que no has entendido por qué alguien te ha tratado mal? ¿Quizá se acercan con frecuencia personas con una intención concreta y no sabes por qué? *Los demás nos tratan en función de cómo nos ven*, y esto es decisivo al establecer relaciones, ya sean esporádicas o duraderas, personales o profesionales. *La imagen que los demás perciben de ti influye decisivamente en tu vida.***

---

3. **Recopilar toda la información que puedas.** Información de todo tipo. Todos los sentidos intervienen en la recopilación de señales. A veces, la intuición te permite sospechar en décimas de segundo, pero la mayoría de las ocasiones necesitarás observar a conciencia, mirar la situación desde distintos ángulos, recopilar datos de los que no dispones en este momento sobre la persona y las circunstancias en que se encuentra o que la han llevado a actuar de esta forma.
4. **Tener paciencia.** Porque al principio cuesta detectar movimientos casi imperceptibles y separar los relevantes de los que no aportan información importante. Cuando mires la tele, podrás entrenarte en detectar todo esto, porque puedes observar sin miedo a ser descubierto. Puedes ver vídeos en internet y repetir las veces que sean necesarias una escena para ver más allá de la simple apariencia.
5. **Ser objetivo.** «No puedes leer con precisión a la gente si no la ves de un modo objetivo», nos dicen Dimitrius y Mazzarella.[1] Cuando juzgamos a extraños o no estamos implicados en la relación, nos resulta bastante fácil ser objetivos. Por eso es más fácil aconsejar a un amigo que tomar decisiones acertadas en cuanto a uno mismo. Muchas de las decisiones que tomamos están sometidas a presiones externas o a la influencia de las emociones. A veces, aunque tengamos las señales adecuadas para tomar la decisión más acertada, no las leemos correctamente o no queremos verlas. Nos dejamos engañar. Tenemos tendencia a optar por las soluciones más fáciles o las que nos gustan en este momento sin pensar en el largo plazo.

1. Véase Jo-Ellan Dimitrius, *A primera vista*, Barcelona, Urano, 1999.

Muchos de los comportamientos de los demás no nos gustan o no están de acuerdo con nuestros intereses. Y, sin embargo, hacemos como si no los viéramos. Un marido puede justificar la falta de apetito sexual y la ausencia de muestras de cariño de su mujer autoconvenciéndose de que está cansada, que es víctima del estrés o que está más pendiente de los hijos que de él. Pero si quiere ser objetivo, analizará este comportamiento, reunirá todo tipo de información y buscará indicios que le lleven a las causas reales, como, por ejemplo, el desgaste en la relación o la infidelidad. Este marido puede rechazar la evidencia por varios motivos: está enamorado y no quiere aceptar que no es correspondido; tiene una necesidad de mantener una apariencia social; la situación económica le impide plantearse la separación; tiene miedo a la reacción de ella, de la familia, etcétera. Pero las señales existen. Evidentemente, descubrir la verdad puede ser traumático, y encontrar la solución, un proceso largo y complejo.

6. **Poner distancia emocional.** Las relaciones que establecemos con los demás están provocadas o condicionadas por emociones y sentimientos: simpatía, odio, envidia, amistad, amor. Las emociones empañan nuestra visión y no nos permiten ver con claridad los elementos del paisaje. Tendemos a ser benevolentes con los seres queridos y muy críticos con las personas que no nos caen bien. Lo que puede ser una gracia en un amigo puede ser motivo de irritación en el pesado compañero de trabajo.

   Hay situaciones en que es difícil librarse de las emociones. Una de las más poderosas es el miedo: nos paraliza, nos prepara para huir o para atacar. El miedo que nuestros antepasados sentían ante los animales salvajes o ante enemigos humanos, lo sentimos ahora ante un jefe, un cliente poderoso o un rival que nos critica. En este caso, es habitual que nos pongamos a la defensiva y contraataquemos. La energía estará puesta en protegerte y en ti mismo. Pero si no pones distancia emocional, no podrás leer las señales que, sin duda, te darían pistas importantes para conocer las razones que le llevan a criticarte: envidia, miedo, afán de protagonismo, amargura. O quizá perderás la oportunidad de valorar sus razonables observaciones.

En una negociación, en un intento de seducción, en una charla con amigos tienes que mantener una cierta distancia para «poder ver». Busca la objetividad del científico y procura no implicarte demasiado emocionalmente. **La condición es que puedas interpretar correctamente sin dejarte llevar por lo que te conviene a ti.** Muchas personas toman decisiones equivocadas porque no interpretan las señales recibidas de forma neutral, sino como desearían que fueran. Hace unos días recibí un correo electrónico de una mujer de cuarenta años, enamorada de un compañero de trabajo más joven que ella y de categoría profesional superior. Me explicaba que se habían cruzado miradas y sonrisas y ella lo había interpretado como interés mutuo. Me preguntaba qué podía hacer para acercarse más a él. Mi primer consejo fue que se asegurara de que estas sonrisas que ella había recibido tuvieran un significado más allá de la cortesía básica. Aunque estemos deseando con todas nuestras fuerzas que una persona se comporte de una forma determinada, no podemos caer en el error de interpretar sus gestos subjetivamente, según nuestros deseos.

7. **Saber qué observar:**

a. Rasgos electivos o no electivos. Cada uno de nosotros aparece ante la mirada de los demás con unos rasgos que constituyen su imagen: algunos son electivos (los puedo escoger) y otros son no electivos (no puedo escogerlos). Los no electivos pueden influir en los electivos. Por ejemplo: mi complexión física y el color de mi piel inciden en la elección de la forma y el color de la ropa que me pongo. Al analizar a otra persona, el interés debe centrarse en los aspectos que puede escoger, porque son los más reveladores de su personalidad y estado de ánimo.

Empieza por los rasgos más visibles y evita caer en prejuicios raciales, sexistas u otras visiones discriminatorias.

b. Diferenciar los comportamientos universales de los culturales. A lo largo del libro encontrarás información sobre cuáles son los rasgos comunes a todos los humanos y hablaremos de algunos que solo son observados en determinadas culturas. La expresión de las emociones básicas es común a todos los humanos. En cambio, las formas de saludo son distintas según la cultura.
c. Patrones de conducta personales. Cuanto más conozcamos a una persona, más podremos prever su comportamiento y detectar desviaciones de su patrón. Por ello es importante identificar los aspectos idiosincráticos de la comunicación de cada persona: una forma peculiar de reírse, un ademán que la caracteriza, una inflexión de la voz en determinados momentos. Los cambios serán más relevantes ante nuestra mirada si hay una repetición.
d. Mejor indicios múltiples que un solo indicio. Una secuencia de señales o varias señales simultáneas te permitirán estar más seguro en tu diagnóstico. Si las distintas señales son coherentes, entonces puedes tomar decisiones con seguridad.
e. Contexto. Nada se puede interpretar fuera del contexto porque este influye (a veces es la causa) en el comporta-

miento humano. No es lo mismo analizar a alguien que está en un ambiente de fiesta que de trabajo, bajo presión o en una situación confortable, con densidad demográfica o en soledad, bajo los efectos de una mala noticia, etc.

8. **Ser discreto.** Observa con prudencia y discreción. No nos gusta que la gente nos examine. Y menos si son desconocidos. Nos sentimos amenazados. Si alguien descubre que le estás observando y no sabe por qué, provocarás una sensación de inseguridad y su comportamiento cambiará. Por lo tanto, cambiarán los mensajes que esta persona emitirá y afectarán a tus conclusiones.
9. **Ser prudente en el diagnóstico y confirmar el significado de los indicios.** Tanto si es la primera vez como si ya tienes mucha experiencia, las conclusiones de tu observación deberían ser validadas por pruebas de otro tipo. Los expertos en lenguaje no verbal que colaboran con la policía no pueden decir si un testigo miente o no y acertar al cien por cien, o si un acusado es inocente o culpable basándose en su comunicación no verbal. Lo que sí hacen es detectar indicios de comportamientos anómalos, de inseguridad o de tensión. Con estos indicios, la policía orientará la investigación en busca de pruebas objetivas y fiables.

Capítulo 3

# ¿QUÉ ES LA CONDUCTA NO VERBAL?

Cuando hablamos de comunicación no verbal nos referimos a distintas formas de expresión que no son la palabra y que, muchas veces, tienen lugar simultáneamente. El término *comunicación* se refiere al intercambio voluntario de información entre dos personas o más. Pero en realidad, siempre estamos mandando información a través de vías no verbales, aunque no queramos. Por ejemplo, al movernos en una tienda o al caminar por la calle. Por ello, los expertos prefieren utilizar el término «conducta» o «comportamiento» no verbal.

La conducta no verbal comprende la conducta táctil y el uso del entorno y del espacio personal, todo ello relacionado con el concepto de territorialidad, tan importante en el comportamiento humano. También el papel de nuestro aspecto físico en las relaciones es un tema que afecta a la comunicación no verbal pues, a través de él, informamos al mundo de nuestra personalidad, aspiraciones, origen, profesión o actitud.

En este capítulo veremos las vías de expresión no verbal más importantes, con ejemplos y aplicaciones a la vida cotidiana:

- Lenguaje corporal.
- Espacio personal y territorio.
- Conducta táctil.
- Aspecto e imagen que proyectamos.

Si bien el **lenguaje paraverbal**, es decir, las señales vocales que emitimos al hablar, es considerado también un código no verbal, no nos ocuparemos de él en este libro. Entre estas señales vocales se encuentran el volumen de la voz, la articulación, la acentuación, el ritmo, la entonación, las pausas; y sonidos como el carraspeo, vocales de relleno o el temblor de voz, para poner unos ejemplos. Está estrechamente relacionado con el lenguaje corporal y constato su importancia en varios momentos del libro, pero el tratamiento en profundidad requeriría un libro aparte.

## LENGUAJE CORPORAL, CINÉSICA, GESTOS

El lenguaje corporal es estudiado por la **cinésica**, que analiza los movimientos de cualquier parte del cuerpo, tanto los conscientes como los inconscientes. Incluye, por lo tanto, la posición corporal y la gesticulación. Entendemos por **gesticulación** el conjunto de movimientos que hacemos con los brazos, las manos y la cabeza.

En este apartado veremos un amplio repertorio de gestos y cómo aparecen en relación con el cuerpo teniendo en cuenta que este es un sistema multimensaje, que actúa según unas «leyes» que se mueven entre la **expresión** y la **represión** de todo lo que pasa por el cerebro.

Aunque hay gestos que resultan claramente reveladores de una actitud, una emoción o una intención, es muy difícil establecer un diccionario de gestos con correspondencias exactas en cuanto a su significado.

La mayoría de los movimientos del cuerpo carecen de un significado social concreto y exclusivo: adquieren significado al ejecutarse en el marco de una relación y en un contexto determinado.

En los movimientos de una persona influye todo: la cultura, la personalidad, el sexo, el entorno, etc., y no siempre conocemos toda esta información ni podemos prever cómo reaccionará la persona ante un determinado estímulo. Por eso, cuanto más conozcamos a una persona, más conoceremos sus **patrones de conducta**. Así, identificaremos más fácilmente los gestos de su repertorio particular, podremos percatarnos de cambios bruscos en su comportamiento e identificar señales con significado especial. Además, será más fácil prever sus reacciones y anticiparnos adecuadamente a estas situaciones.

La observación atenta y la práctica te permitirán desarrollar este sexto sentido que interpretará instantáneamente un cambio de postura, un rubor o una inflexión en la voz. Podrás establecer unos patrones que aparecen con mucha frecuencia y que tienen en común muchos movimientos. Al mismo tiempo, te darás cuenta de que un mismo movimiento puede ser utilizado para expresar emociones muy distintas y lo valorarás según las circunstancias y el resto de los movimientos.

Por ejemplo, ves a un chico con las manos en los bolsillos. Se podría entender como:

- Actitud arrogante.
- Manifestación de timidez.
- Comodidad.

Pero si este ademán se combina con poco contacto visual, cabeza hacia abajo y pecho hundido, adquiere un significado concreto. Si este chico está a punto de empezar a presentar un trabajo en el instituto, casi puedes asegurar que, en esta ocasión, por timidez o por inseguridad, preferiría desaparecer del lugar.

## LOS GESTOS Y SUS FUNCIONES

Entre todos los movimientos que hacemos, podemos distinguir dos tipos:

1. Gestos con utilidad especial: representan aproximadamente un 5 % de los movimientos que realizamos a lo largo del día. Tienen una utilidad clara, como protegernos de un golpe, cerrar una puerta, pasar la página de un libro, etc.
2. Gestos sin intención especial: no tienen un objetivo claro y expresan pensamientos, a veces evidentes, otras no. Están estrechamente vinculados a la comunicación, a la interacción social y a la intracomunicación (la comunicación con nosotros mismos).

Entre los del segundo grupo, con su variedad y la posibilidad de combinarlos podemos producir mensajes no verbales casi ilimitados. Por esto es útil nombrarlos y clasificarlos. Al igual que en una gramática de la lengua, tenemos también tipos de palabras, y funciones gramaticales que nos indican determinadas combinaciones para formar frases en un contexto determinado.

Ekman y Friesen realizaron una clasificación ya clásica de los tipos de movimientos. Me parece muy útil para saber qué función realiza cada uno de ellos y cómo deben interpretarse.

Se distinguen cinco tipos:

1. Emblemas.
2. Ilustradores.
3. Reguladores.
4. Adaptadores.
5. Muestras de afecto.

## Emblemas

Según Knapp,[1] «los emblemas son los actos no verbales que tienen una traducción verbal específica conocida por la mayoría de los miembros de un grupo de comunicación». Son los gestos a los que más fácilmente podemos atribuir un significado concreto. Algunos ejemplos:

| Gesto | Significado |
| --- | --- |
| Frotarse las manos. | Hace frío. |
| Señalar un asiento. | Siéntate. Aquí hay sitio para ti. |
| Hacer pinza con los dedos para taparse la nariz. | Huele mal. |
| Poner el puño a la altura de la cabeza con el pulgar indicando hacia la derecha. | Autostop. |

Y muchos de estos gestos son compartidos por la mayoría de las culturas. Aunque hay algunos específicos para cada sociedad: por ejemplo, para indicar «suicidio», en Europa y Norteamérica se apunta con el dedo índice en la sien, mientras en Japón se simula el gesto del harakiri.

Algunos emblemas tienen varios significados dependiendo del país: juntar los dedos pulgar e índice para formar un círculo y dejar levantados los dedos restantes es, en Estados Unidos, un mensaje positivo que indica «correcto» o «muy bien». En España puede significar «cero», es decir, «muy mal». Y en zonas muy amplias de Latinoamérica, Italia y Turquía es un gesto insultante hacia los homosexuales, pues esta forma de poner los dedos significa «ano».

1. Véase Mark L. Knapp, *La comunicación no verbal. El cuerpo y el entorno*, Barcelona, Paidós, 1980.

Paul Ekman investigó emblemas de varias culturas y observó que todas tienen un repertorio de gestos para comunicar mensajes parecidos, como indicar un lugar, expresar una actitud o emoción, describir el físico de alguien o insultar.

Estos gestos son muy frecuentes cuando hay imposibilidad de hablar debido a la distancia o el ruido, por ejemplo. Los realizamos para comunicarnos con una persona que está delante de nosotros mientras hablamos por teléfono con otra. Aprovechan los emblemas los submarinistas debajo del agua, operarios en una industria muy ruidosa, amigos en una discoteca. También cuando el emisor está ante un público muy numeroso; por eso es frecuente verlos en estadios de fútbol, mítines políticos, etc. Verás un repertorio variado si observas cómo se comunica con sus jugadores un entrenador de fútbol durante el partido.

Figura 1. Un ejemplo de emblema con distintos significados según el país.

Muchos de estos emblemas se realizan con las manos. Aquí tienes algunos ejemplos:

| **Gesto** | **Significado** |
| --- | --- |
| Levantar el dedo corazón. | Insulto. |
| Dibujar una silueta de botella con las manos. | Mujer con curvas. |
| Simular cortar el cuello con la mano o con el dedo índice. | *Te mato. / Me suicido.* |
| Juntar las yemas de los dedos hacia arriba. | *Está muy lleno. / Hay mucha gente.* |
| Ponerse las manos en el estómago. | *Tengo hambre. / Me duele el estómago.* |
| Poner la mano plana a la altura de la frente. | *No puedo más. / Estoy hasta aquí.* |
| Agarrarse los testículos con la mano y adelantando la pelvis. | *No me toques los huevos.* |

| | |
|---|---|
| Juntar las manos como para rezar. | *Por favor. / Te lo suplico.* |
| Frotar los dedos índice y pulgar hacia arriba. | Dinero. / Caro. / *Tiene mucho dinero.* |
| Sacudir la mano arriba y abajo, incluso haciendo chocar los dedos. | Mucho. Cantidad. |
| Chasquear los dedos pulgar y corazón. | *Date prisa. / Ponte en marcha.* |
| Levantar la mano mostrando la palma. | *Para.* |
| Mover la mano lateralmente. | *Pasa. / Adelante.* |
| Levantar la mano verticalmente con el dorso hacia el interlocutor y moverla hacia uno mismo. | *Entra.* |
| Dirigir el puño hacia la oreja con los dedos pulgar y meñique extendidos. | *Te llamo. / Nos llamamos.* |
| Señalar los ojos con los dedos índice y corazón. | *Te he visto.* |
| Señalar un ojo con el dedo índice. | *Mira.* |
| Bajar el párpado inferior con el dedo índice. | *Te he visto. / Sé lo que has hecho.* |

También los vemos solo en el rostro:

| | |
|---|---|
| Dejar caer la mandíbula y abrir la boca con los ojos abiertos. | Sorpresa. *No me lo puedo creer.* |
| Pasar la lengua por el labio superior. | *¡Qué bueno está esto!* |
| Fruncir la nariz. | *Huele mal* (en sentido literal o figurado). |
| Sacar la lengua dejándola caer. | *Estoy cansado.* |
| Sacar la lengua. | Burla. *Te fastidias.* |
| Sonrisa forzada sin enseñar los dientes, los ojos no intervienen. | *No hace gracia.* |

Las listas anteriores no son ni mucho menos exhaustivas. Muchos gestos son compartidos por toda una sociedad; otros, por oficios, aficionados a determinado deporte, seguidores de un grupo musical, etcétera. Seguro que puedes recordar muchos más emblemas, incluso alguno exclusivo de tu zona geográfica o de tu pandilla.

En algunos casos acompañan a la palabra. Por ejemplo, digo «qué vergüenza» y al mismo tiempo me tapo la cara. O digo «lo hemos conseguido», y señalo con el pulgar hacia arriba.

Y, como siempre, hay que interpretar estos gestos en función del contexto. Algunos pueden resultar ofensivos si están en un contexto de tensión o agresividad, pero pueden tener un tono divertido si hay una relación de complicidad entre los interactuantes. Puedes hacerle un corte de manga a un amigo cuando él te dice en broma que le invitarás a cenar si gana la partida de dominó y lo entenderá como una broma.

Los seguidores de la música heavy metal utilizan la «mano cornuda» desde que Ronnie James Dio lo popularizara. Lo aprendió de su abuela, italiana, que lo utilizaba para ahuyentar el mal de ojo. Este signo, con el mismo significado y mirando hacia abajo, ya aparece en los mosaicos romanos antiguos. En otros contextos resulta una grave ofensa.

## Ilustradores

Como el nombre indica, estos movimientos sirven para «ilustrar» lo que estamos diciendo con las palabras, complementan el lenguaje verbal. Cuando nos comunicamos ponemos en marcha un sistema multimensaje que normalmente está coordinado. Si hay coherencia entre los mensajes emitidos a través de las distintas vías de expresión, la comunicación es más eficaz.

Estos gestos aparecen durante el discurso hablado y están estrechamente relacionados con este. Hay una sincronía entre el habla y el movimiento del cuerpo. Según Knapp, «los gestos no se producen al azar durante la corriente del habla; la conducta del habla y la conducta del movimiento están inextricablemente ligadas: son constitutivas de un mismo sistema».

En este grupo tenemos los gestos rítmicos, simultáneos con el énfasis vocal en una palabra o expresión. Hacen pausas o detienen su movimiento reforzando el silencio de la voz. Algunos expertos los llaman gestos «batuta», porque con las manos marcamos el ritmo y parecemos directores de orquesta.

Otros ilustran con las manos lo que estamos diciendo. Nuestras manos hablan o, más que hablar, dibujan, resaltan, ponen imágenes.

**Los movimientos ilustradores enfatizan, refuerzan, ilustran, acompañan el mensaje hablado.**

El uso de estos gestos varía según la cultura. Mientras los mediterráneos, especialmente los italianos, tienden a ser muy elocuentes con las manos, otras áreas de Europa como el centro, este y norte lo consideran poco educado y son mucho menos expresivos. Entre los propios latinos también hay diferencias. Las personas más extrovertidas tienden a gesticular más, se hacen muy visibles a base de estos gestos, que pueden llegar a ser muy abiertos y enérgicos. Las personas más discretas o que intentan pasar desapercibidas suelen tener una gesticulación menos activa y más bien cerrada.

Otro factor que influye en la expresividad del gesto es el grado de formalidad del contexto o el objetivo de la comunicación: se gesticula muy abiertamente, incluso de manera grandilocuente, en los mítines políticos, en discursos motivacionales, en fiestas y eventos deportivos, o cuando hay dificultades para la comprensión del lenguaje hablado. En cambio, en entornos formales, se aprecia la discreción y tanto los movimientos del cuerpo como el volumen de voz se reducen en aras de la elegancia.

Hay una relación directa entre el volumen de voz y la amplitud y la energía de la gesticulación. Si estoy muy enfadada y lo manifiesto de forma evidente, gritaré y moveré los brazos arriba y abajo, puede que incluso dé un puñetazo sobre la mesa para enfatizar mi disgusto. En cambio, si estoy en un sitio donde tengo que hablar bajito (por ejemplo, una ceremonia religiosa), apenas gesticularé: solo la expresión del rostro y sutiles movimientos con las manos acompañarán el mensaje.

Los gestos ilustradores se hacen a veces de forma consciente y muchas veces de forma semiconsciente. En las grabaciones en vídeo de mis cursos, los alumnos suelen sorprenderse al observar su propia gesticulación. Les cuesta reconocerse. Cuando nos miramos en el espejo cada día, estamos callados y por lo tanto conocemos nuestra imagen estática, pero no la imagen que proyectamos al hablar, donde se ponen en marcha todos los lenguajes. ¿Conoces tú el estilo de tu gesticulación?

Quizá ahora todavía no tengas suficiente información para analizar tus propios movimientos. Pero seguramente sí sabes si eres muy expresivo o poco expresivo con las manos.

En resumen, el estilo de gesticulación y la amplitud del movimiento dependen de:

- **Posición:** sentados podemos gesticular menos que de pie.
- **Contexto de comunicación:** el tiempo libre, el trabajo, la relación íntima, la presencia en los medios... Cada contexto requiere un tipo de gesticulación.
- **Estado emocional:** la ira, la euforia, la pasión nos invitan a gesticular de manera más abierta y enfática. La fatiga, la tristeza o la decepción nos hacen encerrarnos en nosotros mismos.

- **Posibilidad de expresión con la palabra:** cuando hay dificultades para expresarse con la palabra hay más ilustradores (poco dominio del idioma, delante de personas sordas, circunstancias ambientales adversas, etc.).
- **Grado de formalidad:** en general, las situaciones formales nos imponen una reducción del volumen de voz y también discreción en nuestros movimientos. Entonces disminuyen los ilustradores.

Las manos suelen actuar como una pareja en una danza, completamente compenetradas. En algunas situaciones será solo una mano la que gesticulará, pero en general las dos se necesitan mutuamente para transmitir eficazmente su mensaje, ya sea para reforzarlo o para sugerir una imagen. El resultado cuando hablan las dos manos es siempre más natural. Cuando una mano está ocupada con un objeto (bolígrafo, por ejemplo), está inutilizada en un bolsillo o queda paralizada colgando a lo largo del cuerpo hace un efecto de falta de energía o de implicación, de timidez e incomodidad.

Muchas personas cuando hablan en público salen con un bolígrafo porque se sienten más seguras, más cómodas porque así saben qué hacer con las manos. Es posible que en los primeros momentos esto les dé seguridad (es como llevarse el chupete para ir a la cama). Pero cuando ya entren en el tema y superen el nerviosismo inicial, tendrán que expresarse con entusiasmo. Deberán utilizar las manos para poner énfasis en determinadas palabras, para «dibujar» lo que están diciendo. Entonces el bolígrafo les estorbará y también molestará a su público, que se distraerá con los movimientos en el aire de este objeto.

Por este motivo te recomiendo que en reuniones y en actos donde tengas que hablar en público procures prescindir de papeles, bolígrafos y otros artefactos. No siempre es posible. Pero, por lo menos, toma conciencia de cómo afecta a tu comunicación.

## Reguladores

Según Knapp, «los reguladores son actos no verbales que mantienen y regulan la naturaleza alternante de hablante y oyente entre dos o más interactuantes. Los reguladores también desempeñan un papel muy importante en el inicio y fin de las conversaciones».

Es decir, contamos con un repertorio de señales que nos permite regular el flujo de la conversación, iniciarla y terminarla. Los más visibles son los movimientos de cabeza, las expresiones del rostro y, de forma relevante, la mirada.

### ¿Por qué son importantes estos gestos?

Habrás observado que, cuando hablas por teléfono, es más difícil alternar fluidamente las intervenciones entre tú y tu receptor. A veces se hace un silencio a la espera de que el otro hable, a veces os pisáis en la conversación. Esto ocurre porque la mayoría de las señales que regulan el turno de conversación son visuales. En el trato telefónico tenemos que imaginar estas señales guiándonos solo por la entonación, las pausas o señales vocales del tipo «mmm», «aha», «ya», etc.

En una conversación frente a frente, incluso antes de iniciarla, este tipo de señales permiten a los dos interactuantes:

a. Detectar las intenciones del otro.
b. Dar mensajes al interlocutor.

Estos mensajes están presentes en las tres fases de un encuentro y facilitan la interacción:

1. **En el saludo:** sirven para saludar de lejos, acercarse, saludar cordialmente, saludar meramente por compromiso, etc.
2. **Durante la conversación:** para indicar que nos está escuchando, nos quiere interrumpir, no nos permite hablar, se quiere marchar, no quiere intervenir.
3. **En la despedida:** para indicar que nos quiere retener, dar por terminada la conversación, no quiere seguir, tiene prisa.

## El saludo e inicio de la conversación

El saludo indica el inicio de la interacción y también señala la naturaleza de la relación personal o el tipo de intercambio que se va a producir.

Podemos hablar de tres tipos de saludos:

1. **Saludos de inicio de la relación:** son saludos especiales que se realizan cuando establecemos contacto por primera vez con una persona. Dependiendo de si somos presentados por un tercero, nos autopresentamos o simplemente empezamos a hablar, habrá gestos más formales, más evidentes o menos.
2. **Saludos de inicio de la conversación:** son los que hacemos con voluntad de entablar una conversación. Los gestos muestran que nos estamos preparando para este intercambio.
3. **Saludos de tránsito:** saludamos pero no pretendemos iniciar una conversación. No detendremos nuestra tarea o nuestro paso.

Cuando nos percatamos de la presencia de alguien, realizamos gestos que le indican que lo hemos localizado y que no lo ignoramos: contacto visual, sonrisa, inclinación de cabeza hacia delante o hacia un lado, movimiento con la mano, levantamiento de cabeza. Si este primer contacto da frutos, se produce un acercamiento para continuar la relación.

Quizá en ocasiones has experimentado que dos personas no se corresponden con el mismo tipo de saludo o con la misma intensidad. Esto crea, al menos momentáneamente, un desconcierto en ambas. Normalmente, predomina uno de los dos, que será el que marcará el tono de la relación. Por ejemplo: vas por la calle y te cruzas con un conocido, le saludas efusivamente con la intención de parar un momento para saber qué es de su vida. Pero el conocido te saluda sin intención de establecer ninguna conversación, sin siquiera hacer el ademán de detenerse. Esto genera una cierta incomodidad. Si sabes interpretar bien los gestos del otro en esta escena de acercamiento, podrás decidir en décimas de segundo qué tipo de saludo es el más adecuado para adaptarte al suyo o para marcar tú el tono de la relación.

En este acercamiento tiene una importancia enorme la mirada. Cuando la distancia entre los dos es grande, se mantiene el contacto visual para indicar que nos vemos y que cuando estemos más cerca nos saludaremos. Es una forma de dar a entender que estamos atentos al encuentro, que no lo eludimos. Aunque se ha observado que a medida que la distancia se reduce hay una tendencia a desviar la mirada, hasta el encuentro frente a frente. Otros movimientos frecuentes en este momento son algún gesto de acicalamiento o avanzar el brazo derecho listo para el apretón de manos.

| **Gesto** | **Intención** |
| --- | --- |
| Mirada. | Establecer contacto. *Te he visto.* |
| Movimiento de la cabeza vertical hacia arriba. | Establecer contacto. *Te he visto.* |
| Ladear la cabeza. | *Te he visto. ¿Qué haces por aquí?* |
| Sonrisa. | Establecer contacto en positivo: *Me alegra verte.* |
| Mirada intensa. | Canales de comunicación abiertos: hay una obligación de hablar. |
| Guiño. | Establecer contacto. *Sé que estás aquí aunque no podamos hablar.* Complicidad. |
| Arquear las cejas. | Sorpresa. |
| Fruncir el ceño y tirar la cabeza hacia atrás. | ¿Qué haces tú por aquí? *Me extraña verte.* |
| Mano levantada, palma hacia fuera: señal de la paz. | Inicio de conversación o saludo de tránsito. |
| Mano levantada por encima de la cabeza, quieta o en movimiento. | Mírame. ¡*Estoy aquí!* |
| Mano en movimiento lateral a la altura de la cabeza. | Saludo. |
| Manotazo al aire. | Saludo de tránsito, normalmente sin palabras. |

## Durante la conversación

Durante la conversación, los dos (o más) interlocutores se van turnando en los roles de hablante y oyente. Si son buenos conversadores, este proceso se hará de forma cómoda y fluida. No se necesita un moderador para dar el turno de palabra o para cortar una intervención excesivamente larga. Ni los hablantes tienen que solicitar el turno levantando la mano o diciendo: «Ahora hablo yo», «ahora me toca a mí, cállate». Afortunadamente, contamos con un complejo sistema de gestos «reguladores» que añadimos a todos los demás gestos y que sirven para ordenar este diálogo.

En una reunión, debate o discusión, es fundamental tener la habilidad de interactuar con nuestros contertulios. Hay personas que monopolizan una conversación, no interpretan las señales de impaciencia o de desinterés por parte del interactuante: acaban haciendo un monólogo. Si esta conducta es reiterada, son considerados unos auténticos pelmazos y todo el mundo los esquiva por la imposibilidad de mantener un diálogo con ellos. Suelen ser personas con necesidad de protagonismo, nada receptivas y a menudo poco tolerantes. Su compañero, después de algunos intentos de participar, se resigna a escuchar durante un rato prudente, aunque con frecuencia está presente solo físicamente y no mentalmente. Está esperando la oportunidad para marcharse.

En cualquier conversación, hay que estar atento a la actitud del receptor para saber si tienes éxito en tu discurso. Si su actitud es pasiva, se mantiene en silencio, asiente con la cabeza, puede ser una actitud positiva de escucha, pero si se prolonga demasiado puede acabar siendo una falta de interés, o demostrar ser una persona nada empática y poco estimulante. Comprueba de vez en cuando si te está siguiendo con interés. Mientras hablas también tienes que «escuchar» al otro a través de su lenguaje corporal.

| **Gesto** | **Intención** |
|---|---|
| Inclinar la cabeza. | Prestar atención. |
| Abrir ligeramente la boca. | *Estoy preparado para hablar / quiero intervenir.* |
| Permanecer en silencio y mantener el contacto visual. | *Sigue tú la conversación.* |
| Tocar con la mano el brazo del otro mientras hablo. | *No puedes hablar todavía, deja que termine.* |
| Aumentar el volumen de voz. | *No te permito hablar. Espera.* |
| Tocar el brazo del que habla. | Interrupción. *Solicito la palabra.* |

| | |
|---|---|
| Asentir con la cabeza. | *Sigue, te escucho* (no significa acuerdo, necesariamente). |
| Asentir repetidamente con la cabeza. | *Estoy muy de acuerdo. / Acaba rápido que quiero intervenir yo.* |
| Arquear las cejas al iniciar el silencio. | *Habla: ¿Qué opinas tú?* |
| Dedo índice elevado. | *Quiero intervenir.* |
| Respiración y postura recta o hacia delante. | *Me estoy preparando para hablar.* |

Conocer estas reglas automáticas e interpretar correctamente los mensajes de nuestros interlocutores nos permitirá tener unas conversaciones más fluidas y más agradables. Además, como observadores externos, podremos reconocer el tipo de relación que tienen las personas, la jerarquía entre ellas, la capacidad de escucha, el grado de entendimiento, el tono de la conversación, etc.

## El cierre de la conversación y la despedida

Habrás vivido alguna vez la experiencia de no saber cómo acabar una conversación, porque tienes prisa o porque te resulta poco interesante, y tu interlocutor no parece tener intención de terminar. Empiezas a inquietarte buscando una forma diplomática de despedirte, pero tu compañero sigue entusiasmado. Puedes estar seguro de que, a no ser que quiera retenerte por alguna razón, no es una persona observadora. Si se fijara en tus movimientos se daría cuenta de las señales que le envías, algunas voluntarias, otras no. Son de este tipo:

| Gesto | Intención |
|---|---|
| Paso hacia atrás. | *Me preparo para marcharme.* |
| Cambiar la dirección del cuerpo hacia la salida. | *Me preparo para marcharme.* |
| Bajar la mirada o desviarla hacia el entorno. | Pérdida de interés. *Estoy listo para terminar.* |
| Asentir repetidamente con la cabeza. | *Tengo prisa por acabar la conversación.* |
| Recoger objetos personales de encima de la mesa. | *Doy por terminada la reunión.* |
| Cambiar de postura, de más relajada a más tensa. | *Me preparo para levantarme.* |
| Frotarse los muslos con las manos. | *Estoy a punto de levantarme, esto termina.* |
| Apoyar las manos en las rodillas, en los muslos o en el reposabrazos de la silla. | *Estoy a punto de levantarme, esto termina.* |
| Adelantar la mano o la mejilla para el saludo final. | *Doy la conversación por terminada.* |
| Silencio que sigue a la intervención del interlocutor. | *No me interesa seguir. Acabo aquí.* |

Es de vital importancia percibir las señales de cierre o los signos de impaciencia en todas las relaciones. Así podremos terminar más elegantemente. Siempre es mejor una retirada a tiempo, despedirse que ser despedido, no abusar del tiempo del otro y dejar la puerta abierta a otro encuentro si lo creemos oportuno. Lo contrario, es decir, dejar a alguien con la palabra en la boca (y no esperar el intercambio de señales de cierre), también es una falta de atención y una descortesía. Está claro que si lo hacemos adrede, entonces es un desprecio y es ofensivo.

En una entrevista de trabajo, al final de una cena con unos familiares, en una visita comercial, en un encuentro casual con un viejo amigo, el momento de acabar la conversación o despedirse es un momento importante, porque dejamos una última impresión: buen o mal recuerdo según lo gestionemos.

Si es una primera cita tendrás que aguzar todavía más la vista porque no conoces los patrones de conducta de esta persona. Un consejo: al primer síntoma de inquietud o de cansancio, cambia de tema o empieza el cierre. De esta manera tendrás la oportunidad quizá de proponerle otra cita y será más fácil que acepte.

Las personas que abusan de nuestro tiempo o paciencia muestran poca sensibilidad y educación. Esto provocará que no tengamos ningún interés en repetir la experiencia.

En determinadas situaciones profesionales, el final de la interacción puede suponer el éxito o el fracaso de la misión: firmará o no firmará, le he convencido o no, me recibirá otra vez o no. Merece la pena cuidar este momento.

## Adaptadores

Hay una serie de gestos que aparentemente no tienen ningún sentido, no aportan nada al mensaje que tenemos que transmitir. Podríamos eliminarlos y la comunicación no solo no se vería afectada, sino que mejoraría. Son los movimientos que realizamos especialmente cuando estamos incómodos, inquietos, nerviosos. Y surgen como respuesta de adaptación a una situación social que nos incomoda. Normalmente expresan sentimientos negativos respecto de uno mismo o de otra persona; los hacemos sin querer y no nos damos cuenta de que los hemos hecho.

La mayoría de estos movimientos se concentran en la parte de la cabeza, incluso en el cuello y escote. Los más frecuentes son rascarse o frotarse, o bien higiénicos, como hurgarse el oído, sacudirse una mota de polvo imaginaria de la solapa, etc.

Los podemos hacer esporádicamente respondiendo a un estímulo concreto o pueden ser muy frecuentes y constituir un rasgo propio de nuestros movimientos. Seguro que recuerdas ahora algunas personas que repiten frecuentemente alguno de los gestos de la lista. Si son muy evidentes, desagradables o repetitivos, pueden molestar a quien los ve. En cambio pasan desapercibidos por el propio autor.

Identificar los gestos de esta categoría nos dará una información muy relevante acerca de la persona que los realiza. Serán la clave para leer más allá de las apariencias y desenmascarar emociones disimuladas o prever posibles reacciones a pesar del esfuerzo del otro para controlarlos. Conocer estos gestos nos permite jugar con ventaja en todos los escenarios. Y además, en gran medida, podemos evitar hacerlos nosotros mismos, a base de autocontrol y entrenamiento. Se trata, una vez más, de jugar con ventaja tanto en la emisión de mensajes como en la descodificación.

Ejemplos de gestos adaptadores:

- Rascarse la cabeza.
- Rascarse el cuello.
- Tocarse o pellizcarse la nariz.
- Hurgarse la oreja.
- Frotarse el escote.
- Rascarse la nuca.
- Peinarse el pelo con los dedos.
- Colocarse el pelo detrás de la oreja.
- Taparse la boca.
- Poner uno o varios dedos encima de los labios.
- Colocarse bien las gafas repetidamente.
- Morderse las uñas.
- Rascarse un brazo.
- Dar vueltas al anillo o tocarse el reloj.

Una modalidad dentro de los gestos adaptadores son los dirigidos a objetos. En este caso descargamos la tensión en un objeto y no en nuestro cuerpo:

- Morder un bolígrafo.
- Presionar el botón del bolígrafo (clic, clic).
- Fumar.
- Jugar con un pedacito de papel o un clip.
- Manipular cualquier aparato electrónico sin necesidad objetiva.

Puedes ver movimientos adaptadores en personas que se sienten observadas, que están en situaciones de tensión, que se sienten incómodas o están mintiendo. Hablaremos más detenidamente de ellos en el capítulo dedicado a la simulación y el engaño en la Segunda parte del libro.

## Muestras de afecto

Esta expresión puede resultar confusa, porque parece que hablamos de muestras de cariño. Pero no. Con esta etiqueta nos referimos a todos los gestos y movimientos, realizados con el rostro o con el cuerpo, que transmiten una actitud o un estado emocional.

El rostro es el gran transmisor de sentimientos, emociones y actitudes, pero el cuerpo no es ajeno a estos mensajes y, además, actúa coherentemente con el rostro. Si mi rostro expresa tristeza, mi cuerpo estará cerrado y decaído.

La alegría al recibir un premio, la decepción de perder una competición, el asco ante una comida en mal estado, el miedo a un perro que ladra y tantas otras situaciones en las que nos vemos envueltos diariamente se reflejan en el rostro y en el estado de tronco, brazos y piernas.

Estos movimientos son casi siempre el reflejo automático de nuestro estado interior. Muchas veces somos conscientes de que lo transmitimos, otras veces no nos damos cuenta, aunque sí lo perciben los demás.

**Los gestos afectivos intervienen en gran manera en nuestra comunicación, pues con ellos informamos de nuestro estado de ánimo, de la disposición a la conversación, del grado de implicación con la actividad, de la seguridad con que hablamos, etc.**

Las numerosas emociones que transmitimos se pueden agrupar en dos grandes categorías:

1. **Las que reflejan bienestar:** alegría, serenidad, paz, confianza, amor, compromiso, disponibilidad, etc.
2. **Las que reflejan malestar:** inquietud, ansiedad, miedo, ira, agresividad, etc.

Los más renombrados investigadores han estudiado el repertorio de movimientos basándose en estas dos percepciones básicas del ser humano respecto a su entorno. Y especial interés han depositado en distinguir entre los **gestos evidentes**, que son expresión transparente de lo que sentimos, y los **gestos delatores**, que aparecen como muestra involuntaria de disgusto en una situación aparentemente positiva. La sinergología, término acuñado por Philippe Turchet,[2] centra su investigación en descubrir el auténtico significado de los movimientos, escondido bajo lo que socialmente queremos aparentar.

La expresión de emociones en el rostro o en el cuerpo puede coincidir con el mensaje verbal. Pero no siempre es así, ya que la razón nos permite pronunciar unas palabras que no se corresponden en absoluto con nuestro estado emotivo. El lenguaje no verbal, en cambio, escapa más fácilmente al control racional.

2. Véase Philippe Turchet, *El lenguaje de la seducción*, Barcelona, Amat, 2010.

Y son estos pequeños movimientos que no podemos evitar el objeto de estudio de la sinergología y otras corrientes que investigan los gestos involuntarios.

En el siguiente apartado podrás ver en detalle cómo se reflejan las actitudes y emociones más frecuentes a través de un extenso repertorio de gestos.

## LOS GESTOS Y SU SIGNIFICADO

En el capítulo anterior hemos visto los principales grupos de gestos y sus funciones. Ahora profundizaremos más en el significado de las posturas, los movimientos y los gestos. Debido a que se tienen que interpretar según el contexto y en relación con el conjunto, debemos tener en cuenta primero la importancia de la actitud corporal.

### Tu actitud corporal dice cómo eres y cómo te sientes

La actitud corporal, junto con su aspecto físico y su indumentaria, es lo primero que percibimos en una persona. Nos envía un mensaje referente a su «postura» ante la vida, el momento concreto o la relación personal. Es uno de los ingredientes más poderosos de la primera impresión y marca, contamina, todos los demás gestos que se hacen en esta actitud.

Por eso, en mis cursos o en las sesiones individuales de entrenamiento, el primer paso es guiar a los alumnos en la toma de conciencia de la actitud, porque es imprescindible para el autoconocimiento y el cambio.

Cuando hablo de **actitud corporal me refiero a una forma de estar respecto a cualquier posición, estática o en movi-**

**miento**. Las tres posiciones que son la base de cualquier otra actividad cotidiana son:

1. Estar de pie.
2. Estar sentado.
3. Caminar.

La actitud corporal tiene que ver con el saber estar, la elegancia, el porte y el estilo. También con la energía, el optimismo, el compromiso y la empatía. Y podemos añadir también autoridad, respeto, seguridad, confianza.

La forma de «estar» en un individuo puede ser temporal o permanente. Y está condicionada por varios factores. Entre los más importantes están:

- Personalidad.
- Estado emocional.
- Educación recibida.
- Grado de formalidad de la situación.

La combinación de estos ingredientes da como resultado una expresión corporal que constituye gran parte de nuestra imagen.

---

**Por actitud corporal entendemos pues el grado de energía que refleja tu cuerpo: puede estar *apagado* o *encendido*. Está apagado cuando, fruto de tus pensamientos, quiere pasar desapercibido; está encendido cuando se expande hacia fuera porque tus emociones son positivas.**

---

Seguro que puedes percibir fácilmente el cansancio en un compañero tuyo, por la forma de caminar o de mantenerse de pie. También detectarás una sensación de falta de interés, decepción o abandono. Igual que la alegría, la euforia, el coraje y muchas más emociones.

Cuando estás contento, el pecho sale y la cabeza deja de estar **entre** los hombros para estar **sobre** los hombros. Además tenemos otras señales como la sonrisa, el tono de voz y la gesticulación.

Cuando estás cansado tu cuerpo tiende a replegarse, el pecho va hacia dentro, te mueves con más lentitud y arrastras los pies, como si estuvieras cargando un pesado bulto. Es casi el mismo aspecto que cuando estás triste, abatido, decepcionado o pesimista.

En la inmovilidad provocada por el miedo, el cuerpo está cerrado, hacia atrás, protegiéndose, la mirada baja, brazos cruzados como protección y sin gesticular.

Dada la relación que existe entre la actitud corporal y el estado emocional, los demás pueden percibir lo que sientes en este momento solo con que aparezcas ante su vista. Esto puede tener consecuencias positivas o negativas según la situación. Lo importante es que tú tengas control sobre lo que transmites.

La buena noticia es que puedes tener el control de los mensajes emocionales que envías. Y otra noticia mejor todavía: también podrás cambiar tu estado interno al ejercer control consciente sobre tu posición corporal. Es probable que alguna vez hayas experimentado un cambio como el que te describo. En el capítulo 8 «Planes de entrenamiento con grandes resultados», podrás seguir un plan para ser más consciente de tu postura corporal y de la imagen que transmites, y podrás entrenarte para modificar tus hábitos posturales.

## ¿Qué transmites cuando estás de pie?

Muchas de las actividades del día y gran parte de las interacciones humanas las realizamos de pie. Algunos de los momentos en que tenemos posición vertical son de gran trascendencia en nuestra vida. En el terreno profesional ocupan un lugar determinante en la consecución de nuestros objetivos: al presentarte a un proceso de selección, al reunirte con un inversor, al dar una ponencia, cuando esperas que te atiendan en una empresa... En el primer momento, te verán de pie.

Sin embargo, como en tantas ocasiones, no damos importancia a nuestra postura y actitud corporales, porque es algo que hacemos rutinariamente muchas veces al día. Pero es importante tomar conciencia de cómo nos perciben los demás.

Empezamos viendo la posición vertical de una persona que está segura, relajada y dispuesta a una interacción positiva. Las características de esta posición son:

- **Verticalidad.** Estar de pie significa verticalidad. Si coges un tronco y lo pones en posición vertical, pero ves que tiene una curva en la parte superior, ¿dirás que está en posición vertical? Esto es lo que les pasa a muchas personas cuando están de pie. No están realmente en posición vertical porque su torso está curvado, los hombros van hacia delante, lo que les hace salir la espalda por detrás, como si cargaran con una mochila. Para estar en una posición vertical real y que así lo perciban los espectadores, deberías imaginar que estás unido al techo por un hilo, desde la parte superior de tu cabeza. Visualiza cómo la espina dorsal se estira y coloca correctamente todo el cuerpo.
- **Apertura.** La seguridad y la voluntad de relación también se transmiten a través de la apertura del cuerpo. Esto afecta de

forma muy visible al tronco. El pecho abierto, hombros relajados, cabeza en posición vertical neutra (consulta el apartado sobre la posición de la cabeza). Si estás en posición de reposo, las manos estarán colgando al lado de los muslos y permanecerán semiabiertas, sin forzar nada. En el apartado de las manos verás otras formas de colocarlas y de moverlas.

- **Simetría.** Imagina un eje que divide tu cuerpo en dos verticalmente. Busca la simetría entre las dos partes. La simetría es equilibrio, y esto reforzará la sensación de estabilidad y seguridad. Recuerda que la mente descifra los mensajes en relación con la información que tiene almacenada en su disco duro. Las cosas simétricas nos sugieren orden, control, equilibrio y estabilidad.
- **Estabilidad.** Algo o alguien nos inspira confianza cuando percibimos estabilidad en él. Nos da más seguridad un roble que una caña. Por eso buscamos también en el cuerpo humano una posición que transmita lo bien asentados que estamos. Aunque sople viento, aunque nos empujen, no nos caeremos. Pon los pies en paralelo y ligeramente separados, firmemente apoyados en el suelo.

Esta es la postura básica caracterizada por la **verticalidad, apertura, simetría** y **estabilidad**. Para denominarla y para que mis alumnos la recuerden fácilmente utilizo la palabra formada por las iniciales de cada característica: **VASE**.

Adoptar esta posición como tu postura básica natural te aportará una sensación de seguridad y estabilidad. Puedes llamarla tu «posición de poder». No se trata

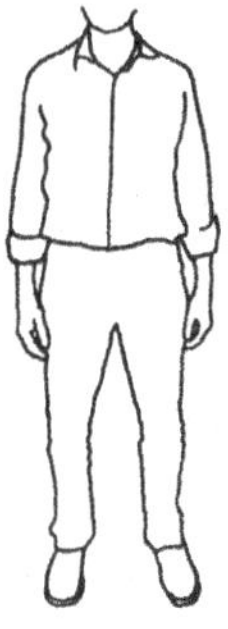

Figura 2. Posición básica de apertura y bienestar. Con el pecho fuera y la cabeza alta es una posición de autoridad.

solo de una forma de colocar el cuerpo, sino de cultivar un estado del espíritu. Es como si te dijeras a ti mismo «no me moverán».

Y los demás te percibirán como una persona segura, serena y comunicativa. Tendrás un porte más elegante y la ropa te sentará mejor. Si en estos momentos tu actitud corporal habitual no reúne estos mínimos, te invito a cambiarla para siempre, pues no se trata solo de cambiar unos gestos, sino de adoptar una nueva actitud vital. Prepárate para cosechar buenos resultados. Podrás entrenar con los ejercicios de la Tercera parte del libro.

Ten en cuenta que **siempre** tienes que estar preparado para ser observado. La gente te ve, lo quieras o no. Entonces, ya que te ven, procura que sea en positivo. Nunca se sabe cómo pueden ayudarte o perjudicarte los desconocidos que hay a tu alrededor. Y lo mismo digo de las personas de tu entorno personal o laboral: quizá no conozcas sus intenciones, pero lo que es seguro es que **te tratarán según la imagen que tengan de ti**. Merece la pena invertir en tu imagen adquiriendo la posición VASE como punto de partida para los demás movimientos y posiciones, como caminar o sentarte.

Ahora que ya conoces la posición de partida, veremos los movimientos habituales, lo que transmitimos con ellos y cómo afectan a nuestra imagen.

## La información relevante está en los pies

La mayoría de las personas, cuando buscan indicios de engaño en sus parientes, amigos o empleados, se fijan en el rostro. Y los primeros estudios sobre lenguaje dedicaron mucha atención al estudio de las expresiones faciales. Pero esta no es la única parte del cuerpo que nos delata.

Hoy son muchos los conocimientos a nuestro alcance sobre el papel determinante de las piernas y los pies en la manifestación de las auténticas emociones e intenciones de las personas. Joe Navarro,[3] exagente del FBI y autor de varios libros sobre lenguaje corporal, admite que en sus observaciones como asesor de la policía da una importancia capital a la posición de la parte inferior del cuerpo y, en concreto, a la posición de piernas y pies de los acusados.

**Esta parte del cuerpo revela lo que la persona desea ocultar.** Si te fijas en la parte superior del cuerpo, en el rostro y en las manos, es posible que veas a alguien que presenta una buena actitud, sonríe y parece tranquilo. Si miras hacia abajo, verás si esta tranquilidad es auténtica o solo aparente. Puedes observarlo en personas que hablan de pie, o están sentadas en una reunión. He tenido la oportunidad de comprobarlo muchísimas veces en una situación donde la gente experimenta una considerable tensión: las presentaciones en público. He tomado imágenes únicamente de los pies de estos oradores. Cuando el interesado ha podido ver estas imágenes, queda sorprendido de que sean realmente sus pies los que se mueven con tanto nerviosismo, se retuercen o quedan paralizados en un cruce de piernas incomodísimo. Si vemos un fragmento de la actuación de su parte superior, en general hay mucho más control. Muchas veces hay tanto control de manos y rostro que un observador inexperto podría creer que está ante una persona tranquila y absolutamente segura.

Todo esto tiene una explicación: el papel vital que las extremidades inferiores han tenido en nuestra supervivencia. Ante un peligro, nuestros antepasados tenían tres posibilidades: detenerse, huir o atacar. Las piernas se preparaban para actuar según la mejor opción. Y esto es, inconscientemente, lo que todavía hacemos hoy ante «peligros» que no son fieras sino personas que no

3. Véase Joe Navarro, *El cuerpo habla*, Barcelona, Sirio, 2010.

nos resultan agradables, público exigente, comerciales no requeridos o suegros pesados.

Como puedes ver, es importante que controles lo que hacen tus pies. No dejes que ellos hablen por ti. Fíjate en cómo intervienen en las posiciones más frecuentes y cuáles son los gestos delatores del nerviosismo y la inseguridad.

## Formalidad y respeto

Figura 3. Posición de los pies que indica formalidad y respeto.

Esta es una pequeña variación de la posición VASE. Los pies están juntos. La vemos en ceremonias religiosas, militares y actos oficiales. Se colocan así los artistas para recibir los aplausos del público. Así se presentan los mayordomos ante sus amos. Se les exige a los alumnos en las escuelas como forma de guardar la compostura, de respeto y en señal de sumisión. Piensa en qué situaciones no te interesa mostrar esta actitud sumisa. Aunque tengas muy interiorizada esta forma de estar de pie, recuerda que tendrás una posición más estable, fuerte y poderosa si separas ligeramente las piernas.

## Poder y virilidad

Tradicionalmente el poder va asociado a la virilidad. Y los hombres hacen ostentación de esta virtud colocándose en la posición VASE con las piernas muy separadas, algo que les da seguridad y les permite mostrar apertura (por lo tanto, ausencia de miedo) a sus posibles enemigos o rivales. Lo acompañan sacando pecho, incluso hinchándolo, y con la cabeza alta, en señal de orgullo y desafío. Muestran su capacidad para asumir retos y enfrentarse a peligros. Además, con el gesto de las piernas abiertas, presumen de la parte de su cuerpo más representativa de la virilidad: sus genitales.

Esta es la posición de los vaqueros, los *sheriffs*, los gladiadores, los deportistas. Si te imaginas a un ejecutivo con su traje en esta posición, te resultará demasiado agresivo, incluso vulgar. En las relaciones profesionales actuales, las muestras de poder y de jerarquía son más sutiles, aunque nunca debes descartar esta posición para momentos críticos. También si eres mujer puedes recurrir a ella, pues las mujeres percibidas como valientes y poderosas la adoptan. Amy Cuddy en su famoso TED Talk nos habla de la *power pose*, la posición de piernas separadas y manos en las caderas o hacia arriba en forma de «V». Esta posición no solo nos permite proyectar una imagen de seguridad, sino que alimenta una sensación interior de estabilidad y energía.

Hoy en día están cambiando los patrones de conducta no verbal asociados al género. Y, aunque todavía es general la idea de que una mujer en esta posición es masculina (y, por lo tanto, es un defecto porque se aparta de su rol), mandona, dura, agresiva, etc., las cosas van cambiando y vemos deportistas, profesionales en sectores tradicionalmente masculinos y mujeres en general que rompen esquemas con estas posiciones. Todo esto confirma que la mayoría de los movimientos y gestos que consideramos femeninos o masculinos están condicionados por la socialización.

## Inestabilidad, incomodidad, inseguridad

Son muy variadas las posiciones que podemos adoptar de pie cuando nos sentimos observados, cohibidos, inseguros, nerviosos. Aquí te describo las más frecuentes para que puedas identificarlas en los demás y en ti mismo.

- **Una pierna adelantada y levemente flexionada.** Cuando nos sentimos amenazados, buscamos inconscientemente la forma de huir. Por eso preparamos las piernas para empezar a correr. En muchas ocasiones podrás observar que la gente adelanta, a veces de forma muy sutil, una pierna con la rodilla un poco flexionada, iniciando el gesto de salir a la carrera. Este pie adelantado no está bien apoyado en el suelo y al observador le da la sensación de inestabilidad y falta de consistencia.

Figura 4. Posición de cierre. Indica timidez e inseguridad.

- **Piernas cruzadas.** Hay varias formas de cruzar las piernas. Si se cruzan de forma simétrica y con los muslos apretados, da la impresión de inseguridad, timidez, autorrepresión o ganas de orinar. Es un gesto más frecuente en las mujeres que en los hombres, y nos recuerda la posición típica de una tímida adolescente. Si es una pierna la que se cruza por detrás de la que permanece en vertical, señala claramente incomodidad, disgusto, ganas de desaparecer lo más pronto posible.
- **Pie señalando.** Los pies tienden a señalar, en caso de tensión, la dirección por donde se podría salir del escenario: un

pasillo, una puerta o el asiento donde estábamos y al que queremos regresar.

- **Movimientos de los pies.** Tobillos torcidos y los pies apoyados sobre sus lados exteriores, los pies con las puntas cerradas hacia dentro y movimientos laterales. Independientemente de lo poco elegantes que resultan unos pies mal colocados, los mensajes que recibimos están relacionados con la ansiedad, la timidez, el miedo, la duda.

Figura 5. Posición de cierre. Indica timidez e incomodidad por la situación.

## INQUIETUD, NERVIOSISMO Y ESTRÉS

Otra de las señales de inquietud es el balanceo: izquierda derecha y viceversa; o el movimiento del balancín: adelante y atrás. Evidentemente, la naturalidad necesita movimiento y, por lo tanto, necesitamos movernos y variar la posición VASE. Pero estos movimientos repetidos continuamente son un signo de nerviosismo, y lo peor de todo es que acaban centrando la atención de quien observa y le contagian la inquietud.

Muchas personas parecen seguir unos pasos de baile y, sin darse cuenta, realizan reiterativos movimientos con los pies, siempre sobre la misma zona. Es simplemente otra forma de descargar tensión.

La dirección de los pies cuando estamos de pie no solo señala la dirección donde queremos ir, sino también la persona que nos resulta agradable y atractiva. Quizá nuestra cara y nuestro torso están señalando la persona con quien estoy hablando, pero mi pie señala otro miembro del grupo. La posición de los pies señala si una persona o un grupo están abiertos a la comunicación y a la incorporación de nuevos miembros.

## ¿Qué comunicamos al andar?

Puede que tu actividad diaria no te exija caminar mucho pero, aunque tus recorridos se limiten a ir de tu puesto de trabajo a la calle, necesitas prestar atención a este movimiento. Si no eres modelo de pasarela, para ti caminar no es un fin en sí mismo, sino un movimiento de tránsito, un desplazamiento. Con frecuencia descuidamos los movimientos que hacemos al andar porque tenemos la mente centrada en la ruta, el destino o los temas que nos ocupan. Pero conciénciate de que también cuando caminamos somos observados y transmitimos una serie de mensajes relevantes. Para transmitir una buena imagen, te recomiendo que practiques un andar firme, elegante y seguro, y que lo conviertas en tu forma habitual de andar. Una vez interiorizado, podrás despreocuparte y seguir pensando en tus temas. Sigue el plan de entrenamiento del capítulo correspondiente al final del libro.

La actitud al andar es un reflejo de la actitud al estar de pie. Las personas que mantienen una actitud corporal abierta y positiva, caminan con decisión, seguridad y naturalidad. Algunos expertos han intentado describir los distintos estilos de caminar, que ascienden a medio centenar. Aquí encontrarás algunos de los más significativos y universales.

| **Forma de caminar** | **Significado** |
| --- | --- |
| Caminar lentamente con el cuerpo apagado. | Cansancio, resistencia a hacer algo, desdén, aburrimiento, poco interés. |
| Arrastrar los pies. | Cansancio, aburrimiento, falta de interés, falta de agilidad, poca disponibilidad para la tarea, etcétera. |
| Falta de coordinación entre brazos y piernas. | Poca agilidad, tensión, nerviosismo, timidez, baja forma física. |
| Caminar con los brazos colgando y pegados al cuerpo. | Falta de coordinación y agilidad, poca energía. |
| Caminar con la cabeza alta y mirando por encima del hombro, de soslayo. | Arrogancia, autoridad, menosprecio, etcétera. |
| Caminar rápidamente. | Prisa, nerviosismo, estrés, interés. |
| Caminar con pasos cortos. | Prisa, nerviosismo, timidez, coquetería en las mujeres. |
| Caminar con la cabeza alta y mirando al frente. | Autoridad, energía, seguridad. |
| Caminar moviendo la pelvis. | Sensualidad. |

## ¿Qué decimos con la forma de sentarnos?

Lo mismo que hemos visto para estar de pie, se puede adaptar a la posición sentada.

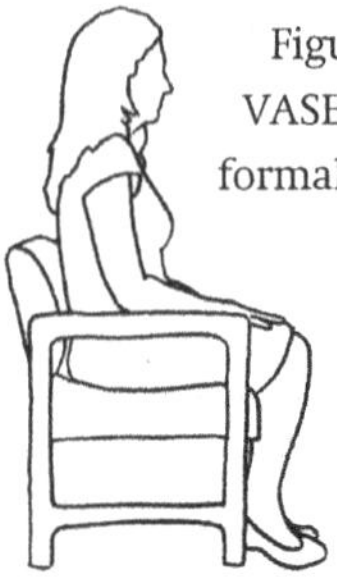

Figura 6. Posición VASE4. Corrección y formalidad en posición sentada.

Igualmente podemos hablar de cuerpo «apagado/encendido» y «abierto/cerrado».

La posición VASE ahora la llamamos VASE4 porque tiene los mismos atributos que para estar de pie, pero ahora en la posición de cuatro, como puedes ver en la figura.

Se mantienen igualmente la verticalidad para el tronco, la apertura, la simetría y la estabilidad. Los pies reposan planos sobre el suelo. La persona está relajada. En la comodidad de esta posición, las rodillas quedan separadas. Por imposiciones sociales, esta posición se modifica juntando las rodillas, especialmente en las mujeres. Se trata de una cerrazón impuesta por la educación.

La posición del torso y las piernas al estar sentado nos indica el grado de estrés del individuo y la relación que mantiene con su compañero.

Si el 4 del que hemos hablado se inclina hacia delante, de tal forma que adelanta el tronco y retira los pies hacia atrás, debajo de la silla, vemos una actitud de atención positiva. Es una posición frecuente, en reuniones de trabajo o entre los alumnos que escuchan al profesor.

Figura 7. Posición de atención positiva.

Si el movimiento es el contrario, es decir, el cuerpo se relaja con tendencia a la posición horizontal, brazos cruzados sobre el pecho y piernas cruzadas, hay un mensaje de falta de interés y de cierre ante el mensaje del otro.

## Cruces de piernas

Aunque parece que los cruces de piernas aseguran una protección a quien los realiza, no siempre indican sentimientos negativos o exclusión. Esta posición debe entenderse siempre en relación con los demás conversadores y en el contexto.

En primer lugar debemos distinguir el cruce «americano» del cruce «europeo». El cruce americano se realiza apoyando un tobillo encima del muslo opuesto. Las mujeres solo lo realizan cuando visten pantalón y en situaciones muy informales, pues la apertura de muslos no está aceptada socialmente en situaciones formales. En cuanto al sentido del cruce, no observamos una preferencia para cruzar hacia un lado o hacia otro, sino que esta elección inconsciente la realizamos en función de la relación que establecemos con el otro.

Así habrá posiciones de cierre o de apertura, según la disposición de las personas. Veamos las figuras siguientes:

Figura 8. Las dos personas se muestran apertura e interés recíprocamente y crean un espacio personal protegido del exterior.

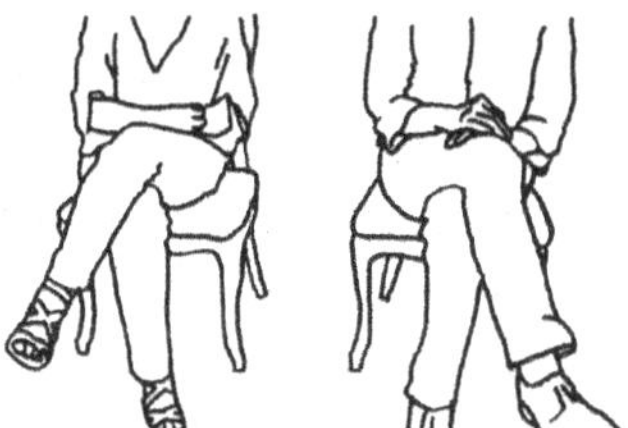

Figura 9. Las dos personas cruzan las piernas en sentido opuesto. Tienen más interés en el exterior que en su propia relación.

El cruce europeo mantiene las piernas cruzadas juntas. En Europa se considera más educado, más formal y lo realizan tanto hombres como mujeres. En cuanto al interés por el interlocutor, lo que nos guía en esta postura es la apertura de la parte interior de la pierna que cruza sobre la pierna base.

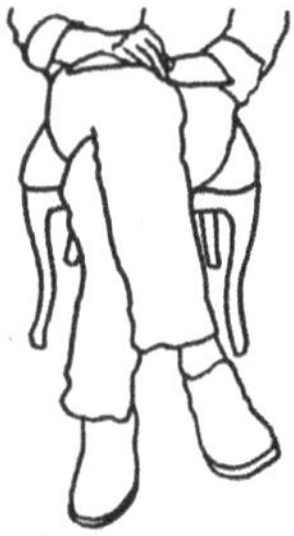

Figura 10. Cruce de piernas europeo.

Figura 11. Cruce de piernas americano.

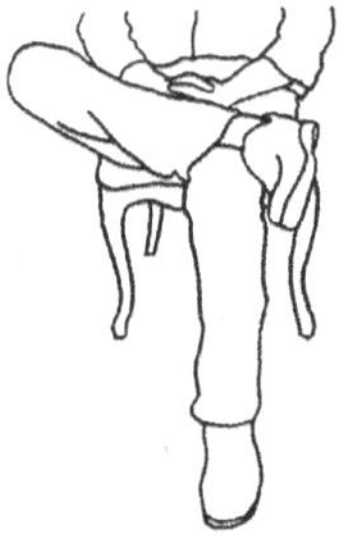

Dos variaciones del cruce europeo son:

Figura 12. Piernas enroscadas. Cruce tenso y de cerrazón.

1. **Piernas enroscadas.** Se trata de un doble cruzamiento realizado casi exclusivamente por mujeres, indica fuerte tensión.
2. **Piernas inclinadas en paralelo**. Es otro gesto femenino, con connotaciones de seducción sexual, aunque sea un gesto de cierre por buena educación. Los músculos de las piernas se tensan y aparecen las piernas más estilizadas.

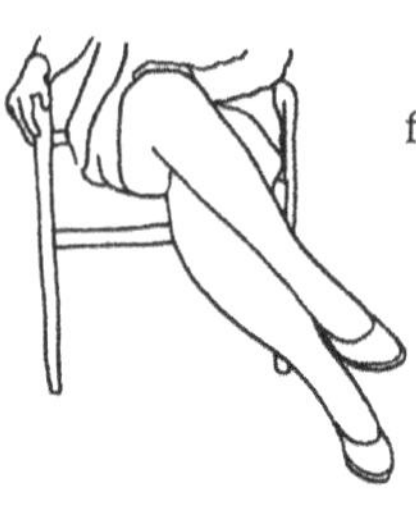

Figura 13. Cruce femenino con intención estética y de atracción sexual.

Cuando estamos **sentados detrás de una mesa**, estas son las posiciones más frecuentes:

| Posición | Significado |
|---|---|
| Sentado con los pies en el suelo y la espalda recta. Posición VASE4. | Formalidad, corrección, interés, dispuesto a escuchar y a trabajar. |
| Tronco hacia delante, pies debajo de la silla, manos encima de la mesa. | Interés por el interlocutor, actitud atenta y positiva, dispuesto al trabajo. |
| Tronco hacia atrás, espalda encorvada y hundido en la silla. | Desinterés, poca energía, abandono, pesimismo, decepción, tristeza. Si los brazos están debajo de la mesa, la implicación es casi nula y se establece una distancia mayor con el interlocutor. |
| Tronco hacia atrás con las manos detrás de la nuca y, posiblemente, con cruce de piernas americano o pies encima de la mesa. | Seguridad, optimismo, autocomplacencia, signo de poder, prepotencia, distancia con el interlocutor. |

Y sentado **sin mesa**:

| Posición | Significado |
|---|---|
| Sentado en la posición del 4 (piernas cerradas y pies en el suelo en paralelo, espalda recta y cabeza mirando al frente). | Formalidad, educación, corrección, respeto. Al mismo tiempo puede ser rigidez, distancia, frialdad. |
| Sentado en un sofá sobre una pierna, o sobre las dos, tipo sirenita. Muy frecuente en las mujeres, especialmente adolescentes. | Timidez, inseguridad. Coquetería. |
| Sentado en un sofá ocupando más de una plaza, piernas abiertas y extendidas hacia delante, cuerpo casi horizontal, brazos relajados. | Comodidad, informalidad, descanso, privacidad, familiaridad. Si se está en compañía de otras personas puede ser: falta de interés, egoísmo, falta de educación, grosería. |
| Pierna sobre el brazo del sofá o silla | Agresividad, indiferencia, superioridad. |
| Sentado a horcajadas. | Voluntad de dominar, expresión de poder, aunque con el pecho protegido por el respaldo de la silla. |

## Listo para marcharte

Cuando queremos iniciar una acción pero algo nos retiene, realizamos unos movimientos (más o menos visibles) llamados **indicadores de intención**. Uno de los indicadores más utilizados es el de prepararse para levantarse y salir. Cuando alguien quiere levantarse y cerrar una conversación, podemos observar que se mueve en la silla y se inclina hacia delante. Además puede apretar las manos sobre las rodillas, apoyarse en la base del asiento o el reposabrazos para coger impulso y levantarse, apoyar una mano en un muslo y adelantar el tronco, o dar una palmada con las dos manos en los muslos, como indicación de final de la conversación.

# Manos y brazos

Las extremidades superiores son las que participan más activamente en la comunicación y sus movimientos son, con la expresión del rostro, los más observados por el interlocutor. Ya hemos visto el papel que desempeñan en los cinco tipos de gestos. Tienen un protagonismo claro en los gestos **ilustradores**, porque acompañan el mensaje hablado. La mayor parte de los **emblemas** se hacen con las manos. Los **adaptadores** se realizan también a través de las manos que tocan una parte del cuerpo, y tienen también un buen papel en los **reguladores**. Es decir, los movimientos con las manos son una parte muy importante de nuestra comunicación. En muchas ocasiones nos resulta difícil dejarlas quietas, especialmente si estamos hablando y, en general, las movemos sin prestarles atención.

Incluso cuando hablamos por teléfono o en un programa de radio y sabemos que los receptores no nos pueden ver, la gesticulación acompaña nuestras palabras. Si no gesticulamos al hablar, podemos parecer bustos parlantes y restamos capacidad de persuasión a nuestro discurso. La gesticulación acompaña, enfatiza o ilustra nuestro mensaje verbal. Y, a veces, involuntariamente, lo contradice.

Veamos qué nos dicen los movimientos de los brazos y las manos. Ahora nos referimos específicamente a los gestos que realizamos en el entorno del habla, tanto si escuchamos como si hablamos.

La tónica general es que, al permanecer en silencio, las manos están en reposo, y al hablar, las manos acompañan el discurso. Pero el diálogo gestual que tiene lugar entre dos personas que conversan es mucho más complejo.

En primer lugar, debemos ver las diferencias entre la posición de pie y sentados. Cuando los hablantes están de pie, están dispuestos al movimiento y a la acción. Las manos tienen más libertad para actuar. Si están sentados, predomina la reflexión y las manos se sitúan con más frecuencia en el rostro, especialmente en el que escucha.

Para interpretar correctamente los gestos debemos tener en cuenta que **el gesto precede a la palabra en el acto de comunicación**. Es, por lo tanto, más sincero. Anticipa una información que quizá la razón intentará disimular. El gesto conserva la naturalidad del pequeño ser humano que todavía no ha pasado por el moldeado de la educación.

Y debemos distinguir los **gestos de habla** de los **gestos de escucha**. Los movimientos que hace mientras habla nos darán a conocer las verdaderas motivaciones que hay detrás de las palabras dominadas por la razón. Con los movimientos que hace cuando escucha podremos entender el efecto que producen nuestras palabras y su actitud hacia nosotros.

Lo más revelador y fácilmente observable en una persona, esté hablando o escuchando, son los movimientos de cierre y apertura.

## Cierre y apertura

Igual que mantenemos una actitud abierta o cerrada con el cuerpo, tenemos también gestos abiertos y cerrados.

---

**Los gestos abiertos indican bienestar, y los cerrados, malestar y necesidad de autoprotección.**

---

Cuando nos sentimos tranquilos y confiados no tenemos ninguna necesidad de protegernos. La sensación de vulnerabilidad desaparece y podemos abrir el cuerpo mostrando incluso las partes más sensibles y la piel más delicada, como la del lado interno del antebrazo. Estamos dispuestos a colaborar y a interactuar con los demás. Por esto brazos y manos se abren hacia fuera.

Estos son los gestos que muestran **actitud positiva y abierta**:

- **Los brazos y las manos se adelantan acercándose al otro.** Hay una voluntad de ir hacia la otra persona, aceptamos la proximidad y demostramos nuestro interés en la relación. Las expresiones «con los brazos abiertos» o «tender una mano» ilustran esta actitud. Las personas que gesticulan son más extrovertidas.
- **Las palmas hacia arriba.** Muestran inocencia, honestidad. Las mostramos para indicar que no tenemos ninguna intención de agredir. Pueden llegar a ser una imagen de docilidad, cuando recuerdan la mano del mendigo que espera caridad.
- **Las palmas abiertas con el brazo elevado.** Muy frecuente en personas que hablan en público, sobre todo en políticos. Es también una forma de saludar que transmite valores positivos, especialmente paz y honestidad.

- **Gestos altos.** En la zona del estómago y pecho son gestos propios de una conversación o de una intervención en público. Cuanto más elevados sean los movimientos, por encima del cuello, por ejemplo, más energía demuestra el orador. Cuando estamos tristes o cansados, los brazos van hacia abajo y no se mueven. Cuando estamos contentos o muy enfadados, los brazos se elevan. ¿Qué haces cuando recibes una buena noticia?
- **Amplitud.** Cuando los codos se separan del tronco, los movimientos son más amplios y la gesticulación es más expresiva. Prueba a gesticular sin despegar los codos del cuerpo y notarás el efecto.
- **Ausencia de tensión en los dedos.** Cuando están separados muestran apertura. Observa personas gesticulando y verás la diferencia entre mover las manos con los dedos separados o con los dedos pegados.
- **Pulgar levantado.** Es una muestra de energía, optimismo, liderazgo y poder. Incluso manteniendo los brazos cruzados o los puños cerrados, el pulgar hacia fuera es una señal de seguridad y bienestar.

Veamos los gestos de **cierre** más frecuentes:

- **Cruce de brazos.** Esta posición es la opuesta a una gesticulación abierta y con voluntad de comunicación. La persona que cruza los brazos sobre el pecho está creando un escudo para protegerse, para resguardar la zona del corazón y, al mismo tiempo, estar lista para desplegar estos brazos si hay que pasar a la acción. Pero no necesariamente lo hace para protegerse del interlocutor. Hay que valorar el contexto, porque puede hacerlo por frío o por comodidad. Cuando está escuchando en una conferencia, por ejemplo.

Las mujeres lo utilizan también como forma de cubrirse los pechos, especialmente cuando se sienten observadas por hombres o si tienen alguna creencia negativa respecto a esta zona de su cuerpo. Es muy significativo el gesto de las adolescentes, incluso de mujeres adultas que se cubren con un dosier, una carpeta, agarrándolo con una mano o con las dos.

- **Puño cerrado.** Al mantener el puño cerrado, manifestamos tensión, malestar y estrés. Aunque nos esforcemos en mantener el cuerpo en posición «encendida», las manos nos delatan al recibir la concentración y la tensión que no nos permiten relajarnos. Cuando las manos están semiabiertas o abiertas, reflejan descanso, bienestar, ausencia de miedo. En posición de reposo, al estar de pie o al caminar, quedan semiabiertas con la palma hacia los muslos.
- **Rascarse el cuello con la mano del lado opuesto.** Mi brazo cruza y protege la parte pectoral y se prepara para propinar un golpe al hipotético agresor. El simple gesto de levantar el codo ya es una buena forma de hacer frente a la agresión. Lo solemos hacer cuando una persona que se nos acerca en un espacio público no nos inspira confianza.
- **Abrocharse la chaqueta** o cruzar las dos partes de la chaqueta y aguantarlas cerradas con las manos de tal forma que permanecen sobre el pecho.
- **El escudo del objeto.** Con las dos manos a la altura del estómago, sostengo unos papeles, una taza, un libro que protegen mi espacio personal e impiden a mi interlocutor avanzar más. También los bolsos son buenos aliados a la hora de proteger el

Figura 14. Agarrar el bolso hacia delante es un gesto de protección.

tronco. Un bolso en bandolera permite dejar una mano en la tira que nos cruza el pecho. Está en posición próxima al corazón y lista para cubrir el pecho. Si el bolso lo llevamos colgando del hombro también lo agarramos fuerte incluso empujando el asa hacia delante.

- **Brazos cruzados apoyados en la mesa.** Expresan una actitud similar al cruce de brazos cuando estamos de pie. Pueden estar puestos en paralelo pero igualmente describen el espacio que nos protege.
- **Manos en los bolsillos.** Es una actitud de desinterés hacia el exterior. Manifiesta que no nos interesa hablar ni relacionarnos con otras personas y según la posición del resto del cuerpo podemos deducir el motivo: apatía, timidez, arrogancia, desinterés, etc.
- **Tirar de las mangas.** Cuando alguien tira del extremo de las mangas para cubrirse parte de la mano está expresando voluntad de pasar desapercibida. Al ocultar las manos, oculta sus pensamientos y, además, evita pasar a la acción. Es síntoma de timidez e inseguridad. Es muy frecuente en los adolescentes. El gesto de remangarse indica todo lo contrario: «Manos a la obra».
- **Manos cruzadas delante de los genitales.** Se trata de una posición de protección menos evidente que el cruce de brazos, pero es también un gesto barrera. Lo suelen realizar los hombres, al sentir cierta vulnerabilidad.

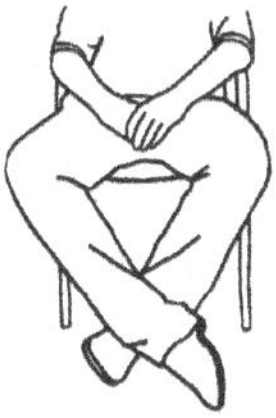

Figura 15. Posición de cierre, más frecuente en los hombres.

- **Mano que sujeta la muñeca o antebrazo en la espalda.** Cuando agarramos la muñeca o el brazo por detrás de la espalda estamos tensos. Hay una necesidad de autocontrol ante la ira o la frustración que sentimos.

- **Un brazo colgando y el otro agarrándolo.** Gesto más visible en las mujeres, que se protegen así de una forma más disimulada y más elegante que con un cruce de brazos en el pecho.

Figura 16. Cruce de brazos disimulado.

## Autoridad y sumisión

Paralelamente al cuerpo encendido o apagado, a los movimientos de cierre y apertura, tenemos las señales de autoridad y las de sumisión. Es importante leerlas en los demás, pero lo es todavía más saberlas utilizar en el momento oportuno. Tanto unos como otros, ya que, a veces, tenemos que mostrarnos sumisos y otras veces poderosos.

### Movimientos blandos y movimientos firmes

La expresión «mano dura» o «mano de acero» nos sugiere autoridad, y así es como transmitimos esta imagen ante los observadores. La mano dura se mueve contundentemente, sobre todo en vertical, y la caracteriza la firmeza de la muñeca. En cambio, cuando la muñeca cede y deja colgar la mano, estamos ante gestos blandos. Pruébalo. Ponte delante del espejo y háblate a ti mismo. Sitúa las manos a la altura del estómago y acompaña con ellas la palabra. Fíjate en si tienes la muñeca firme o relajada. Si te cuelga una mano, o las dos, con la palma hacia dentro, en la «posición perrito», notarás en tu imagen una expresión de docilidad. Este es un gesto característico de las mujeres en la adolescencia. Por eso muchas veces decimos de las que lo adoptan que parecen «pavas» o «pánfilas». También las mujeres adultas utilizan este gesto, que se encuentra en el catálogo de movimientos de seducción.

Trasladado al mundo del trabajo y, sobre todo, si se aspira a un cargo directivo o ya se ostenta, es uno de los gestos menos recomendables para una mujer, por la actitud de sumisión, de coquetería o de inmadurez que muestra ante sus observadores. Ten en cuenta que no solo aparece cuando tienes las manos en reposo, sino también mientras gesticulas: los codos están pegados al tronco y las manos se mueven con tendencia a colgar hacia abajo a partir de la muñeca relajada.

Si estos movimientos los realiza un hombre puede ser tildado de amanerado, afeminado y otros adjetivos más o menos ofensivos. Precisamente porque se supone que el varón tiene que mostrar siempre estatus y poderío.

En una ocasión, al explicar los efectos de este gesto en nuestra imagen, un alumno de unos treinta años reveló ante sus compañeros de curso que él era homosexual y que no pensaba reprimir este rasgo de su comunicación. No solo respeto su postura, sino que la respaldo. Como ya hemos dicho en otros momentos del libro, lo importante es conocer el lenguaje para poder construir el mensaje a nuestra medida, según la imagen que queramos dar. Siempre que el resultado de nuestra comunicación nos satisfaga, no tenemos por qué cambiar nada. Pero en todo caso, hay que saberlo por si nos interesa en un momento determinado proyectar otra imagen.

### Gestos de autoridad

**Manos unidas a la espalda.** Cuando unimos las manos a la espalda y mantenemos el cuerpo vertical y la cabeza alta sin bajar la mirada, nos estamos mostrando valientes y esto proyecta autoridad. Militares, jefes de estado, policías o maestros conocen bien esta posición.

**Manos libres.** Las manos abiertas o semiabiertas, que actúan sin necesidad de tocar ninguna parte del cuerpo ni jugueteando con objetos, expresan tranquilidad y seguridad en uno mismo.

**Manos con la palma hacia abajo.** Los movimientos que hacemos al hablar con la mano extendida o ligeramente abovedada con la palma hacia abajo indican voluntad de control y autoridad. Los políticos en sus discursos utilizan este gesto de poder. Algunas personas inician así el acercamiento en el apretón de manos para imponerse sobre el interlocutor.

**Dedo índice.** Este es el dedo de la afirmación y la individualidad. Es el emblema de levantar el dedo para pedir la palabra o para hacernos visibles entre un grupo. También es el gesto de la autoridad y el poder. El movimiento con el dedo índice en alto puede ser de advertencia; si señala al público o a una persona en concreto puede ser de acusación y si lo ponemos en el pecho de otro, de amenaza.

### Gestos de sumisión

**Palma hacia arriba.** Cuando ofrecemos la palma de la mano para saludar, nos mostramos proclives a dejarnos llevar por el otro. Indica falta de carácter y de decisión.

**Manos a la espalda con la mirada hacia abajo.** El mismo gesto que hemos visto para la autoridad se puede convertir en un gesto de sumisión solo con mantener las piernas juntas, bajar la cabeza y la mirada. Es la posición del mayordomo; en extremo, del reo.

## Las manos y la mirada

Las manos dirigen la mirada de quien observa. La vista sigue el movimiento de los dedos en el aire o se posa en el objeto que agarran o en la parte del cuerpo que tocan. Si una mujer se acaricia el escote, nuestros ojos de espectadores se dirigirán hacia esta parte de su cuerpo y difícilmente podremos mantener la mirada en sus ojos.

Muchos de los gestos que hacemos en la zona de la cabeza tienen como objeto los cabellos, un elemento muy importante de nuestra imagen. Cada vez que nos tocamos o manipulamos el pelo estamos enviando un mensaje, muchas veces inconsciente.

Según Turchet, los gestos con los cabellos expresan un deseo sensual. Y nos hace observar que las personas que han dejado de interesarse por su cuerpo y por el placer sexual raras veces se tocan la cabeza o se acarician el pelo. Y puedes comprobarlo: las personas seductoras, hombres y mujeres, lo utilizan como uno de los grandes elementos decorativos, y además, para realzarlo, se lo acarician con frecuencia.

De todas formas, no debemos equivocarnos: algunos de estos gestos son de incomodidad y otros son de atracción. Es necesario distinguirlos.

Cuando pasamos la mano con los dedos abiertos por la parte superior de la cabeza o de la melena, como si fuera un peine, estamos realizando una caricia que recompone, ordena, peina (o despeina calculadamente). Estos gestos son sugerentes y con significados sensuales. Las mujeres con melenas largas juegan con ella, la recogen y la sueltan, la levantan como si hicieran un moño detrás de la nuca o acarician un mechón adelantando el brazo hacia el interlocutor. También los hombres que llevan el pelo largo tienen este tipo de autocaricias en su repertorio de gestos de seducción.

Turchet nos explica que esta situación de la mano en los cabellos se realiza muy a menudo cuando tenemos una «imagen de recuerdo agradable». Es decir, estamos recordando a una persona o una situación que nos resultan placenteras. Por eso sugiere que, cuando reconocemos a alguien y él nos reconoce a nosotros, nos moveremos en función de si tenemos un recuerdo agradable o no. Si podemos ver en el otro, especialmente si es mujer, una caricia en el pelo en el primer momento, podemos estar seguros de que al vernos ha tenido una reacción positiva.

Otros movimientos son una muestra de tensión o de introversión: rascarte el cuero cabelludo, enrollar un mechón al dedo índice, colocar la melena detrás de la oreja.

Con las manos tenemos el poder de dirigir la atención, pero no siempre lo utilizamos conscientemente.

A veces deseamos ocultar algo que no nos gusta o nos hace sentir inseguros. Un caso muy frecuente son las personas que llevan aparatos de ortodoncia o tienen algún defecto en la dentadura: quieren ocultar los dientes cuando sonríen y se tapan la boca. El efecto, pues, es contrario al deseado.

Las personas muy nerviosas tienen tendencia a rascarse la cabeza, el cuello, el oído y acaban poniendo nerviosas a las demás con su continuo movimiento.

## La cabeza también se expresa

### Por la posición

Hemos visto antes en el apartado de actitud corporal que la posición de la cabeza es muy reveladora de nuestro estado de ánimo. Timidez, preocupación y fatiga se transmiten con la cabeza colgando hacia delante, hundida entre los hombros. Pero la cabeza puede transmitir otras actitudes y emociones. Veamos unas pautas generales y el significado de los movimientos más frecuentes.

**Cabeza en posición neutral.** En esta posición la cabeza queda bien centrada entre los hombros y erguida sobre la espalda. El cuello está recto y vertical.

**Cabeza ladeada.** Turchet considera que «el eje de la cabeza es una de las raras posiciones que el ser humano no puede controlar a pesar de todos sus esfuerzos. Es revelador de la actitud afectiva del otro frente a nosotros». Además explica qué tipo de pensamientos motivan la inclinación hacia la izquierda y hacia la derecha. Según sus observaciones, cuando ladeamos la cabeza hacia la izquierda, estamos bajo la influencia de una emoción positiva, que nos provoca una cercanía afectiva, mientras que cuando lo hacemos hacia la derecha estamos reflexionando de manera racional porque estamos ante un problema de tipo lógico que tenemos que resolver.

Podemos relacionar la cabeza ladeada con la señal de sumisión que comporta mostrar el cuello descubierto. Cuando dos animales pelean, mostrar el cuello es señal de abandonar la batalla para, si es posible, salvar la vida. Es una señal de rendición. En el caso de los humanos podemos ver la diferencia entre la actitud firme y segura que presenta una persona en la posición neutral y la dulzura que emana cuando inclina la cabeza.

Puedes observar la cabeza ladeada en una madre cuando habla con su hijo interesándose por lo que dice, pero no cuando le riñe.

Es también un gesto frecuente cuando vemos o escuchamos algo que nos interesa, por eso es importante realizarlo en el curso de una conversación, pues indica al hablante que estamos atentos y que nos interesa el tema.

Especialmente relevante es en el galanteo, utilizado por las mujeres como uno de los principales gestos de seducción. Mantener la cabeza ladeada suaviza la expresión y dulcifica la mirada.

Veremos con más detalle este gesto en el capítulo dedicado a la seducción.

**Cabeza levantada.** Si levantamos la barbilla un poco más de lo que está en la posición neutral, obtendremos una imagen más altiva y autoritaria. La expresión «levantar la cabeza» se usa metafóricamente para indicar que alguien está superando una situación difícil, e «ir con la cabeza alta» indica caminar o actuar con orgullo, con seguridad en lo que uno es y hace, satisfecho. Éste gesto se asocia a la seguridad en uno mismo y a un carácter firme y autoritario, a veces inflexible, intransigente y arrogante. Como siempre el significado preciso dependerá de la situación y de los demás movimientos que acompañan esta posición. El adelantamiento de la mandíbula reforzará la expresión autoritaria con otro ingrediente: la agresividad. Cuando veas que alguien mueve la mandíbula hacia delante sé consciente de que se está preparando para atacar.

**Cabeza hacia abajo.** Cuando tenemos la cabeza hacia abajo con la barbilla hundida, casi tocando el pecho, estamos mostrando **desacuerdo, duda, desconfianza o agresividad.**

Piensa en cómo miras a alguien que se está portando muy mal, antes de empezar a sermonearle. En las posiciones más agresivas puede ir acompañado de brazos cruzados o en jarras. En estos casos, los ojos siempre están abiertos y mirando hacia arriba con el ceño fruncido y ausencia total de sonrisa.

Parecido es el gesto de la **sumisión**, también con la cabeza hacia abajo. Aquí los brazos suelen estar extendidos con las manos cruzadas delante o detrás y la mirada suele dirigirse hacia el suelo. La sonrisa acompaña este movimiento de cabeza cuando la sumisión tiene voluntad de servicio y de agradar a nuestro interlocutor. Piensa en la imagen tópica de un oriental saludando con movimientos de cabeza hacia abajo y una sonrisa. El mayordomo occidental utiliza también esta actitud para mostrar que es servicial, aunque la sonrisa aquí no suele formar parte del ritual. Las expresiones «con la cabeza gacha» o «agachar la cabeza» ilustran lo que estamos diciendo.

**Cabeza desplazada hacia delante.** Esta posición está presente cuando hay **cansancio, desgana, poca implicación** en lo que se hace o se dice. Con frecuencia esta postura es característica en una persona y forma parte de sus hábitos posturales. Es imposible mantener esta posición de la cabeza si el tronco está abierto y la columna bien vertical, por lo que va asociada a un cuerpo cerrado y átono. El efecto es que la cabeza cuelga hacia delante aunque se mantenga la mirada al frente.

Figura 17. Cuerpo átono, pecho hundido y cabeza hacia delante.

**Cabeza hacia atrás.** Este gesto también forma parte del repertorio femenino de **seducción sexual**. También en este caso la esencia del movimiento es de sumisión por mostrar todo lo largo de la garganta sin ninguna protección. Las mujeres lo realizan con el pretexto de sacudir su melena o de arreglarse el cabello, lo que a un hombre espectador puede recordarle una posición frecuente en el acto sexual, especialmente antes o durante el orgasmo femenino. Sin duda resulta un sugerente movimiento para los hombres que reciben esta información.

De todas formas, en otro contexto también puede indicar que quien lo hace está **pensando** o **intentando recordar** algo. La diferencia se percibe claramente por la dirección de los ojos, hacia abajo en el primer caso y hacia arriba en el segundo.

**Asentir.** El movimiento repetido de la cabeza hacia abajo es interpretado en la mayoría de las culturas como una señal de acuerdo con el interlocutor. También es el gesto equivalente al «sí». Cuando nos preguntan si deseamos más pastel y estamos comiendo a dos carrillos, utilizamos el movimiento para afirmar. En otras ocasiones, el movimiento es simultáneo a la palabra.

Sin embargo, este asentir con la cabeza puede tener otros significados:

- **Acuerdo:** muestra de acuerdo con lo que se ve o lo que se oye. Puedes observar este movimiento en personas del público que expresan de este modo que siguen tu argumentación y que comparten tu opinión.
- **Aliento:** en una conversación, podrás animar a tu interlocutor a seguir con lo que dice, a modo de pequeños empujoncitos para que vaya avanzando.
- **Escucha activa:** es una muestra de escucha atenta y se puede confundir con una señal de acuerdo. Quiere decir: «Te escucho, te sigo, me interesa, aunque no necesariamente estoy de acuerdo contigo». En Japón utilizan mucho este gesto, cosa que provoca frecuentes confusiones en los occidentales. Un ejecutivo europeo puede salir de una reunión convencido de que los japoneses firmarán un contrato y nada más lejos de la realidad, puesto que sus movimientos de cabeza solo indicaban atención.
- **Impaciencia:** si los movimientos de la cabeza son más rápidos, muestran impaciencia y los mismos empujoncitos animan a avanzar en el discurso.
- **Cierre y ganas de acabar:** cuando alguien quiere acabar una conversación suele asentir con la cabeza de forma repe-

tida y rápida, como para asegurarse de que el otro recibe el mensaje de que ya se ha enterado de todo.

Saber asentir en el momento oportuno y emitiendo la señal positiva adecuada aumenta las posibilidades de éxito en nuestras acciones persuasivas y favorece las relaciones a todos los niveles.

Si utilizas bien este gesto podrás conseguir que la gente hable más cuando te interese, confíe más en ti, se sienta más valorada y cómoda en la conversación y tenga una actitud más positiva hacia el tema que estáis tratando. Este asentimiento continuado hará que los demás tengan de ti una imagen de persona positiva, optimista y comprensiva. Pero si lo combinas con otros gestos de sumisión podrías dar la imagen de excesiva docilidad.

**Negar.** Para decir «no» meneamos lateralmente la cabeza. Según la velocidad del movimiento, esta negativa tendrá matices de autoridad, nerviosismo o rechazo.

Igual que en el asentimiento, a veces negamos con la cabeza sin darnos cuenta. Este movimiento parece estar impreso en nuestro «disco duro» desde los primeros días de vida, asociado al rechazo del pezón materno o de la comida cuando ya estamos saciados. Es un gesto bastante automático cuando algo no nos agrada, cuando disentimos. Por lo tanto es muy importante observar este movimiento en el rostro de nuestros interlocutores o en nuestro público.

Algunas personas lo utilizan intencionalmente para desestabilizar a un oponente en una negociación. Podrás ver que lo hacen los políticos cuando escuchan en el congreso los discursos de los candidatos de otras formaciones políticas. En este caso no lo hacen tanto por mostrarle desacuerdo a él y a su partido, sino para que las cámaras de televisión capten su desacuerdo evidente y lo trasladen a los ciudadanos que siguen la información desde sus casas. Algo parecido sucede en un debate televisado. Cuando el rival tiene la palabra, un político puede indicar su desacuerdo a los espectadores a través del gesto. Así, estos políticos procurarán evitar gestos de asentimiento y de escucha activa, ya que podrían ser confundidos con gestos de acuerdo.

Cuando quieras negar algo con firmeza y obtener la credibilidad de la persona que te escucha, apoya tu mensaje verbal con la negación de la cabeza, con movimientos lentos, que muestran tu serenidad al negar y no un ansia de demostrar que no estás de acuerdo. ¿Cómo te resulta más convincente la negativa de un padre a comprar una moto a su hijo?

a. Negar solo verbalmente.
b. Negar verbalmente y con movimiento negativo lento y regular.
c. Negar verbalmente y sacudir la cabeza rápidamente.

Si has elegido la opción b), has acertado.

## Encogerse de hombros

Hay variaciones sobre este movimiento y cada una tiene un significado distinto.

Uno de los gestos más frecuentes para decir **«no lo sé»** es subir los hombros de modo que la cabeza queda entre ellos. Este gesto es un emblema y lo hacemos conscientemente.

De forma involuntaria e instintiva aparece en el momento en que nos sorprende un fuerte ruido o cuando vemos que vamos a recibir una colleja. Porque es la **reacción de protección ante el peligro**.

Lo adoptamos cuando queremos pasar desapercibidos de forma momentánea, o permanentemente como actitud vital. Normalmente, en situaciones de tensión, vergüenza, incluso miedo, aparece el instinto de esconder la cabeza entre los hombros, como si fuéramos tortugas asustadas. Este gesto, convertido en posición permanente, caracteriza a muchas personas tímidas, inseguras o que se sienten amenazadas. Es habitual verlo en personas que se tienen que enfrentar a un público y no están acostumbradas a ello.

En contraposición con la actitud corporal abierta, **puede expresar sumisión**, pues es el gesto que adoptamos ante una amenaza y también porque estamos diciendo que no plantearemos ningún conflicto, sino todo lo contrario, pues nuestra actitud es de protección y no de agresividad.

## El rostro

Los expertos en morfopsicología afirman que a partir de los cuarenta años todos tenemos la cara que nos merecemos. Es decir que, sobre la base de la herencia genética, hemos ido modelando una fisonomía, reflejo de nuestra forma de ser, de las actitudes que predominan en nuestra vida y de los sentimientos más frecuentes. Las arrugas, los surcos, son el resultado del movimiento repetido de los músculos y de horas y horas de mantener una misma expresión. Por eso es tan acertada la expresión popular «la cara es el espejo del alma».

Los rostros, por lo tanto, también en reposo, sugieren una forma de ser, una actitud, una experiencia vital. Acaban siendo el resultado de nuestros actos y de cómo hemos vivido la vida, de las emociones que nos han dominado y de las que hemos reprimido. La combinación de los rasgos de raza, familiares y de carácter dibuja un rostro único, capaz de almacenar información de alto valor para uno mismo y para los demás, pues es la principal herramienta de interacción del ser humano. El rostro es identidad y es una puerta del corazón.

Una de las noticias que más me han impresionado durante la redacción de este libro ha sido la muerte por suicidio de una mujer iraní a la que su marido había lanzado ácido a la cara. Su rostro quedó absolutamente desfigurado y tras treinta y cuatro operaciones sin éxito decidió quitarse la vida. No pudo soportar tan humillante y cruel mutilación y su verdugo consiguió su muerte después de hacerle vivir un auténtico infierno de dolor físico y psicológico.

Conocemos personas que se quedan postradas en una silla de ruedas, que pierden un miembro de su cuerpo, que pueden vivir sin un órgano vital como un riñón o con un órgano trasplantado de otra persona. Y tras superar esta experiencia, pueden llegar a hacer una vida normal o casi normal, incluso vivir con más plenitud e intensidad. La crueldad de los asesinos de rostros no tiene límites, porque no solo destruyen la belleza que hay en ellos, sino que arrasan sus señales de identidad más especiales, anulan absolutamente cualquier posibilidad de expresarse mediante la cara y por lo tanto comunicarse con los demás. No es una mutilación física sino identitaria y emocional. Nuestra cara es identidad, herencia genética, personalidad, pensamiento, emoción, puerta de relación con los demás. Los ataques con ácido son frecuentes porque hay una voluntad de quitar la vida sin matar, de anular a la persona, de robarle lo más personal, lo único, lo que la distingue de los demás seres.

La ocultación del rostro por parte de millones de mujeres musulmanas es otro tipo de mutilación, aunque por fortuna no permanente. No hay rostro público, solo privado. El rostro descubierto tiene una visibilidad preeminente y su gran capacidad comunicativa es, según cuál sea la perspectiva cultural o religiosa, un gran valor o una enorme amenaza. Porque, a través de esta parte del cuerpo, los demás nos reconocen y «sienten». Porque los rostros que ya hemos visto antes nos generan emociones y actitudes al volver a aparecer ante nosotros. Y los nuevos también tienen la capacidad de impresionarnos.

Es a través de esta parte del cuerpo, más que con ninguna otra, que establecemos relaciones: la sonrisa y la mirada son canales directos que en momentos cruciales de la relación no necesitan ni siquiera palabras. Expresamos las emociones básicas y otras más complejas al mover los músculos de la cara en un repertorio de combinaciones. A través del rostro nos evaluamos mutuamente: sintonizamos u observamos el abismo que se abre ante nosotros. Todo este potencial comunicativo y, por lo tanto, de relación, queda también anulado si el rostro está cubierto.

Aunque podemos relacionarnos a través de medios donde no nos vemos el rostro, como por ejemplo el teléfono o el correo electrónico, siempre acabamos buscando un encuentro «visual» para ver la cara del otro. Necesitamos reconocerle, saber cómo es, conocer su identidad, su unicidad. Necesitamos asociar una voz, unas palabras, unas ideas a un cuerpo, pero sobre todo a un rostro. La expresión «dar la cara» hace referencia a esta relación entre el rostro y la identidad de cada uno: ilustra cómo los sentimientos y las actitudes aparecen de forma evidente en la expresión y difícilmente podemos esconderlos. **Confiamos en las personas cuando les vemos la cara.**

No es extraño que el confinamiento por la pandemia del COVID-19 disparara el uso de las llamadas con imagen. La posibilidad de vernos, aunque fuera a distancia, aliviaba los sentimientos de soledad y aislamiento. Y en el trabajo, las videorreuniones se han convertido en la vía de comunicación que sustituye muchos encuentros caros en tiempo y en dinero. Eso sí, hemos tenido que aprender a expresarnos, a controlar el rostro, a mirar a un público virtual, a conectar emocionalmente sin ver el cuerpo completo, sin tocarnos y sin olernos.

Otro ámbito en el que han cambiado los rituales es el de las citas, el flirteo y la seducción.

¿Has tenido alguna experiencia buscando amigos o pareja en internet? Las páginas donde se pueden realizar contactos ofrecen la posibilidad de añadir una fotografía a tu perfil, pero no es obligatorio. La mayoría de los usuarios la publican, pensando que tendrán más posibilidades de contacto. Y es cierto. Las personas que no ponen la fotografía reciben muchos menos mensajes y muchas veces ya no superan el primer filtro de los que buscan pareja. Incluso hay quien advierte claramente que no responderá mensajes de personas que no publiquen su foto. Se trata de una petición razonable, pues en las relaciones que llevamos manteniendo desde hace miles de años el conocimiento de otra persona empieza por la visión.

Cuando conocemos a alguien de otra forma, tenemos que guiarnos por otras señales a falta de las más importantes para nosotros: la forma de comportarse, los mensajes que emite, las palabras que utiliza, la caligrafía o la presentación de un documento, la voz. Pero siempre nos falta algo. Después de mantener una relación telefónica o epistolar con un desconocido, siempre tenemos la curiosidad de saber cómo será «realmente», y decimos que ya tenemos ganas de conocerle personalmente. Muchas de estas relaciones a distancia que han funcionado bien y de las que han surgido poderosos sentimientos se vienen abajo en el cara a cara. Incluso cuando las dos personas se habían visto en fotografía, se han llevado una decepción al verse en realidad. Porque un rostro puede resultar atractivo en una instantánea fotográfica, pero es el gesto lo que marca la expresión y nos da la información determinante para saber si nos gusta o no esta persona, si podemos confiar en ella, si resultará agradable convivir con ella, si será competente en su puesto de trabajo, etc.

¿Por qué crees que, a pesar de la facilidad que hoy tenemos para enviar archivos, documentación completa e ilustrada con imágenes, las empresas invierten tanto dinero en un equipo comercial y en los desplazamientos de estas personas para visitar al cliente o posible cliente? ¿Por qué, a pesar de que muchos trabajos se pueden hacer en remoto, hay empresas que imponen una parte de presencialidad?

¿Por qué necesitamos ver a los amigos y a los parientes muy a menudo, para poder mantener una relación estrecha y evitar que se enfríe el vínculo? Está claro que el «calor» que emanamos influye decisivamente en las relaciones que tenemos en todos los ámbitos. Y el rostro es el principal transmisor de información emocional.

El rostro tiene un papel protagonista también en las redes sociales. Veremos sus implicaciones en nuestras vidas antes de entrar en profundidad en la expresión facial.

## Marca personal, perfil, contactos y conexión

El auge de las videollamadas, las videoconferencias profesionales y las redes ha cambiado la forma de ver y reconocer a los demás. Empezamos hace décadas, con el cine y la televisión, y ahora estamos inmersos en el alud constante de imágenes en las redes sociales. Estamos sometidos a miles de impactos diarios de rostros desconocidos, que entran de manera invasiva en nuestras pantallas. Hasta tal punto que podemos hablar de la *audiovisualización de las relaciones*.

También a nivel presencial, las personas que viven en entornos urbanos se cruzan cada día con cientos de rostros anónimos y la única forma de sobrevivir a esta densidad demográfica y a la sobreinformación es **ver sin mirar**, pasar de un rostro a otro sin poner atención ni gastar la energía que necesitamos para las relaciones imprescindibles o importantes.

Así, al disminuir el tiempo y la calidad de las interacciones, vamos perdiendo capacidad de observar y capacidad de escuchar. Y, por lo tanto, también disminuye la posibilidad de generar confianza y de establecer vínculos importantes.

Si a esto añadimos otros fenómenos, como el creciente control sobre la propia apariencia y la manipulación de las imágenes digitales, el resultado es un mundo de contactos veloces, distantes, superficiales y la mayoría de las veces anónimos.

Por eso los expertos nos alertan de la pérdida de habilidades de comunicación en las situaciones cara a cara, especialmente entre los jóvenes, que se acostumbran en el medio digital a unas dinámicas de relación muy directas y superficiales, basadas en la aprobación de los *likes* y donde se pierde gran parte de la comunicación no verbal.

Y es precisamente la relación cara a cara la que nos permite conectar emocionalmente, percibir matices en las expresiones, mirarnos a los ojos de manera real y no mediante un ordenador. Por mucha tecnología que utilicemos, seguimos siendo humanos, condicionados por la necesidad del contacto físico, la posibilidad de compartir el espacio y el tiempo, y vernos en 3D. Cada día somos más conscientes de ello y por eso se invierte tanto, a nivel empresarial, en «humanizar» (yo diría «rehumanizar») sectores como la sanidad o la atención al cliente, especialmente en el sector servicios.

Pero el riesgo de la deshumanización no está en la tecnología, sino en el aislamiento que fomentamos al no utilizarla de manera inteligente. El riesgo está también en las pautas que imponen las nuevas herramientas de relación, como las redes sociales.

Por eso, cuando las relaciones mediadas por la tecnología se van estrechando y hay una búsqueda de confianza, es casi inevitable la desvirtualización: necesitamos conocer a esta persona en carne y hueso, necesitamos verla completa, ver el mismo paisaje, respirar el mismo aire, poder tocarla.

Es decir, para confiar plenamente en una persona tenemos que verla «de verdad». De otra forma, nos exponemos a riesgos como la falta de compromiso, el engaño o la estafa. Es famoso el caso del estafador de Tinder,[4] pero cada día vemos en las redes con qué facilidad se puede actuar bajo el anonimato, crear una identidad falsa o suplantar la de otra persona para llevar a cabo actividades ilícitas de todo tipo.

---

**Pero no solo corremos el riesgo de ser engañados o suplantados, sino también el de ser invisibles.**

---

Si queremos ampliar nuestro círculo social, buscar pareja o tener más contactos profesionales, podemos hacerlo fácilmente y sin salir de casa. Pero la otra cara de la moneda es la masificación, la cantidad de «perfiles» que llevan al anonimato y, en consecuencia, a la necesidad de distinguirte y destacar entre cientos y miles de usuarios.

En este contexto, no es extraño que el concepto de *marca personal* haya triunfado entre profesionales de todos los sectores. Cualquier persona que quiera tener una buena reputación hoy difícilmente podrá dejar de gestionar su imagen *online*. Y gestionar significa visibilizarte, destacar y conseguir que te recuerden, así como favorecer que te encuentre el público que te interesa y puedas iniciar conversaciones con las personas que te interesan.

Y esto no es tan fácil como parece. Porque, en la cantidad, nos perdemos. Y porque nos tenemos que guiar solo por la poca información que tenemos de las personas. Una información que los

4. Véase para más información, <https://es.wikipedia.org/wiki/El_estafador_de_Tinder>.

más expertos controlan muy bien: eligen adecuadamente las imágenes que publican, escriben de manera persuasiva para su público y gestionan sus perfiles para generar el impacto que necesitan. El objetivo, muchas veces, es conseguir un encuentro cara a cara.

Seguro que, si utilizas LinkedIn, has contactado con cientos o miles de perfiles, pero solo con algunos puedes mantener conversaciones personalizadas. Por una simple razón de tiempo y capacidad. Y cuando alguien te interese de verdad, llegará un momento en que necesitarás desvirtualizarlo, especialmente si hablamos de negocios importantes o de una relación sólida y duradera.

¿Qué hace que tengamos más conexión con algunas personas en las redes? Pues lo mismo que fuera de ellas. Lo que hacen, lo que dicen, cómo se comportan y lo que vemos de ellas en fotos o vídeos. Y aquí es donde está la importancia de dominar la comunicación no verbal para poder transmitir algo interesante y distinguirse en este mar de imágenes que los usuarios de la red reciben cada día.

En el cara a cara, tenemos que resultar agradables, inspirar confianza, parecer profesionales. Y normalmente tenemos más tiempo para mostrarlo. En el ciberespacio, en cambio, destacar es un destello, decidimos solo en décimas de segundo si una persona nos interesa o no, nos guiamos por una sola fotografía. Y además, no hay que justificar que ignoramos a alguien, no estamos obligados a interactuar como en un encuentro físico y el *ghosting* es una práctica habitual.

Hablé de la importancia de la marca personal en mi libro *Inteligencia no verbal*.[5] Aquí me referiré especialmente a la importancia del rostro en la divulgación de la marca. Y esto nos lleva al tema de las fotos de perfil de las redes.

5. Véase Teresa Baró, *Inteligencia no verbal*, Barcelona, Paidós, 2018.

La presencia de una foto de perfil incrementa la percepción de credibilidad. Los reclutadores y profesionales tienden a considerar los perfiles sin foto como incompletos o potencialmente poco serios. Los impostores lo saben bien. Un rostro genera la ilusión en el receptor de saber que está hablando con alguien real, con identidad real.

Las expresiones y las posturas adoptadas en fotos pueden transmitir emociones y características personales, como confianza, amabilidad o creatividad. Aunque la comunicación no verbal en las redes sociales puede parecer menos directa que en las interacciones cara a cara, sus elementos son fundamentales para la construcción de una marca personal sólida y coherente. Precisamente porque es la única información que tenemos y en la que basaremos nuestras decisiones.

*Imagen de perfil*

Hablemos en concreto de la foto que te representa en LinkedIn. La foto de perfil cumple un rol crítico en la formación de las primeras impresiones. ¿Cuáles son las características más apreciadas?

**Claridad y calidad.** La alta calidad es esencial, tanto en la composición como en las características de la imagen digital. Una imagen borrosa o de baja resolución puede dar la impresión de falta de atención al detalle o desinterés en mantener una presencia profesional.

**Composición de la foto.** La regla general es que el rostro ocupe como mínimo alrededor del 60 % de la imagen, lo que significa que la toma debe ser de la cabeza y los hombros. ¿Por qué? Porque no nos interesa tanto el cuerpo de la persona como su expresión y poder identificarla. Por ello, también tiene que estar bien iluminada, nunca a contraluz.

**Fondo adecuado.** Es preferible un fondo simple, que no distraiga y contraste con la figura de la persona. Esto ayuda a mantener el foco en el profesional, en lugar de distraer con elementos irrelevantes que puedan aparecer detrás. También puede aparecer un fondo corporativo. Hay aplicaciones que pueden ayudarte en la edición de la imagen para poner un fondo de un color que resalte tu rostro u otros elementos gráficos que te hagan más visible cuando interactúas en comentarios con otros usuarios o solicitas contacto.

**Vestimenta profesional.** Vestirse adecuadamente para la foto de perfil es crucial. La indumentaria debe reflejar el nivel de formalidad de tu negocio o del tipo de trabajo que buscas. Un torso desnudo o los hombros descubiertos, por ejemplo, sugieren vacaciones y tiempo libre, y no serían adecuados. Pero una apariencia excesivamente arreglada (para una fiesta, por ejemplo) tampoco cumple la función que se busca en la mayoría de los casos.

Las personalidades carismáticas, creativas o amantes de lo diferente pueden reflejar estas características en la fotografía a través de la composición o de su propio aspecto. Recuerda que todo comunica, y nos tenemos que asegurar de mandar los mensajes voluntariamente, y no según salga ese día en concreto.

Puedes tener en cuenta también el papel de los colores en tu aspecto. Además de que unos colores te favorecerán más que otros, está el significado que transmiten. Sin duda, colores llamativos como el rojo, el naranja o el azul turquesa te harán más visible. Y los neutros y combinaciones de neutros te darán una imagen más seria y discreta. En mi libro Imparables[6] dediqué un capítulo a la importancia de la imagen y al uso de los colores y las

6. Véase Teresa Baró, *Imparables: comunicación para mujeres que pisan fuerte*, Barcelona, Paidós, 2021.

líneas para potenciar los mensajes que queremos transmitir a través de nuestro aspecto.

**Expresión facial.** Opta por una expresión amigable, pero profesional. Una leve sonrisa puede hacer que parezcas más accesible y dispuesto a colaborar. Los usuarios que muestran una sonrisa genuina y contacto visual con la cámara tienden a ser percibidos como más confiables y simpáticos. Eso sí, la sonrisa tiene que resultar auténtica y no de «compromiso»: la incomodidad también se nota en esta pequeña porción de pantalla.

En general, tenemos que estar pendientes siempre de lo que proyectamos a través de las imágenes que publicamos o que publican terceras personas sobre nosotros. Hacer un chequeo periódico de tus imágenes en la red te dará una idea de qué ven los demás, qué valores transmites y qué evolución se percibe en tu trayectoria.

Y no descuides las imágenes de actos presenciales que luego verás aparecer en el ciberespacio. Piensa que no solo contribuyen a definir tu marca, sino que también están alimentando tu huella digital.

## El rostro y la intercomunicación

Las emociones se expresan, se contagian, provocan reacciones. Inician, consolidan o destruyen relaciones. Estas emociones no se expresan siempre de manera directa y espontánea, sino que están sujetas al control racional, a las conductas sociales y a la voluntad de simulación del autor. Entonces, bajo esta tensión, aparecen los gestos **delatores**, que son los resquicios entre la emoción real y la que queremos mostrar. Se mezclan además con gestos **regula-**

**dores** y algunos **emblemas**. El rostro es, pues, un mapa muy complejo de un territorio quizá todavía más complejo: nuestra mente.

Utilizar estos gestos adecuadamente marcará la diferencia entre una relación en sintonía y una relación distante o de pura obligación. La empatía se consigue en gran parte gracias al uso de los gestos reguladores, especialmente con la mirada. Esta es también la base de la escucha activa. Y es clave en el inicio de cualquier relación, sea profesional o social. **Podemos afirmar que no hay seducción sin la intervención de la mirada, pues esta es el primer paso para el acercamiento entre dos personas.**

Según las observaciones realizadas por los científicos en culturas muy distintas, la expresión de las emociones primarias (sorpresa, miedo, cólera, disgusto, felicidad, tristeza) es compartida por todos. Por lo tanto, podemos decir que son innatas. Lo que varía según la cultura, la familia o cada persona es el uso que se hace de ellas. En algunos casos pretendemos reprimir estas expresiones que surgen espontáneamente, en otros las magnificamos y también podemos fingir las que no sentimos.

Variando la intensidad de estas emociones y combinándolas, obtenemos muchas más expresiones que conforman el rico catálogo de que cada uno de nosotros dispone para comunicarse.

Las combinaciones se pueden realizar tomando tres áreas del rostro:

1. Cejas y frente.
2. Ojos y párpados.
3. Nariz, mejillas, boca, mentón y barbilla.

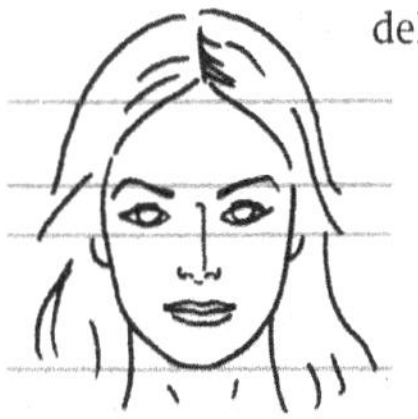

Figura 18.
Las tres zonas del rostro.

La socialización nos obliga a manejar unas determinadas pautas de conducta en lo que se refiere a la expresión de emociones. Aunque me alegre de que mi pedante compañero de clase haya suspendido un examen, no le mostraré una alegre sonrisa si quiero mantener con él una relación mínimamente correcta. En una boda, procuraré simular alegría aunque mis problemas personales sean de tal magnitud que arrancaría en llanto. Padres y profesores simulan muchas veces el enfado con los pequeños, aunque a veces se reirían a carcajada limpia de sus travesuras.

Nuestra sociedad no es demasiado permisiva en la manifestación de emociones, especialmente si nos encontramos en el marco profesional. Se asocia «profesional» a «serio y riguroso». Y en todas las profesiones hay una exigencia de control de las expresiones: políticos, médicos, periodistas, abogados, jueces, militares, etc. Cada profesión tiene sus pautas. El novato, al incorporarse al equipo, tendrá que aprender estas pautas y lo hará mimetizando el comportamiento que observe a su alrededor. En muchas ocasiones, la comunicación sería más eficaz si se comunicaran con más empatía y fueran capaces de humanizar las relaciones con el manejo adecuado de las emociones.

Hay diferencias de comportamiento según el sexo o el estatus. Algunas expresiones aparecen con mucha más frecuencia e intensidad en las mujeres y otras en los hombres, a pesar de estar ambos sexos capacitados para realizar todo el repertorio de expresiones humanas. Por otra parte, la jerarquía o el rol que desempeñamos en cada momento también imponen unas expresiones faciales determinadas. Sabemos, por ejemplo, que las mujeres reprimen menos los sentimientos pero que, al mismo tiempo, son mejores actrices cuando necesitan camuflar una emoción. Los superiores jerárquicos suelen exteriorizar menos su estado emocional y, en general, procuran mantener un rostro neutro o impasible, especialmente cuando no desean demostrar cómo los afectan determinadas situaciones. Si te interesa profundizar en las diferencias entre la conducta no verbal femenina y la masculina (tradicionales), y qué tienen que ver con el poder, seguro que te será útil leer mi libro *Imparables*.[7]

## Puedes escoger tu rostro

Todos estamos convencidos de que solo tenemos una cara y podríamos decir que físicamente es así. Pero como hemos visto, su maleabilidad nos permite adoptar la expresión pertinente a cada relación y a cada circunstancia, según lo aprendido o según nuestros intereses. En realidad, tenemos muchas caras: la de estar por casa en soledad, la de estar por casa en pareja o con la familia, la del trabajo, la de reunión con los jefes, la del trabajo con los compañeros, la del quiero gustarte, la de aquí mando yo, la de te escucho y soy tu mejor amiga, la de solemnidad en un acto formal...

Cuando te levantas por la mañana, escoges tu indumentaria en función de la actividad del día. Imagínate tu rostro como un traje. Aunque no seas consciente, la mayoría de las veces también escoges un rostro.

---

**La *elección consciente* de este rostro, con su correspondiente gama de expresiones y movimientos de interrelación, es la clave del éxito de muchas interacciones que tendrás que ejecutar a lo largo del día.**

---

7. Véase Teresa Baró, *Imparables: comunicación para mujeres que pisan fuerte*, Barcelona, Paidós, 2021.

## La risa y la sonrisa

Entre los movimientos posibles de los músculos faciales, interesa destacar por la trascendencia de sus efectos **la risa y la sonrisa**. Si hablamos de generar y compartir felicidad, sin duda, aquí tenemos una de las claves.

La sonrisa se considera una forma suave y discreta de risa. La risa se basa en la interrupción repetida de la respiración: intervienen el rostro, los músculos abdominales, hacemos movimientos hacia delante y hacia atrás con el tronco y a veces intervienen los brazos. La sonrisa, en cambio, se reduce al rostro. Además, las utilizamos de forma muy distinta.

La sonrisa y la risa son innatas, es decir, todos tenemos la capacidad de reír y sonreír a las pocas semanas de vida. Poco a poco ambas adquieren una función social y entrarán a formar parte del repertorio no solo de los gestos de expresión emocional, sino también de los reguladores de comunicación.

Seguramente la risa es la señal emocional que más fácilmente se contagia. Si tú te ríes provocarás curiosidad sobre tu estado de ánimo y sobre lo que la ha provocado. Muy probablemente las personas que te observan sonreirán o llegarán a reírse contigo. Por lo tanto, tu risa será una forma de estimular sentimientos positivos. Produce un efecto parecido al bostezo, que se contagia. En un grupo, la risa compartida es una forma de sincronización de los estados de ánimo y de interpretación común del mensaje. Fíjate en las telecomedias: cuando la escena es cómica, se oyen risas grabadas. Su función es advertir al público de la comicidad de la situación y contagiarle el estado de ánimo. Si los demás se ríen, yo tengo más ganas de reírme.

Todos hemos experimentado alguna vez el efecto balsámico de la risa en situaciones estresantes, ridículas, bochornosas o tensas. Si alguien es capaz de hacer una broma y provocar la risa, el grupo se relaja y se rebaja la tensión. La risa de una persona en una situación bochornosa, especialmente si quien se ríe es el afectado, alivia la tensión de todos los implicados.

Como decíamos, la risa es un acto eminentemente social, pues para reírnos necesitamos estar acompañados. Podemos reírnos solos recordando un hecho cómico o viendo unas imágenes, pero normalmente la risa es un fenómeno social.

Hay diferencias de comportamiento respecto a la hilaridad. Hay personas que apenas se ríen y otras que se ríen mucho. Estas son consideradas optimistas, afables, simpáticas y cercanas. Habrás observado que los niños se ríen mucho más que los mayores, porque no son conscientes todavía de las limitaciones sociales que recibe el acto de reír. Se dice que los seductores conservan algo de la naturalidad infantil, la espontaneidad y una cierta dosis de ingenuidad. Y estas características se manifiestan muchas veces a través del buen humor y de la capacidad para reírse. Evidentemente, si esta risa es excesiva o no viene a cuento, el efecto es negativo, pues consideramos que esta persona no es responsable, no se toma las cosas en serio, no sabe comportarse o es muy simple. ¿Recuerdas la risa de Wolfgang Amadeus Mozart en la película *Amadeus*? A pesar de su genio creador, el personaje de la película aparecía con carácter inmaduro acentuado por su forma de reír.

También sabemos que las mujeres ríen más que los hombres, de acuerdo con la idea predominante de que las mujeres tienen más permiso para mostrar sus sentimientos.

En las últimas décadas se han dedicado numerosos estudios a comprobar los efectos positivos de la risa en la salud y en la capacidad de comunicación de las personas. En cuanto a los beneficios físicos, a pesar del escepticismo de algunos científicos, parece que existe una relación directa entre risa y buena salud, entre optimismo y longevidad. Según algunos estudios, entre otros efectos, la risa incrementa la producción de anticuerpos, reduce los niveles de colesterol y estimula la liberación de endorfinas, cosa que nos hace sentir muy bien.

Y emocionalmente ayuda a liberar el estrés, a reducir el temor y la angustia y a aplacar la ira. Por este motivo, han proliferado en los últimos años las empresas y profesionales que ofrecen cursos o sesiones de risoterapia. Según ellos, y aparte de los beneficios enumerados anteriormente, una sesión donde se fomenta la risa y se comparte relaja a los participantes, crea vínculos entre ellos, aumenta la productividad y mejora el clima laboral.

Quizá todavía no hay pruebas concluyentes de que la risa tenga realmente estos efectos sobre la salud y las emociones de las personas. Pero creo que todos nosotros hemos podido ser testigos alguna vez de las cualidades de la risa, tanto en momentos de diversión como en momentos de tensión. Si nos podemos reír de nosotros mismos, de nuestros errores, debilidades y miedos, rebajamos nuestro nivel de ansiedad y aparecemos ante los demás como personas francas, sinceras y humildes.

Quizá por este motivo, y aunque de forma inconsciente, nos reímos en situaciones que nos provocan contradicción o incomodidad. Las personas muy tímidas se ríen de forma nerviosa, sin que haya una causa cómica. También nos reímos después de cometer un error, de aceptar una culpa o simplemente al hablar sobre temas que nos incomodan, por ejemplo de sexo.

Algunos adultos parecen haber perdido su capacidad de reír y pueden pasar días y semanas sin arrancar una carcajada. Sin duda se pierden una oportunidad para relajarse y compartir buenos momentos con compañeros o familiares. No utilizan además uno de los mejores recursos para conectar con los demás en una situación profesional o social.

Acepto que pueden «sobrevivir» si conservan la sonrisa y pueden seguir siendo personas amables, educadas, serviciales, afectuosas. Pero creo que nunca podré entender por qué hay personas que no sonríen. Y especialmente si son personas que tienen un trabajo que las obliga a estar de cara al público. Muchas personas podrían cambiar su vida si se propusieran sonreír más. La cara alegre y amable provoca reacciones en cadena beneficiosas en todos los ámbitos de la vida.

Hay varios tipos de sonrisas que podemos englobar en dos grandes grupos:

**La sonrisa franca y abierta.** La sonrisa auténtica es espontánea y automática, se produce como consecuencia directa de un estímulo positivo. Se levantan las comisuras de los labios, se muestran los dientes y se forman arrugas alrededor de los ojos. El papel de los ojos en la sonrisa es crucial, hasta el punto de que podemos afirmar que **«se sonríe con los ojos»**. Por eso conocemos la expresión «ojos risueños».

**La sonrisa forzada.** Se caracteriza porque solo actúa la parte inferior del rostro. Los ojos no participan del gesto. En general no se muestran los dientes o se muestran poco. Muchas personas la utilizan como mensaje social de cortesía, aunque no refleje un estado de ánimo real, al saludar a los asistentes a una reunión o a una fiesta aunque no tengan ningunas ganas de conocerlos o de estar con ellos. Esta sonrisa aparece también en situaciones de tensión, de miedo o como parte del saludo obligatorio antes de empezar una conversación que sabemos difícil: una negociación, cuando damos o recibimos una mala noticia, como señal de disculpa.

Si la forzamos y exageramos podemos convertirla en una sonrisa falsa e irónica, justamente para indicar que lo que vemos o escuchamos no nos gusta en absoluto. Con frecuencia es una sonrisa torcida.

## ¿Cuáles son las bondades de la sonrisa?

Cuando veo personas que no sonríen en las relaciones con los demás, que no saben sonreír, siento lástima por ellas. ¿Qué les impide de sentir alegría cuando alguien se les acerca en un mostrador, por ejemplo? ¿Qué miedo las obliga a mostrarse serias y distantes? ¿Qué pena permanente sienten que no pueden tener un momento de bienestar? Cuando alguien no corresponde a mi sonrisa pienso: «¡Pobre, qué pena debe de estar pasando que no puede siquiera corresponder a un gesto de amabilidad!».

Una persona que está en un puesto de atención al cliente y no es capaz de mirar y sonreír entiendo que es una persona muy desgraciada porque tiene que aguantar durante toda su jornada laboral la necesaria interacción con los desconocidos que acuden a este servicio. Si no se alegran de poder atender a estas personas, mejor es que cambien de trabajo.

Hace poco he tenido una experiencia en una conocida clínica privada. Tenía que hacerme unas pruebas médicas y acudí al mostrador de programación. La persona que me atendió apenas me miró y mantuvo un serio semblante durante toda la conversación. Me entregó papeles sin mirarme y me recriminó mis dudas sobre cómo rellenar un impreso. Su expresión era de visible molestia por tener que atenderme, y además tener que darme explicaciones. «Vaya pelma», se leía en su rostro. No se le ocurrió pensar que eran las ocho de la mañana y que yo estaba en ayunas, que quizá estaba preocupada por la enfermedad que me estaban diagnosticando o tratando, que era posible que fuera la primera vez que me dirigía a este centro, etc. La falta de mirada y de sonrisa fue una señal de desprecio y de ignorancia. Me estaba diciendo: «A mí no me importa lo que te pasa a ti, yo estoy aquí para que todos los papeles estén en orden, y no me molestes más». Pienso que esta empleada no es apta para este puesto de trabajo. Y además el trato con la gente no la hace feliz. Quizá un trabajo de operaria en un taller o de despacho interior sería más adecuado para ella. Pero, como he dicho antes, por encima de todo, me da pena. Eran las ocho de la mañana y esta mujer destilaba amargura, incomprensión y egoísmo. Le quedaba toda la jornada laboral por delante. Y, si no realiza algún cambio en su vida, puede que esta situación se perpetúe hasta el día de su jubilación. Qué vida malgastada, cuántas horas, las suyas, de infelicidad.

A la empleada de la clínica y a tantas y tantas personas con las que tengo que interrelacionarme a diario les diría que es absolutamente necesario que sonrían cuando se encuentren delante de otra persona, conocida o no, con la que tendrán que interactuar aunque sea solamente durante el breve instante del saludo. Por estos motivos:

- Su expresión facial es mucho más agradable.
- Resultan infinitamente más atractivas, por la tensión de los músculos hacia arriba.
- Envían mensajes de cordialidad, de buenas intenciones.
- Predisponen al otro a tener una actitud cordial y favorable a su tarea.
- Desarman o suavizan cualquier intento de ataque.
- Refuerzan otros gestos como el apretón de manos o el saludo con la cabeza.
- La gente con la que tratan se acuerda de ellas como personas amables, serviciales y felices.
- Tranquilizan a las personas que están tensas, angustiadas, etc.
- Seducen.
- Abren puertas.
- Una persona que sonríe es más recordada que una que no sonríe.

Sin embargo, la sonrisa tiene que ser oportuna. De otro modo, puede provocar el efecto contrario. La sonrisa permanente puede hacernos parecer bobos, pusilánimes. O puede generar el enfado de otros si creen que nos estamos burlando de ellos o que nos reímos de algo que los afecta: «¿De qué te ríes?», «¿De qué se ríe este tonto?».

No es adecuado sonreír cuando comunicamos malas noticias o cuando vemos a alguien muy enfadado, porque podemos provocar una reacción negativa por falta de empatía.

### ¿CÓMO NOS COMPORTAMOS LOS HUMANOS ACERCA DE LA SONRISA?

La sonrisa auténtica se contagia. Si sonrío, los demás me corresponden. Sé proactivo, sonríe y recogerás los frutos de tu generosidad y optimismo. Especialmente en la sociedad occidental y urbana, estamos faltos de sonrisas como expresión de buen humor, amabilidad y buenas intenciones. **La sonrisa es calidez y contacto. Es alegría de vivir y agradecimiento. Es optimismo y fuerza para resistir ante las adversidades.** Y es generosidad, porque cuando sonreímos le decimos al otro que (independientemente de los graves problemas que nos asedian) queremos hacerle la vida agradable y nos mostramos dispuestos a colaborar y a mantener la ilusión. **Sonreír a las personas es sonreír a la vida.** Y esto ya es felicidad para uno mismo.

---

**Las personas que sonríen son mucho más seductoras porque resultan agradables. Todo el mundo prefiere ver una cara amable que otra que no lo es. Todos necesitamos saber que el otro está contento a nuestro lado. Si no sonríe, no nos transmite su alegría de vernos.**

---

También en la seducción sexual y en el proceso de galanteo esta expresión del rostro es muy importante. Aunque veamos a los modelos masculinos siempre con cara de pocos amigos o de estar concentrados en algo muy importante, afortunadamente los hombres de nuestro entorno sonríen más. Es necesario que en la primera fase del acercamiento correspondan a la sonrisa de la mujer para poder seguir adelante el proceso. La mujer utiliza la sonrisa en el proceso de coqueteo y de seducción como arma para mostrar cordialidad y sumisión, actitud que en general gusta a los hombres.

En casa, los roles tradicionales permiten sonreír más a una madre que a un padre. Tanto si eres hombre como mujer oblígate a sonreír también entre los tuyos, aunque tu cabeza esté en plena tormenta de problemas económicos, laborales o familiares. Sonríe cuando entres y cuando te vayas. Sonríe al preguntar cómo ha ido la jornada en el cole o en el trabajo. Sonríe al pedir las cosas o al dar las gracias. No te canses de sonreír y crearás un clima de tranquilidad y confianza. Será más fácil tratar los problemas. Tus hijos o tu pareja tendrán más predisposición a contarte sus cosas, a pedirte un favor y a corresponderte con su ayuda y colaboración. Sonríe y relaja la tensión de tu rostro, y no lo hagas por ellos, hazlo por ti. Te sentirás mucho mejor al transmitirte una actitud positiva. Dibuja una sonrisa en tu rostro aunque inicialmente sea forzada: acabarás provocando un cambio en tu estado de ánimo. ¿No te parece extraordinario? ¡Qué forma tan fácil de sentirte mejor, de cambiar una emoción negativa por una positiva! Y además alimentarás el buen humor a tu alrededor. Puedes tener control sobre tus emociones y una de las formas más eficaces y más mágicas es a través de la sonrisa.

---

**Uno de los gestos faciales con más efectos en las relaciones humanas es la sonrisa. «Una sonrisa es el mejor regalo.» «Una sonrisa lo cura todo.» «Una sonrisa abre puertas.»**

---

## La mirada

Otra de las partes del rostro cruciales en la comunicación es la zona ocular que comprende ojos, párpados, cejas, frente y zona de la raíz de la nariz. La mirada adquiere significado en relación con los demás movimientos del rostro. Por eso, en este apartado hablaremos de la mirada en un sentido amplio, que muchas veces incluirá la expresión general del rostro en su conjunto.

«Me sedujo con su caída de ojos.» «Lo mató con la mirada.» «Pone ojos de corderito.» «Tenía una mirada huidiza», etc. Son expresiones habituales, testimonio de la importancia de la mirada en las relaciones.

Hemos dicho que el rostro es la parte del cuerpo con más capacidad de comunicación, y gran parte de este potencial se debe a los ojos. Los ojos captan la atención de los demás, transmiten emociones y las contagian, marcan pautas de relación y envían señales con significado concreto. A pesar de algunas diferencias culturales, los humanos compartimos la mayor parte de los códigos, y cuando no hay posibilidad de otro gesto o de otra forma de comunicación, siempre nos queda la mirada.

---

**Llamamos *mirada* al comportamiento visual de cada persona, tanto si es para captar información del exterior como si es para expresar sus sentimientos y ejercer su voluntad de relación con los demás.**

---

Si la mirada es compartida entre dos interactuantes, hablamos de **mirada recíproca**.

La mirada, por lo tanto, es una forma de utilizar nuestra capacidad de visión. No es lo mismo «ver» que «mirar». Mirar requiere conciencia de este acto y normalmente tiene una intención. Mirar puede ser analizar, escrutar, incluso interrogar, juzgar. Las miradas pueden estar cargadas de significado:

- Humillan.
- Reprenden.
- Desaprueban.
- Aprueban.
- Ordenan.
- Piden.
- Suplican.
- Aman.
- Admiran.
- Obedecen.
- Seducen.
- Compadecen.
- Perdonan.

Aunque es cierto que podrás descifrar estas miradas gracias a la presencia de otras señales no verbales, seguro que recordarás situaciones en que una mirada te ha bastado para saber cuál era la reacción de otra persona.

Sin embargo, no siempre aprovechamos el potencial de esta herramienta. A veces por timidez, otras por desconocimiento, otras por falta de atención. Descubramos todo su potencial.

Según Knapp, la mirada tiene cuatro funciones básicas:

1. **Regulación de la corriente de comunicación:** con la mirada accedemos a relacionarnos o cerramos el canal, solicitamos turno o cedemos la palabra, etc.
2. **Retroalimentación por control de las reacciones del interlocutor:** observo a mi receptor, uno o muchos, e inter-

preto sus gestos y expresiones para adaptar mis reacciones a las suyas.

3. **Expresión de emociones:** de forma más o menos espontánea, la mirada es un reflejo de lo que siento.
4. **Comunicación de la naturaleza de la relación personal:** las características del contacto visual nos indican el tipo de relación entre los interactuantes. Podemos observar relaciones de poder, de afecto/desafecto, complicidad e intimidad, etc.

Socialmente, la mirada está sujeta a unas pautas de conducta. Por eso es bueno saber que la forma de mirar cambia de una cultura a otra o de una época a otra. En la actualidad y en nuestra sociedad, por ejemplo, no «tenemos permiso» para mirar fijamente a un desconocido, no miramos determinadas partes del cuerpo. Y miramos a los ojos de nuestro interlocutor durante gran parte de la conversación. También es relevante la diferencia de conducta visual entre hombres y mujeres.

---

**El *contacto visual* es mirar directamente los ojos de otra persona, y en este intercambio seguramente se establece uno de los canales de comunicación más complejos, junto con la palabra, que pueden utilizar dos seres humanos.**

---

#### ¿QUÉ EXPRESAMOS CON LA MIRADA?

La mirada expresa sentimientos, emociones, y refleja actitudes, tanto si la persona está sola como acompañada de otras personas.

En la intimidad, estas emociones se expresan más libremente y, por lo tanto, el rostro en general y especialmente la mirada son portadores de mensajes de una alta carga emocional. Se nos ha educado para no expresar los sentimientos en sociedad y hemos escuchado muchas veces la frase «a nadie le importa cómo te sientes tú». Especialmente a los varones, se los ha entrenado desde muy pequeños para ofrecer una imagen de fortaleza que solo rompen en situaciones límite. Aunque cada vez es más frecuente ver hombres emocionándose o llorando en público, el arquetipo masculino suele expresar solo sentimientos asociados al guerrero o cazador: autoridad, fuerza, coraje, victoria.

En sociedad, procuramos controlar la expresión de emociones. En unos casos porque no está bien visto que las expresemos de forma muy explícita, y en otros porque no nos conviene que los demás conozcan nuestros sentimientos auténticos. Tenemos que disimular decepciones, contrariedad, enfados o humillaciones porque no queremos mostrarnos débiles ante un rival o simplemente ante nuestros compañeros. Esto también ocurre con las emociones positivas: cuando algo puede herir a un compañero, recibimos una buena noticia con discreción. También a veces nos mostramos duros y simulamos que algo de lo que nos podemos sentir orgullosos apenas nos afecta.

A pesar de este entrenamiento en el control social de las emociones, es difícil que los ojos no nos delaten, pues es la zona del rostro que menos controlamos conscientemente. Uno de los ejemplos más claros es la falsa sonrisa. Si estamos alegres de verdad, sonreímos con los ojos. Si solo simulamos la sonrisa, movemos únicamente la parte inferior del rostro, especialmente los labios y las mejillas.

Los ojos expresan emociones y el lenguaje es de nuevo un buen testigo con expresiones del tipo «ojos tristes», «mirada apagada», «ojos brillantes», «ojos abiertos de par en par», «iluminar la mirada». Observando solo la zona de los ojos, incluidos párpados, pestañas y cejas, podemos distinguir las emociones básicas que ya hemos mencionado.

### La dilatación de la pupila y los ojos brillantes

Seguro que has oído hablar de este fenómeno que tiene lugar cuando vemos algo que nos resulta muy atractivo o que nos causa una excitación positiva. También sucede cuando hay poca luz y nuestros ojos tienen que adaptarse a esta oscuridad. **La adaptación de la pupila a cada situación, emocional o luminosa, no se controla conscientemente.** Es, por lo tanto, un acto involuntario.

¿Cómo afectan estos cambios a nuestras relaciones? ¿Qué comunicamos en cada caso?

Solamente si nos fijamos mucho podremos percibir el grado de la dilatación de la pupila de nuestro interlocutor. Normalmente no llegamos a percibir de forma consciente este cambio de dimensiones, pero sí está demostrado que estas miradas tienen efecto y resultan más atractivas. Percibimos un brillo especial en los ojos, una intensidad que nos atrae. Como en tantos momentos de la comunicación no verbal, el efecto es recíproco.

Si ves a una persona que te atrae y la miras a los ojos, ella podrá leer en tu mirada esta atracción, y también tú le resultarás más atractivo. Se habla de la dilatación de la pupila como una de las interacciones iniciales y fundamentales en el proceso de seducción sexual. Y explica en parte por qué dos personas que no se conocen de nada pueden sentirse especialmente atraídas de forma instantánea: quedan mutuamente impresionadas por su mirada.

Los entornos con poca luz provocan este efecto que favorece la atracción mutua: atardeceres, noches bajo las estrellas, la luz de la luna, mesas con velas, bares con luz muy tenue, etc.

Otro fenómeno tiene lugar cuando estamos bajo la influencia de la pasión y el deseo: **los ojos se humedecen** sutilmente y aparecen más brillantes. Esta mirada marcada por emociones sensuales es una invitación para el observador, que se vuelve a su vez más sensual y atractivo.

## Funciones de la mirada

### *La mirada en espacios públicos*

Cuando queremos establecer una comunicación con alguien, sea conocido o extraño, empezamos por buscar el **contacto visual**. Si el otro no nos corresponde, porque no nos ve o porque no desea la interacción, nos será muy difícil empezar una conversación. Si le saludamos, corremos el riesgo de no ser correspondidos. Todos hemos utilizado el recurso de evitar mirar a alguien cuando no nos interesa conversar con esa persona en ese momento o preferimos no tener relación con ella.

---

**Desviar de forma evidente la mirada y evitar el contacto es un mensaje claro de rechazo. Ignorar con la mirada significa «no quiero saber nada de ti», «no eres importante para mí» o «es como si no te conociera».**

---

La mirada sirve para iniciar el contacto y abrir la conversación o simplemente realizar un saludo de tránsito. Cuando deseamos terminar el encuentro o no pensamos detenernos, desaparece el contacto visual.

En las conversaciones seguimos unas conductas visuales aprendidas desde la infancia que dependen del tipo de relación entre los dos hablantes, del tema, de las condiciones externas y de las pautas propias de cada uno, entre otros factores.

---

**Buscamos los ojos de la otra persona para indicarle que el canal de comunicación está abierto y confirmamos, si nos corresponde, que también está abierto para ella.**

---

Con la mirada podemos regular los turnos de intervención. Una interacción entre buenos conversadores es una coreografía perfecta donde cada uno sabe cuándo le toca intervenir y cuándo callar. Al mismo tiempo pueden solicitar la palabra y cederla. Y todo esto se hace al ritmo que marcan las miradas de cada uno. Se ha observado que los hablantes miramos al interlocutor en las pausas, después de exponer alguna idea y al finalizar la intervención. Esto nos permite comprobar la comprensión del oyente, ver el efecto de nuestras palabras y saber si el otro desea intervenir. Nuestro oyente nos indicará que quiere tomar la palabra mirándonos, parpadeando, quizá asintiendo o negando con la cabeza y abriendo ligeramente los labios, a punto para hablar.

Esta relación se va repitiendo a lo largo de la conversación. Pero no miramos continuamente a nuestro interlocutor durante todo el tiempo que estamos con él ni desviamos la mirada todo el tiempo.

Otras señales no verbales pueden acompañar la mirada para reforzar su significado: sonidos, gestos con la mano y actitud corporal. Aunque no es el único, la mirada es uno de los gestos reguladores más importantes, como ya hemos visto anteriormente.

De hecho, la reciprocidad se considera un factor clave para el éxito de una conversación. Si mientras hablamos no encontramos la mirada del otro, consideramos que este no nos presta atención, no nos está escuchando. Por eso decimos que **«hay que escuchar con los ojos y no con las orejas»**. Y esta es la razón por la que nos molesta que nos hablen con gafas de sol o (muy frecuente en nuestros días) que estén manipulando un teléfono o aparato electrónico. Fíjate que cuando queremos estar seguros de que el mensaje ha llegado a nuestro interlocutor, buscamos sus ojos, incluso le pedimos que nos mire: «Mírame cuando te hablo», les decimos a nuestros hijos o alumnos. Y buscamos la mirada del otro para decirle algo muy importante: «Te quiero», «eres lo más bonito del mundo».

---

***Dominar el lenguaje de las miradas nos asegura una correcta interacción con los demás y aumenta nuestra capacidad de persuasión y seducción.*** **Las personas que se sienten valoradas porque las miramos atentamente y hacemos otros gestos de escucha atenta cuando hablan, estarán más dispuestas a aceptar nuestra opinión y a colaborar con nosotros.**

---

### *Tipo de relación según la mirada*

El comportamiento visual entre dos personas también nos habla del tipo de relación que hay entre ellas, su actitud hacia el tema que tratan y el afecto que sienten recíprocamente.

Sabemos, por ejemplo, que las personas de estatus superior miran menos a las de estatus inferior. Imagina esta escena que seguro te remitirá a muchas películas: entra un alto directivo a una planta entera llena de empleados y tiene que atravesarla para llegar a su despacho, que está situado al fondo. En el mejor de los casos, saluda a la recepcionista y avanza con la cabeza alta y sin detener la mirada en ningún empleado. Puede que al llegar a la mesa de su secretaria personal, pase de largo mientras la subordinada lo mira atentamente para ver de qué humor está y para intentar adivinar qué espera su jefe de ella. Aunque no todos los superiores actúan así, está comprobado que las personas con más poder se permiten ignorar, cuando les conviene, a sus subordinados o a otras personas que no consideran de suficiente rango, a no ser que tengan que pedirles algo o hablarles con dureza para imponer su autoridad. En el otro lado están las personas de estatus inferior, que están pendientes de lo que puedan comunicar verbalmente y no verbalmente sus jefes, y miran con atención sus movimientos.

Sabemos también que cuando alguien nos muestra su aprobación, simpatía o admiración somos más proclives a mirarle y a mantener este contacto. En cambio, desviamos la mirada si somos criticados, amonestados.

En relación con esto también podemos observar cómo las personas que nos gustan físicamente, que nos resultan simpáticas, atraen más nuestra mirada y prolongamos esta interacción más tiempo. No hacen falta muchos estudios científicos para comprobar que todos en general miramos más a las personas atractivas y que, en especial, los hombres detienen más tiempo la mirada en una mujer que les gusta, mirada que se fija en las partes del cuerpo con más atractivo sexual.

Lo podemos comprobar durante el proceso de seducción, donde la mirada tiene un papel primordial tanto para iniciar la relación como para mantener la intimidad.

Cuando la relación no nos interesa, resulta poco placentera o experimentamos una emoción negativa, la mirada tiende a apartarse para «desconectar» de esa persona. Solo la volveríamos a retomar de forma premeditada si nos interesara mostrar desaprobación de forma clara, reprender, amenazar o incluso humillar al otro.

La naturaleza de la mirada entre las personas nos informa del tipo de relación que mantienen. En general, a mayor implicación personal, más contacto visual y más duradero. Es por esta razón que podemos descubrir relaciones secretas entre personas: dos compañeros de trabajo que mantienen la mirada más de lo que es habitual en una relación profesional, un estudiante, enamorado de su profesor, que se queda embelesado, etc.

**La distancia entre los interlocutores influye en el comportamiento visual.** A medida que aumenta la distancia, disminuye la intensidad del efecto de la mirada. Dado que con el contacto visual se establece un contacto psicológico, este puede ser incómodo si la distancia física también es muy corta. Cuando estamos muy cerca de otra persona y no es de nuestro círculo más íntimo, desviaremos la mirada para compensar el exceso de intimidad física. Este es el caso de los usuarios de los transportes públicos cuando viajan pegados los unos a los otros.

También podemos observar **relación entre la personalidad y la forma de mirar**. Las personas seguras y extrovertidas miran más y pueden mantener más la mirada. En cambio, las personas inseguras y tímidas suelen apartarla con mayor facilidad.

Por último, el comportamiento de la mirada nos puede ayudar a detectar mentiras. Pero esto lo veremos en el capítulo sobre el engaño.

## Movimientos oculares

Además de las cuatro funciones básicas señaladas anteriormente, los movimientos oculares son indicios de actividad intelectual.

Tenemos tendencia a desviar la mirada cuando procesamos ideas difíciles, nos concentramos en una reflexión interna, recordamos algo o imaginamos algo que no ha sucedido. Asimismo, si tenemos que buscar una palabra o realizar un cálculo, los ojos realizan unos movimientos hacia arriba, hacia los lados o hacia abajo.

## La mirada en las relaciones profesionales

Todo lo que hemos visto acerca del contacto visual tiene, evidentemente, claras aplicaciones en nuestra vida profesional. Utilizar adecuadamente este código de miradas nos permitirá controlar muchas situaciones e influir más en las personas.

También en el terreno profesional es inevitable que nos evaluemos mutuamente a través de la vista. Y esto toma una especial trascendencia en un primer encuentro. Aunque no queramos, la vista recibe una gran cantidad de información que el cerebro procesa. Si tenemos una vista entrenada, podremos captar mensajes que otros no ven o podremos enfocar el interés en los detalles que nos interesen.

La vista es el canal esencial de recepción de datos que nuestro cerebro procesará instantáneamente para saber cómo tenemos que actuar respecto a esta persona y, en casos extremos, es imprescindible para preservar nuestra supervivencia.

Sabremos de inmediato, gracias a la intuición, si esa persona representa o no una amenaza para nosotros, también sabremos si nos resulta agradable socialmente y atractiva sexualmente. Y todo esto no podemos evitarlo, aunque nos cueste reconocerlo porque socialmente no están muy bien vistos los juicios «a priori», y menos manifestarlos en voz alta.

Como veremos más adelante, una de las formas de «violación» del espacio personal del otro es una mirada muy intensa que le haga sentir desnudo o que atraiga la mirada de terceras personas. A no ser que tengamos motivos para hacerlo, es una acción que deberíamos evitar.

Si hay suficiente distancia entre las personas que se van a conocer, la mirada podrá examinar la figura completa sin resultar demasiado escrutadora. A medida que se acercan los hablantes, la mirada se tendrá que dirigir a la cara y finalmente a los ojos. A partir de aquí empieza este diálogo ocular que ya hemos explicado anteriormente. Se pasa de una mirada a larga distancia a una de corta distancia.

Recuerdo que, al principio de mi carrera como consultora, fui a visitar a un cliente. Me recibieron el director y un técnico, hombres los dos. Fueron muy amables y a mí me pareció que había un buen entendimiento. Cuando ya me había despedido y me dirigí hacia la puerta, los sorprendí, en el giro para cerrar la puerta, comunicándose con una sonrisita y haciendo gestos sobre mi físico. Me sentó mal y me marché pensando que no eran nada profesionales y que difícilmente emprenderíamos ningún proyecto juntos. Con el tiempo he aprendido que la mirada es necesaria y la evaluación, inevitable. Todos somos juez y parte en este juego. A pesar de todo, sí considero necesario, por elegancia y por cortesía, reservar estas opiniones para uno mismo.

No hay una diferencia de comportamiento entre hombres y mujeres en cuanto a la necesidad de mirar, pero sí en cuanto a la forma de mirar. Las mujeres tienen un campo de visión más am-

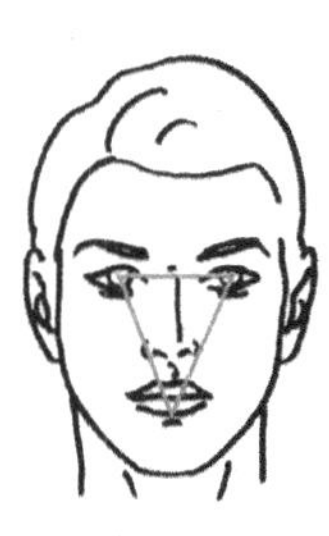

Figura 19. La mirada social se mueve en la zona del triángulo.

plio, una mirada periférica, lo que les permite ver mucho, sin enfocar apenas la mirada por partes. Los hombres, en cambio, al tener un campo de visión más reducido, tienen que ir centrando la atención por áreas según lo que les interesa. Y sabemos que a los hombres heterosexuales el cuerpo femenino les interesa mucho. Esto produce un efecto que incomoda a muchas mujeres, especialmente si estas no están dispuestas al cortejo.

Una vez hemos realizado este escáner y hemos grabado la imagen de esta persona en la memoria, nos centramos en la mirada social, que es la que nos permite relacionarnos y dialogar. Consiste en la mirada dirigida entre los dos ojos y la nariz.

## ESPACIO PERSONAL Y TERRITORIO

Es difícil entender las relaciones humanas sin tener en cuenta el concepto de **territorialidad**. La necesidad que todos tenemos de ocupar un territorio explica gran parte del comportamiento social: regula la interacción humana, al mismo tiempo que puede ser fuente de conflicto.

Igual que los animales, el ser humano necesita sentirse seguro en un espacio que domina y controla. Y también lo necesita para sentirse libre. **Libre** y **seguro**, estas dos necesidades son las que nos llevan a conquistar más espacio (casi siempre arrebatándolo a otros) y a defender el que ya tenemos de posibles intentos de apropiación. En general, quien domina el territorio es el más fuerte. El espacio se consigue con dinero, con poder político, con fuerza física o haciendo creer a los demás que somos poderosos. **Invadiendo lo que queremos apropiarnos y defendiendo lo que consideramos nuestro, demostramos poder.**

El concepto de territorialidad no es exclusivo de los individuos. Los grupos, las familias, los habitantes de un barrio, ciudad o país también sienten como propio un espacio compartido por sus iguales, y lo defienden de otros grupos que son considerados intrusos o extranjeros. Compartir este territorio es una señal de identidad y un lazo común que nos distingue de otros que se sienten vinculados a otros barrios, municipios o países. Podríamos hablar de una organización en espacios concéntricos donde la unidad más pequeña es el espacio inmediato que nos rodea a cada uno de nosotros y que consideramos nuestro «espacio personal».

Tenemos, pues, territorios físicos delimitables (con fronteras, vallas, cercas, puertas, etc.) que consideramos propios y privados (muchas veces son «propiedad privada»), y otro tipo de territorio, el **espacio personal**, que va siempre con nosotros y que no es tan fácilmente medible ni perceptible. Este espacio es el «aire» que necesitamos a nuestro alrededor para sentirnos seguros, tranquilos y libres; una especie de burbuja invisible que nos rodea y que tendemos a preservar con más o menos contundencia. El investigador norteamericano Edward Hall estudió esta vertiente del comportamiento humano y la denominó **proxémica**.

**Conocer los límites del espacio personal y las distancias adecuadas entre personas nos permitirá tener unas relaciones mucho más fluidas y agradables, y nos dará muchas pistas acerca del comportamiento de la gente a nuestro alrededor.**

## El uso del territorio

El espacio es tan importante que no solo regula las relaciones interpersonales cotidianas, sino que también es uno de los elementos clave en el protocolo de todas las culturas. Precisamente la relación entre espacio y poder se refleja en todo tipo de ceremonias. Si observamos un acto oficial o una ceremonia privada formal, sabremos reconocer a las personas con más poder por el lugar que ocupan y el espacio de que disponen. El «orden de precedencia» reconoce las jerarquías, determina los lugares y la ubicación de las personas según el cargo, el título o la institución que representan en los diversos ámbitos. Las precedencias son de vital importancia en el protocolo de los países, en las relaciones diplomáticas y en cualquier acto donde se tengan en cuenta las normas de cortesía. En España están reguladas por la Ley de Precedencias del Estado desde el año 1983 y también las comunidades autónomas tienen sus propias normativas sobre precedencias en su territorio.

Además, dos de los conceptos fundamentales del protocolo, oficial o empresarial, son los de **anfitrión** e **invitado**, roles que exigen una determinada forma de actuar. Los dos conceptos están estrechamente relacionados con la ostentación de la «propiedad» del lugar (país, ciudad, palacio, empresa o casa) donde se celebra el acto.

## Personalidad y uso del espacio

Además de la imposición de pautas protocolarias y del comportamiento por costumbres, cultura o educación, hay otro factor que influye en cómo nos comportamos en diferentes lugares.

Está comprobado que existe relación entre el uso que hacemos de los espacios y nuestra personalidad. En consecuencia, **podemos utilizar conscientemente este código para modificar nuestras relaciones con el entorno y provocar las reacciones deseadas**. Habrá muchas ocasiones en que podré elegir dónde me sitúo, interactuar con los demás de forma planificada y transmitir así la imagen que me conviene.

Fíjate en tu entorno. Puedes saber mucho del carácter de las personas que lo ocupan. Si hay posibilidad de elección, ¿quién ocupa la mesa del fondo o la silla del rincón? En una sala de conferencias vacía es mucho más probable que los tímidos se sienten del centro hacia atrás. Por la calle, algunas personas ocupan la parte central de la acera mientras otras prefieren arrimarse más a las paredes.

Un espacio abierto o de grandes dimensiones puede generar sensación de desamparo. Las personas tímidas, inseguras o introvertidas prefieren los espacios reducidos, al abrigo de las miradas de extraños. En cambio, las personas seguras no necesitan sentirse tan protegidas por espacios reducidos y acotados.

Y es que el uso del espacio está en relación con la aceptación de la propia visibilidad. El lugar más visible de un espacio (el centro, el escenario, la tribuna, etc.) es el que nos da más protagonismo. Pero muchas personas soportan mal esta visibilidad y adoptan las más variadas formas de rehuirla. Las señales de incomodidad más frecuentes son:

- Se mantienen lo más lejos posible de la gente o de los grupos grandes.
- Otras veces buscan pasar desapercibidos mezclándose en el grupo.
- Intentan situarse detrás de muebles o elementos arquitectónicos.
- Se arriman a mesas, columnas, paredes.
- Permanecen sentados para sentirse protegidos ocultando una parte del cuerpo.
- Prefieren los rincones y los espacios laterales.
- Se sitúan cerca de puertas o pasillos que permiten la huida, aunque sea psicológica.

Otras investigaciones han demostrado que la elección del asiento alrededor de una mesa de reuniones o para comer no es aleatoria, sino que está relacionada con nuestra actitud, con nuestra personalidad y con las pautas culturales que tenemos interiorizadas.

Las preferencias personales y también el tipo de actividad, la naturaleza de los integrantes del grupo, etc., influirán en la disposición de los asistentes.

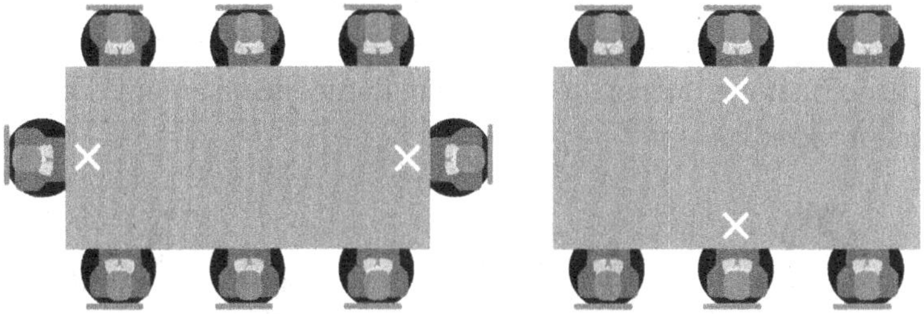

Figura 20. En esta imagen la cruz marca la posición preferente del poder.

Una de las correlaciones más frecuentes entre el punto de asiento y la personalidad es la del perfil de líder. Lo que sabemos acerca de este tema es que asociamos los extremos de una mesa rectangular a la posición predominante. Si uno no tiene una percepción de sí mismo como líder, evitará esta situación dominante.

En cambio, las personas discretas e introvertidas suelen mostrar preferencia por los ángulos u otras posiciones no centrales. La elección de un asiento no preeminente también puede ser muestra de cortesía al ceder el asiento a la persona de más categoría: el cliente cuando estamos en su oficina, nuestro jefe, la persona mayor de la familia, etc.

Al mismo tiempo, la disposición puede tener sus efectos en los resultados de la actividad y en las interacciones del grupo.

Cuando un directivo quiere mantener una relación menos jerárquica, se situará en un lugar cualquiera, para ser percibido como uno más. En cambio, si desea ser percibido como la autoridad del grupo, buscará el sitio preeminente, los extremos, el centro o el lugar de más notoriedad. Una persona que no tenga un cargo reconocido podrá potenciar su liderazgo con la elección del asiento adecuado.

La disposición de los integrantes alrededor de una mesa de negociación no es una cuestión baladí pues sabemos que hay combinaciones que favorecen la cooperaciónotras la competencia, unas la comunicación frontal y otras lateral. La forma que parece más neutral para todos los integrantes de una reunión es la mesa redonda.

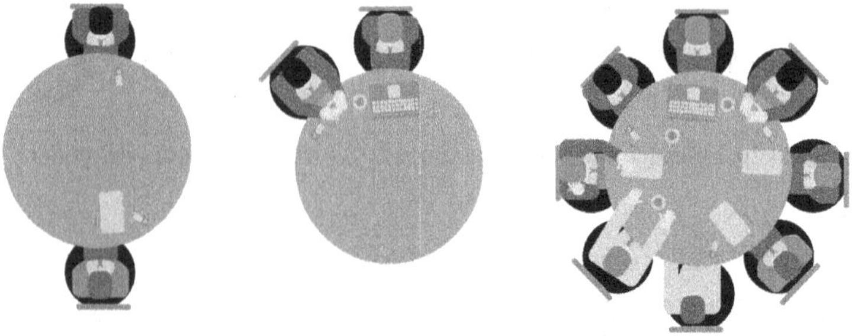

Figura 21. De izquierda a derecha y de arriba abajo. Percepción de competencia / Percepción de colaboración / Percepción de colaboración y de igualdad jerárquica.

Los espacios de trabajo amplios y diáfanos donde están ubicados muchos profesionales, la distribución de las mesas de trabajo en filas regulares y todas orientadas hacia una misma dirección, favorecen el trabajo, el orden y la disciplina. Se promueven así la productividad y la obediencia. Seguro que recuerdas imágenes de grandes plantas de confección donde cientos de trabajadoras tienen como único objetivo producir el mayor número de prendas.

Una distribución que contemple mesas cara a cara o en pequeños grupos estimula la comunicación y el trabajo en equipo. También se utiliza como forma de suavizar la idea de jerarquía.

Algo parecido sucede en las aulas, donde se mantiene más fácilmente el orden con los alumnos distribuidos en renglones y con las mesas orientadas hacia el profesor. Esta distribución no solo impide que los alumnos se relacionen entre sí, sino que centra toda la atención en el profesor y resalta su protagonismo. Las mesas distribuidas en grupos para realizar trabajos en pequeños equipos aumentan la posibilidad de la relación entre los miembros, pero también favorecen el desorden y una visión del profesor como dinamizador más que como autoridad.

## Invasión y defensa

Hemos visto que el dominio del territorio es un síntoma de poder.

No es extraño, pues, que las relaciones humanas se establezcan en torno a este comportamiento territorial: **invasión** del espacio ajeno o **defensa** del que consideramos propio.

Cuando estamos en un espacio conocido o de «propiedad», nos sentimos más seguros. Es nuestro refugio, es nuestra parcela donde podemos ejercer el poder. Por esto necesitamos tener esta parcela controlada. La delimitamos, la marcamos y la defendemos si es necesario. Desde el espacio más pequeño hasta el más grande, nos sentimos dueños de lo que ocupamos o hemos ocupado alguna vez. El lado de la cama en que solemos dormir es nuestra parte de la cama y no la de nuestra pareja. Tenemos también nuestra habitación o nuestro rincón del garaje, nuestra butaca, nuestro coche y nuestra mesa en el trabajo. Incluso cuando no hay un espacio asignado, convertimos un pedacito de este territorio en algo particular al ocuparlo asiduamente. Por ejemplo, el taburete de un bar que frecuentamos o el asiento en un aula. Aunque hay posibilidad de elegir otros asientos, sentarnos en el mismo lugar que las veces anteriores nos da seguridad. Lo hemos adoptado como territorio propio. Y si alguien se nos ha adelantado nos genera una cierta sensación de hurto o de intrusión.

## ¿Por qué invadimos?

Los humanos tenemos tendencia a expandir nuestro radio de acción. Y normalmente esto es en detrimento del espacio de los demás. Así, sin darnos cuenta, en la vida cotidiana llevamos a cabo invasiones del territorio ajeno: desde una pequeña parte de una mesa a una habitación entera. La invasión puede ser consciente y voluntaria y presenta distintos grados de agresividad: desde la irrupción a la fuerza en un espacio ajeno a la contaminación del territorio de otro a base de dejar objetos personales, mover muebles o hacer ruido. En este juego permanente de relación con los demás, hay una especie de ritual de medición de fuerzas, que normalmente no sobrepasa los límites de lo socialmente aceptado.

Podemos ver muestras muy evidentes de estos comportamientos entre los niños y adolescentes, que mantienen con sus hermanos y compañeros luchas de poder que los adultos ejercitamos de forma más disimulada. Una de las misiones de la educación es regular estas conductas para fomentar el respeto a los demás y facilitar la convivencia.

Recuerdo una práctica habitual, especialmente entre los compañeros varones cuando iba a la escuela: trazar una línea divisoria en la mesa del pupitre doble para que quedara bien delimitado el espacio que correspondía a cada uno. Sin la visualización de esta frontera, el conflicto estaba servido.

Los hermanos se disputan también el espacio familiar y lo defienden con pasión. Es típico en la adolescencia el cierre de puertas de sus habitaciones a padres y hermanos para preservar su espacio de intimidad y libertad.

Muchos niños comparten habitación. Entonces es bueno que establezcan sus terrenos respectivos, negocien y defiendan su pequeño reino, porque el sentimiento de propiedad y control les da seguridad y aumenta su autoestima. Gran parte de sus disputas fraternales son la forma de medir fuerzas para mantenerse a raya mutuamente. Ante un intento de invasión, no cabe otra respuesta que la defensa. Poco a poco, aprenden a respetar cada uno el espacio (y, con él, los objetos) del otro. Este aprendizaje resultará de gran utilidad para mantener unas pautas de conducta respetuosas con los demás en la edad adulta.

Podemos ver ejemplos de los distintos tipos de invasión en algo tan cotidiano como las relaciones familiares.

1. **Violación del territorio.** Un hermano entra sin permiso en la habitación del otro, ocupando temporalmente sus muebles o utilizando sus libros, ropa o material de estudio. Incluso puede entrar con agresividad e intenciones destructivas. No tiene interés en quedarse. Los robos en los domicilios o la ocupación temporal de un edificio también son agresiones de este tipo.
2. **Invasión del territorio.** A pesar de que tiene habitación propia, un niño va dejando sus juguetes, su mochila o su ropa en el salón. Al cabo de un tiempo, este espacio común se ha convertido en su área privada de juego. Tiene intención de quedarse. Será difícil hacerle volver atrás. Por este motivo es muy importante que los adultos obliguen a recoger los juguetes que los niños esparcen en espacios de uso compartido. De esta forma preservan las funciones y las

«propiedades» de las distintas partes del espacio doméstico. Los padres están educando, así, en el respeto hacia el territorio de los demás y la defensa del propio, pues también transmiten con el ejemplo cuáles son los mecanismos de delimitación y protección de los espacios ante intentos de invasión.

3. **Contaminación del territorio.** Un vaso sucio en la mesa de la cocina, un papelito en el suelo, un cabello de otro en mi peine son indicios de que alguien ha estado ahí y ha utilizado mis cosas. Aunque sean pequeños detalles, estas muestras de intrusión nos molestan sobremanera porque vulneran nuestra noción de territorialidad y han puesto a prueba nuestra autoridad y nuestra capacidad de reacción. La contaminación sutil puede acabar en invasión si no se frena.

Estos ejemplos de la vida familiar los puedes extender a las relaciones de trabajo. Una de las formas de tener excelentes relaciones con los compañeros es respetar sus espacios, sus muebles y sus objetos. Más aún: entender que los espacios comunes no son un buen campo donde dejar nuestra huella. Uno de los conflictos frecuentes en las empresas tiene el origen en la difícil toma de conciencia de que todos los ocupantes tienen que velar por el orden y la limpieza de un espacio común.

A nadie le gusta encontrar el rastro de los que le han precedido. No nos gusta que los demás empleados utilicen el baño, el almacén, el archivador o la fotocopiadora como si fueran solo suyos. Cuando alguien deja sus cosas de forma descuidada en un espacio compartido, tiene una actitud invasiva inconsciente que generará malestar en los demás. Y si sospechas que lo hace adrede, pregúntate qué intenciones lleva y actúa en consecuencia.

## ¿CÓMO DEFENDERNOS DE LOS INVASORES?

Necesitamos proteger nuestro espacio de posibles invasiones, pues también es una forma de afianzar nuestro poder. Los dos métodos de protección del territorio son la **prevención** y la **reacción**.

### MEJOR PREVENIR QUE... PELEAR

Para mantener al posible invasor a raya, tenemos que hacerle entender que si quiere algo de nuestra propiedad tendrá que enfrentarse a nosotros y no le pondremos las cosas fáciles. Esta actitud valiente, firme y protectora de lo nuestro se refleja en nuestra actitud corporal, en la mirada, en el tono de voz de manera permanente. Pero también en la forma de movernos en el espacio y en cómo lo ocupamos con nuestros objetos personales. Sin bajar la guardia debemos informar de nuestro estatus, nuestro rol profesional o la propiedad que ostentamos.

Esta propiedad se extiende también a las personas. Cuando alguien toca a nuestra pareja o a nuestro hijo, saltan todas las alarmas. ¿Qué intención lleva que se atreve a tocar algo tan nuestro?

Por lo tanto, a lo largo del día, realizamos un sinfín de acciones encaminadas a hacernos respetar y, al mismo tiempo, proteger nuestro ámbito de actuación. Muchas de ellas son inconscientes. Como puedes imaginar, tu comportamiento influirá en la percepción que los demás tendrán de ti. Y condicionará tus relaciones con ellos.

Ante la posible invasión se pueden alzar muros, barreras o paredes que impidan el paso físicamente. Pero hay otras formas menos aparentes.

- **Ocupar un espacio más elevado:** el profesor en la tarima, el juez en el estrado, el jefe de estado en lo alto de la escalinata.

- **Parapetarse detrás de muebles:** profesionales como maestros, médicos, abogados, banqueros, directivos se sitúan detrás de la mesa y evitan acercamientos excesivos.
- **Ocupar los espacios contiguos con enseres personales:** de este modo, frenamos la intención de ocupación: chaqueta en el asiento contiguo del cine, libro en el asiento del tren que está libre a mi lado, una carpeta en la mesa de reuniones al lado del director general.
- **Tocar, rodear por la cintura o coger de la mano a nuestra pareja:** aunque no es un «territorio», estamos indicando que «nos pertenece», y advertimos a los posibles interesados en ella que estamos dispuestos a defenderla.

### Reacciones habituales

Podemos reaccionar de forma agresiva y enfrentarnos al intruso, pero en situaciones sociales no es lo más habitual ni lo más recomendable. Lo que nos interesa ver en este apartado es cómo respondemos ante un intento de injerencia, tanto consciente como inconsciente, en nuestro territorio. Es interesante reconocer estas actitudes de reacción en los demás para detectar cuándo molestamos y comprender sus reacciones. A veces no nos damos cuenta de que si alguien tiene una actitud fría o distante, por ejemplo, es porque lo provocamos nosotros mismos. Así es como respondemos a una invasión:

- **Desistimiento.** Una de las respuestas más habituales ante un avance de otro en un terreno que no es propiedad de ninguno de los dos (por ejemplo, en un espacio público) es desistir de ocupar este terreno. No me sentaré en una butaca de cine que tiene un bolso si hay otras butacas disponibles con una visibilidad parecida.

- **Respuesta verbal.** Algunas veces, especialmente si me siento agredido, amenazado o no estoy dispuesto a ceder, manifestaré verbalmente mi malestar.
- **Gestos defensivos o de barrera.** Podemos barrar el paso, interponernos entre algo o alguien que queramos proteger y el invasor.
- **Gestos de cierre o intento de fuga.** Cuando alguien se nos acerca demasiado pero no podemos o no creemos oportuno marcharnos, la reacción instintiva es protegernos con un cruce de brazos (o cualquier otro gesto de cierre detallado en el capítulo 3). También es muy frecuente retroceder un paso o inclinar el tronco también hacia atrás. Evitar el contacto visual es otra de las formas de compensar el exceso de proximidad del otro.

## Proxémica

Inevitablemente, en las relaciones personales cuerpo a cuerpo se establecen unas distancias. Es importante conocer cuáles son las adecuadas en cada caso, porque un exceso de cercanía puede resultar molesto, y demasiada distancia puede provocar sensación de frialdad o formalidad.

La amplitud del espacio personal, de esta burbuja de aire que nos rodea, varía en función de la cultura a la que pertenecemos, el cargo que ostentamos, el tipo de relación con el interlocutor o si vivimos en el campo o la ciudad, entre otras cosas.

### ¿De qué distancias estamos hablando?

Estas distancias varían según la cultura. En la zona mediterránea son más cortas que en los países anglosajones, pero más largas que en los países árabes. Podemos establecer cuatro zonas en función del tipo de relación:

1. Distancia íntima.
2. Distancia de relación interpersonal no íntima.
3. Distancia de relaciones sociales.
4. Distancia pública.

Para tener una idea aproximada sin necesitar permanentemente medir con un metro, podemos decir que la distancia que corresponde a mi brazo extendido es correcta para las relaciones sociales y profesionales. La distancia del codo es para las relaciones de intimidad.

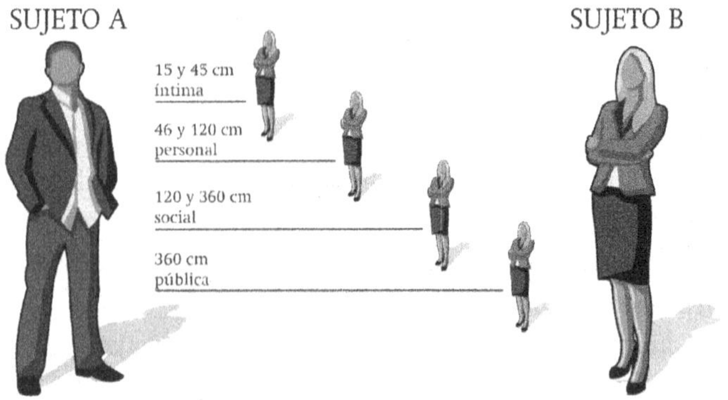


Figura 22. Distancias interpersonales en la cultura occidental.

La acción de entrar en el espacio personal de otro también es una forma de invasión si el otro no la acepta. De todas formas hay muchas situaciones en que no solo es aceptada, sino que incluso es beneficiosa para la relación.

El **acercamiento** puede estar motivado por:

- El ejercicio de la profesión: un peluquero tiene que acercarse a su cliente.
- El interés en desplazar a otro de este lugar.
- La demostración de autoridad o de poder.
- La falta de espacio: en áreas donde se aglomera la gente.
- Intento de generar complicidad o confianza.
- Intento de acercamiento sexual.

Y los comportamientos de **reacción** pueden ser debidos a:

- La incomodidad que genera la proximidad con otra persona.
- El miedo.
- La timidez.
- El instinto de protección.
- Necesidad de mantener las apariencias sociales.

Aunque las medidas de esta burbuja personal que hemos visto en la figura 22 son un patrón general para la mayoría de nosotros, el espacio personal se reduce o se amplía según varios factores. Manejarlo conscientemente nos dará ventaja en nuestras relaciones interpersonales.

- **Al tratar temas personales, las distancias se acortan.** Hay más complicidad entre los hablantes y, normalmente, se baja la voz; un cierto sentido de la privacidad hace que reduzcamos la distancia. Además, recuerda que la proximidad física (voluntaria) comporta proximidad emocional. Es difícil aquí saber si fue primero el huevo o la gallina: la proximidad favorece tratar temas personales y generar complicidad. Pero también el tema induce a reducir las distancias personales.
- **Los temas agradables favorecen la proximidad.** Por razones obvias, nos resulta más fácil acercarnos a una persona

cuando el tema que nos ocupa es agradable. No tenemos ningún interés en mantenernos cerca de personas que nos están sermoneando, que se quejan o hablan de temas que no nos interesan para nada. Si pudiéramos, nos iríamos de su radio de acción. Estamos quizá obligados a permanecer allí, pero la distancia que mantenemos es significativa. Hay una excepción a este comportamiento. Cuando el tema tratado o la causa de esta intercomunicación es un tema triste o que preocupa mucho a la persona, nos acercaremos más para consolarla. Incluso, como veremos en los apartados del tacto, nos podemos permitir tocarla para mostrar nuestro afecto aun siendo una persona que en condiciones normales no tocaríamos.

- **Las características del entorno influirán en la distancia.** Si hay mucho ruido, necesitaremos acortar distancias. Por eso en las discotecas podemos aceptar una distancia íntima, incluso con una persona que acabamos de conocer porque necesitamos hablarnos al oído. En esta situación, se acercan las cabezas y los lados del cuerpo. Pero no se acercan las pelvis, de momento, para mantener una distancia social.
- **Si el grado de formalidad se percibe alto, nos mantenemos más lejos.** Seguro que tienes presente imágenes de monarcas en actos oficiales. Los espacios están perfectamente delimitados y nadie se acerca más de la cuenta. Cuando desean dar una imagen de proximidad, rompen el protocolo y se acercan a la gente e incluso le dan la mano. Aplicado a nuestra vida diaria, podemos ver la diferencia entre una reunión en el despacho del jefe o la relación entre las mismas personas el día que se organiza una excursión al campo o un partido de fútbol. Este entorno informal acorta temporalmente las distancias. Esta es una de las razones por las que es beneficioso periódicamente romper la rutina, no tanto por el cambio de actividad, sino por la sensación de proximi-

dad y calidez que permite el nuevo entorno, libre de las fórmulas y más relajado en los roles. Si el clima es informal, hay más facilidad para traspasar ciertas barreras.

- **El tipo de relación interpersonal marcará el comportamiento espacial.** En general, nos mantenemos más alejados de las personas que consideramos superiores jerárquicamente: un catedrático, nuestro médico, un jefe, un sacerdote. Aunque no estén protegidos por alguna de las barreras habituales (mesa, atril, púlpito), normalmente nos comportamos cortésmente y mantenemos distancias «de respeto».
- **Las características físicas de los interlocutores también condicionan la distancia.** Una persona muy grande puede generar que el otro tome más distancia para sentirse más seguro y también para poder hablar más cómodamente con mayor perspectiva.
- **Las personas extrovertidas tienden a acercarse más fácilmente** mientras que las introvertidas se mantienen más distantes. Es lógico: las primeras se mueven hacia fuera, hacia los demás; las segundas se encierran en sí mismas, se protegen o incluso se apartan.

## ¿Qué nos dicen las distancias interpersonales?

Si observamos las distancias entre las personas, podremos descubrir muchas cosas acerca del tipo de relación que mantienen. He aquí algunos ejemplos:

- Las personas que se sienten atraídas físicamente suelen acercarse más.
- Los jefes pueden vulnerar el espacio personal de un subordinado, pero no al revés. Dominar el espacio es un signo de poder.

- Las personas criadas en grandes espacios y poca densidad demográfica suelen necesitar una burbuja mucho más amplia que las personas criadas en grandes urbes.
- Las mujeres suelen mantener menores distancias entre sí que los hombres entre ellos.

## Densidad y aglomeraciones

En las reacciones respecto al espacio personal, influye mucho la densidad de población. Las personas que han vivido la mayor parte de su vida en grandes ciudades y en edificios de muchas viviendas se caracterizan por una conducta más «cercana» que las que viven en el campo o en poblaciones poco densas demográficamente.

Varios estudios apuntan que, tanto en humanos como en animales, la densidad de población produce estrés a los individuos porque se sienten amenazados con mucha más frecuencia y tienen que defenderse permanentemente de invasiones de los demás. Eso explicaría que las grandes ciudades tengan un mayor índice de violencia.

Por otra parte, los urbanitas no tienen tanto reparo en mantener proximidad física en la distancia conversacional, incluso con desconocidos con los que no hablan. Están acostumbrados a situaciones de contacto corporal sin tener relación íntima, ni siquiera social, en ascensores, transportes públicos, actos festivos masivos, etc. Estas diferencias en el uso de la burbuja personal afectan la distancia interconversacional, que es más amplia en el campo.

También el tipo de saludo puede variar: las personas que viven en el campo se saludan habitualmente con un gesto de la cabeza o con un movimiento de la mano, pero no con un apretón de manos o besos. Incluso el apretón de manos se da con los brazos extendidos mediando más distancia entre los dos. Si eres persona de ciudad, ten en cuenta estas diferencias de conducta. Las personas del ámbito rural no necesitan abrir y cerrar todos los encuentros con un apretón de manos o besos.

La menor distancia física entre los habitantes de ciudades no es correlativa con la cantidad de relaciones ni la calidad de ellas. Precisamente para sobrevivir en la superpoblación, estos individuos desarrollan una actitud autoprotectora. ¿Recuerdas a Cocodrilo Dundee, cuando llega a Nueva York y empieza a saludar a todos los transeúntes? Acostumbrado a ver pocas personas al día, invierte en el saludo personalizado. Los urbanitas han aprendido a economizar energía: no pueden invertir en relaciones imposibles (a lo largo del día pueden ver a miles de personas) o improductivas (no les servirán para nada aunque lo vean cada día, por ejemplo el guardia de seguridad del edificio). Esta reacción de ahorro de energía es necesaria para la adaptación al medio: evita el estrés, el cansancio y la dispersión.

Pero también tiene sus efectos negativos. No es casual que se hable de la «deshumanización de las grandes ciudades». Este comportamiento tan selectivo en las relaciones provoca la invisibilidad de los miles de seres con los que me cruzo. Y evidentemente, a su vez, yo también me convierto en invisible para los demás. Nos movemos por las calles, comercios, edificios de viviendas, pasillos de oficinas, ignorando a personas que se encuentran a distancias realmente cortas. Desviamos la mirada o incluso pasamos la vista por encima como si viéramos un mueble, mantenemos el rostro impasible para demostrar que no las hemos visto y acabamos esquivándolas con el cuerpo si la escasez de espacio nos obliga. Son invisibles, no existen, les damos la categoría de objetos, las consideramos **«no personas»**.

Algunos puestos de trabajo reciben permanentemente este tipo de trato por parte de los usuarios o de la ciudadanía en general: personal de limpieza, conductores de autobús, vigilantes, porteros, conserjes, personal de hostelería, etc. Acostumbrados a este tipo de «no relación», cuando alguien los saluda, les dirige una sonrisa o unas palabras, después de una reacción de sorpresa, reaccionan positivamente. Han pasado de «no personas» a personas. Y este cambio de trato provoca un cambio emocional importante. Porque a todos nos gusta ser visibles, ser valorados, sentirnos útiles, sentirnos una persona con un rostro y un nombre que nos distinguen de los demás. Saludar, hablar o interesarte por una de estas personas es contribuir a su autoestima profesional y personal, es hacerle la vida más agradable y contribuir a su felicidad. Y también a la nuestra, porque seguro que seremos correspondidos con la misma moneda: nos recordarán, seremos especiales, estarán más dispuestos a echarnos una mano. En definitiva, al personalizar la relación se tienden lazos emocionales.

## EL TACTO: BENEFICIOS Y RIESGOS

El tacto es el primero de los sentidos que ponemos en marcha al iniciar la vida. En el seno materno, los latidos del corazón y las sensaciones a través de la piel son las primeras informaciones que recibimos. Incluso en los primeros segundos de vida, las experiencias más gratificantes son seguramente la calidez de la caricia materna y el contacto de nuestra boca con el pezón. Especialmente en nuestros primeros meses, la caricia, el abrazo, el arrullo, el roce nos tranquilizarán, nos consolarán, incluso nos curarán. Las madres sabemos esto bien, y no escatimamos besos curativos en una rodilla magullada o una frente aquejada por la fiebre, ni los balsámicos besos de buenas noches, los abrazos contra los terrores nocturnos o los juegos con cosquillas, suaves mordiscos y pellizcos que tantas risas provocan.

Por eso no es extraño que el tacto sea un ingrediente básico de las relaciones personales. A través de este sentido podemos estrechar lazos de amistad, seducir a nuestra pareja o consolidar relaciones profesionales. Pero también puede provocar reacciones contrarias: rechazo, desconfianza, repulsión. El comportamiento táctil es uno de los códigos más difíciles de dominar, pues muchos factores pueden intervenir a la vez. Cultura, hábitos familiares, estado anímico de las personas, intencionalidad del tacto, tipo de relación, situación, etc.

---

**El acto de tocar es otro de los lenguajes que tenemos a nuestro alcance. Conocer sus reglas nos dará la posibilidad de aumentar nuestra eficacia comunicativa en sociedad. Practicarlo con los seres queridos aumentará el bienestar de todos.**

---

## La conducta táctil en la sociedad y en el trabajo

Fuera del ámbito familiar, nuestra conducta táctil tiene que ser muy prudente y está claro que, a pesar de los beneficios que pueda aportar a una relación, no tenemos de entrada ninguna libertad para traspasar el límite invisible de la burbuja personal. El tacto está relacionado con el concepto de territorialidad y la proxémica. Es muy probable que la aproximación táctil le resulte desagradable a una persona, no por la sensación del contacto de la piel, sino porque el acercamiento supone una invasión del espacio personal o un intento de ocupar el territorio. En un transporte público donde viajamos con una proximidad muy alta pero sin llegar a tocarnos, recibimos como desagradable la fricción fortuita de nuestro brazo con otro. No nos gusta que traspasen la línea de nuestro espacio.

## El tacto con efectos positivos

Se han realizado varios estudios para comprobar el efecto del tacto sutil entre personas desconocidas. Los resultados muestran que, en general, cuando hay un contacto, por leve que sea, incluso a veces imperceptible, las personas que lo han recibido consideran más amables a las que lo han realizado. Revelador. Este leve roce aumenta la sensación de confianza, de calidez y de proximidad. Otros estudios muestran que tenemos más capacidad de influir sobre una persona a la que tocamos el codo cuando hablamos.

Podemos decir que, en general, el efecto del tacto en las relaciones sociales es positivo, pues aumenta la sensación de cercanía afectiva entre dos personas o un grupo. Por esto es una de las estrategias de seducción más utilizadas: si consigo que la persona deseada me acepte un roce o una disimulada caricia, estamos reduciendo el área de nuestras burbujas personales y nos convertimos en cómplices de una relación que todavía no se ha explicitado verbalmente.

En muchas ocasiones el tacto infunde confianza. Por ejemplo, en las relaciones maestro-alumno o entrenador-deportista.

- Apoyar la mano en el hombro del alumno que se está esforzando en una tarea puede dar ánimo y confianza.
- Un abrazo al final de un partido puede ser de consuelo o de celebración, según el resultado del marcador.

En la relación médico-paciente, el médico puede animar al paciente o asegurarle que todo irá bien, o consolar a la familia después de una mala noticia.

Un jefe puede apoyar a un subordinado, animarlo o felicitarlo a base de un gesto de contacto. El tipo de tacto tendrá que adaptarse al sexo de la persona subordinada, pues no puede ser confundido con una insinuación sexual, acoso o abuso de poder. Pero bien ejercido en el momento adecuado puede tener efectos muy positivos en la relación.

### ¿Quién toca a quién?

En el ámbito del tacto entre desconocidos o fuera del círculo familiar tenemos que ser extremadamente cautelosos. Este es el caso de las relaciones profesionales, donde este lenguaje no siempre actúa bidireccionalmente. Por ejemplo, el primero de estas parejas puede tocar al segundo pero no viceversa:

- El médico al paciente.
- El sastre al cliente.
- El peluquero al cliente.
- El profesor al alumno.
- El jefe al subordinado.

Yo no puedo tocar a mi peluquero ni a mi médico. Mis alumnos no pueden tocarme a mí y no se me ocurriría tomarme la licencia de darle una palmadita a mi superior.

Hace unos años tuve la oportunidad de impartir unos cursos de comunicación y liderazgo a un colectivo de empresarios que habían organizado unas jornadas de formación y asueto a bordo de un crucero. El crucero, una ciudad flotante, alojaba a tres mil pasajeros, gran parte de los cuales embarcamos en Barcelona. Para realizar el embarque de forma organizada y rápida estaban abiertas todas las taquillas, más de veinte, y en todas había una administrativa de la compañía, con su uniforme y su sonrisa. Me llamó la atención que apareciera un empleado varón y sin uniforme que pasó por detrás de cada una de ellas, al parecer dando alguna instrucción. No pude oír el mensaje. Se ponía a la altura de su oreja izquierda y les decía algo al oído mientras les rodeaba el tronco con el brazo derecho. ¿Estaba utilizando este gesto para motivarlas y mostrarles su apoyo? ¿Deseaba mostrar su rango?

El gesto de rodear la cintura o el tronco está un paso más allá de la relación estrictamente profesional, está a un nivel medio del proceso de acercamiento sexual. ¿Es que este señor practica la seducción en el trabajo? Puede ser. ¿Por qué no? En cualquier caso y sin menospreciar esta posibilidad, estaba dando un mensaje de poder y de rango. Entre otras cosas porque lo hacía delante de los clientes, cosa que impedía que las empleadas pudieran tener un gesto de rechazo y porque así daba a entender que no hacía nada que no pudiera hacerse. Ante ellas y ante todos los que miraban en aquel momento, estaba demostrando quién era el gallo del corral y cómo tenía dominadas a sus gallinitas.

Tener la posibilidad de tocar o de acercarte a otro es signo de poder. Una situación en sentido contrario es la que se puede ver hoy en día en muchas escuelas. Nuestra cultura nos dice que, especialmente si hay una importante diferencia de edad (escuelas de primaria y secundaria), el respeto que se le debe al profesor se manifiesta entre otras cosas porque no nos acercamos demasiado y no le tocamos. En la actualidad y en muchos centros educativos se han relajado mucho los hábitos de trato y no resulta extraño ver una relación de aparente camaradería en que el tacto se ejerce recíprocamente. Aunque, en un principio, esta conducta puede parecer beneficiosa, yo estoy convencida de que se trata de un exceso de familiaridad que desdibuja los límites del rol de autoridad que debe ejercer el maestro. Creo que, si tuviéramos en cuenta el significado que lleva implícito cada gesto, comprenderíamos el poder que tienen el tacto y los demás códigos no verbales en la construcción de las relaciones. En este caso, el profesor debería manejar este lenguaje y transmitir las referencias necesarias para la educación del niño o adolescente. Las relaciones serían más claras y el profesor sería una figura mucho más respetada de lo que es actualmente.

Se dan situaciones especiales, sin embargo, donde desconocidos o personas que normalmente no se tocan se comportan con un tacto de relación próxima o íntima, de manera consciente y voluntaria:

- **Una situación de excitación:** un concierto de rock donde la excitación es elevada, una celebración espontánea porque nuestro equipo de fútbol ha ganado o ha tocado la lotería de Navidad en el barrio.
- **Una situación de duelo:** consolamos a alguien que ha perdido a un ser querido con un abrazo, un apretón de manos cálido y prolongado. Consolamos a alguien que ha recibido una mala noticia. Por ejemplo, cuando un compañero de trabajo ha sido reprendido injustamente, podemos hacerle una presión en el brazo, o en el antebrazo si estamos sentados.

## El tacto con efectos negativos

El tacto resulta desagradable si no es bien recibido. Es negativo cuando se percibe como una invasión del espacio personal, un exceso de confianza, un abuso de poder, una aproximación sexual no deseada, un gesto no adecuado a la situación pública, etc.

¿Cuántas veces te has sentido molesto por la excesiva proximidad de una persona? Si además ha osado ponerte un dedo encima, habrás activado todos tus mecanismos de defensa para protegerte de tal intromisión. Ha osado tocarte sin tu permiso y, aunque por cortesía o por sumisión no le respondas con un puñetazo, o dejándolo plantado, adoptarás una actitud de resignación cortés mientras esperas que pase el temporal y buscarás las formas más disimuladas de evitar que te siga tocando.

Evidentemente, cuando el toqueteo lleva una intención sexual, si el deseo no es compartido, se convierte automáticamente en abuso. Por ello tenemos que extremar las precauciones al iniciar un juego de seducción y, antes de entrar en el nivel de acercamiento físico, deberemos buscar otro tipo de señales que nos permitan saber si tenemos posibilidades de ser bien aceptados o todo lo contrario. Por otro lado, la víctima de un comportamiento abusivo tendrá que escoger entre simular que no se da cuenta, huir o responder.

Espero que sepas qué es lo que más te conviene en cada momento. Pero yo que tú me entrenaría para reaccionar con firmeza y poner en su sitio a ese (o esa) invasor. Tú puedes frenar este comportamiento con tu respuesta no verbal desde el primer momento. Si le dejas avanzar en el primer intento, te será mucho más difícil mantenerlo a raya. Estamos hablando de situaciones en un contexto profesional, social o familiar «normal». Cuando la agresión es por parte de un desconocido y con violencia, ya estamos fuera del comportamiento social «normal». No tratamos aquí los comportamientos patológicos, pues escapan a toda lógica y pauta habitual de conducta.

Por otro lado, es importante saber distinguir los acercamientos con intención sexual de los meramente sociales. En el capítulo dedicado a la seducción sexual tienes una descripción de los comportamientos más habituales en el ritual de la seducción que te puede ayudar a identificarlos.

Los gestos que más molestan son:

- Que te pongan el dedo acusador en el pecho.
- Que al hablar te toquen el hombro o el brazo con el revés de la mano.
- Que te vayan cogiendo del brazo al hablar.
- Que te den toquecitos en el muslo o la rodilla al estar sentado.
- A los niños y adolescentes los puede humillar que les pellizquen la mejilla. A los adultos también: podría hacértelo tu madre todavía y lo recibirías bien. ¿Te imaginas que te lo hiciera tu jefe? ¿O un compañero de trabajo?
- El beso de madre que rechazan los adolescentes si están ante sus amigos y que, en cambio, buscan en la intimidad del hogar para volver a sentirse niños.
- Y especialmente los gestos que percibimos como falsos: caricias frías, besos obligados, gestos automáticos, tacto calculado para conseguir algo de nosotros o la intención de dar una imagen determinada por parte de quien lo hace.

## Diferencia entre sexos

Los hombres y las mujeres se tocan entre ellos de forma diferente. Cada sexo tiene un código propio para tocar a una persona del mismo sexo o de otro.

Algunos estudios revelan que las mujeres entre ellas se tocan con más frecuencia que los hombres entre ellos. El tipo de gesto es más suave y delicado: besos en las mejillas, caricias, coger del brazo o el antebrazo, coger la mano, rodear la cintura o la espalda con el brazo, dar una palmadita en la rodilla o en el muslo cuando están sentadas de lado o en ángulo. Caminan muy juntas con roce de brazos o cogidas del brazo.

Los hombres heterosexuales, cuando se tocan, lo hacen evidenciando que no se trata de caricias con intención sexual sino de compañerismo varonil, igual que hacían cuando niños o igual que juegan los leones. Simulación de lucha, puñetazos de broma, empujones, palmadas fuertes en la espalda, choques de palmas.

## Los saludos formales con contacto físico

Cuando hablamos de saludos estamos hablando también de protocolo y buenas maneras. Cada sociedad tiene sus formas propias de saludar y es importante conocer las costumbres de cada lugar. Entre los saludos de contacto del ámbito profesional y social, tienen una especial relevancia el apretón de manos y el «beso social».

### El apretón de manos

El saludo formal más extendido en Occidente y especialmente en el mundo de los negocios es el apretón de manos.

Parece que en su origen era una forma de demostrar que la mano derecha no empuñaba ningún arma y, por lo tanto, era una señal de buena voluntad.

En la tradición más reciente, ha sido una forma de confirmar un acuerdo, de cerrar un trato y comprometerse a cumplirlo. En el mundo rural, por ejemplo, es más utilizado para sellar un acuerdo que para saludarse. Hasta hace muy poco no se necesitaban contratos escritos para tratos comerciales de alto valor. Bastaba con el compromiso verbal sellado por el apretón. Hoy todavía tiene este valor y un apretón de manos ayuda a escenificar acuerdos entre políticos, empresarios o particulares que han realizado una transacción importante.

En nuestro día a día profesional, el apretón de manos es una forma de saludo habitual entre personas conocidas y en el momento de la presentación.

### *¿Qué expresa un apretón de manos?*

La forma de dar la mano dará mucha información sobre ti a tu interlocutor y podrás utilizar este paso clave del ritual para influir en la relación.

Tanto si es un primer encuentro como si ya conoces a la otra persona, tienes que cuidar escrupulosamente este momento. Forma parte de la primera impresión. Después de impresionar su retina con tu aspecto y tus movimientos, viene el momento de confirmar su percepción inicial. Confirmarás lo que le ha dicho su intuición o le sorprenderás. Quizá te has vestido escrupulosamente para la ocasión, pero a la hora de la verdad te suda la mano o no aprietas con suficiente energía: te habías vestido como ganador y saludas como perdedor.

O puede suceder lo contrario. Tienes un aspecto frágil, tímido y eres casi invisible, pero al saludar das un apretón de manos digno de un jefe de estado. Felicidades, has sorprendido al otro y has subido de golpe cinco puntos en su escala de poder. A partir de ahora te tomará más en consideración y percibirá otras señales positivas en tu comunicación.

*Mensajes agradables a través del apretón, con efectos positivos*

- Tender la mano firme (no rígida), enérgica, que transmite esta idea de «tengo energía para todo».
- El tacto cálido, suave y seco de la palma de la mano.
- Ofrecer la mano en posición vertical para que encaje bien con la del otro, sin voluntad de dominar. Tampoco en señal de sumisión, presentando la palma hacia arriba.
- Sonreír y mantener el contacto visual durante el saludo.
- Que el contacto no sea excesivamente prolongado ni excesivamente rápido.

*Mensajes desagradables, con efectos negativos*

- Tender una mano débil, frágil y átona, sin energía. Una especie de trapo sin vida, que no despertará muchas expectativas acerca de nuestra posible capacidad de acción.
- El tacto frío o sudoroso. Aunque puede ser debido a las bajas temperaturas o a una mala regulación de las glándulas sudoríparas (hiperhidrosis palmar), nuestro interlocutor lo puede atribuir al miedo, al nerviosismo o a cualquier otra causa emocional. Sea cual sea el motivo, el apretón no ayudará a la conexión personal.
- Intentar dominar la situación a base de poner la mano horizontalmente sobre la del otro.
- Agarrar la mano del otro y no soltarla, sacudiéndola repetidamente.
- Utilizar una mano de acero y apretujar los dedos del otro. Un exceso de fuerza se percibe como un intento de dominio o como un comportamiento un poco bruto.

- Apartar muy rápidamente la mano, como si nos hubiéramos quemado.
- Ofrecer solo la punta de los dedos, o la mano blanda como si esperáramos un besamanos (que, por cierto, ya no se estila).
- Rehuir la mirada mientras saludamos.

A través del tacto y de todos los elementos que intervienen en este momento de comunicación estás expresando:

- Actitud hacia el acto que se va a desarrollar.
- Actitud hacia la persona.
- Estado de ánimo.
- Personalidad.
- Educación.

Algunos tipos de apretones de manos, practicados frecuentemente por hombres en el sector de los negocios y de la política, pueden ser armas de doble filo. Por una parte, pueden indicar cercanía y voluntad de acuerdo por parte de quien lo realiza. Quizá quieren fomentar una actitud positiva. Pero, a veces, pueden ser percibidos como una muestra de invasión del espacio personal y una excesiva muestra de poder y superioridad. Entonces molestan. Uno de los más frecuentes es el doble apretón de manos, que se hace poniendo la mano izquierda sobre la mano derecha de la persona que estamos saludando. En las imágenes siguientes puedes ver cuatro variaciones más de este saludo. Todos deben practicarse con cautela y solo si mantenemos con esta persona una cierta relación de intimidad o somos claramente sus superiores jerárquicamente.

Figura 23. Agarrar por la muñeca.

Figura 24. Agarrar por el codo.

Figura 25. Agarrar por la parte superior del brazo.

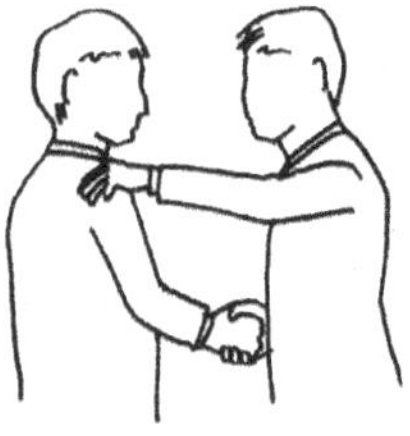

Figura 26. Agarrar por el hombro.

Consejos:

- **El sudor en la mano** puede ser indicador de tu miedo y tu nerviosismo. Aparte de resultar desagradable al tacto, causarás impresión de debilidad. Antes de entrar a una reunión sécate las manos con un pañuelo, pasa por el baño y sécalas con aire caliente o una toalla o frótalas discretamente con el pantalón.
- **Contra el frío**, te recomiendo que lleves guantes siempre en invierno, que las frotes antes de hacer tu aparición, o que las calientes en el baño con agua o aire caliente. Eso sí, quítate siempre los guantes para saludar.
- **Acerca la mano siempre verticalmente** y «encaja» tus cuatro dedos con los suyos, hasta el fondo. No te quedes a medio camino. La sensación por parte de ambos tiene que ser la de «encaje» firme y de equilibrio de fuerzas.

Por lo que respecta al uso de este saludo que hacen hombres y mujeres, cabe resaltar que también es un saludo extendido entre las mujeres profesionales. Según el protocolo ampliamente aceptado en nuestro país, las mujeres entre ellas o con los varones se saludan también con un apretón de manos y no con dos besos. La costumbre de besarse se reserva al ámbito familiar o social.

En todo caso, es conveniente recordar que, según las pautas del protocolo, es la mujer la que decide el tipo de saludo y se adelanta con el ademán correspondiente. El hombre se adapta a la voluntad de la mujer. Si siguen estas pautas de buena educación, los hombres se abstendrán de acercarse a una mujer para plantarle dos besos si ella no toma la iniciativa.

Mi recomendación para las mujeres profesionales es que utilicen por norma el apretón de manos. De esta forma se igualan a sus compañeros masculinos y tienen la oportunidad de transmitir a través de la mano toda la decisión, la firmeza y la autoridad que poseen. Es un importante mensaje que emiten desde el principio de la relación y les garantiza una actitud de respeto y valoración profesional por parte de los demás. Ten en cuenta que el beso está asociado a las relaciones familiares y sociales, y que está más ligado al comportamiento femenino que masculino. Los valores asociados al beso son de cortesía, amabilidad, dulzura, ternura y cariño. Los relativos al apretón: acuerdo, compromiso, profesionalidad, poder, confianza.

---

**Si eres mujer, adelanta tú la mano antes de que se inclinen para besarte. Mantente en posición vertical y no adelantes la cabeza. Estrecha con decisión y firmeza la mano del otro, sea hombre o mujer. Sonríe y mira a los ojos para no dar sensación de altivez. Seguridad sí, arrogancia no.**

---

A tener en cuenta: si te encuentras con una persona que no tiene la mano derecha o tiene una prótesis, actúa con naturalidad. Lo más probable es que ella te ofrezca la mano izquierda, entonces estréchasela. Si no tiene o no puede mover ninguna de las dos, puedes ponerle la mano en el hombro mientras saludas y sonríes o abrazarla suavemente.

### *El beso social*

A pesar de lo dicho, es bastante generalizada la costumbre de saludar a compañeras, colegas, clientas, jefas, etc., con un par de besos. Esto sucede entre dos mujeres y entre un hombre y una mujer.

Con todo lo que hemos visto en este capítulo, podemos valorar esta costumbre como una práctica de riesgo. El contacto en la mejilla supone un acercamiento mucho más íntimo (entramos en el espacio de la otra persona). Tocamos la piel del rostro, algo reservado solamente a la pareja y familiares muy próximos. Muchas personas son reacias a este tipo de contacto, pero lo aceptan a desgana como una imposición social o por no ser descortés con el que inicia este saludo. Si es la mujer la que inicia el saludo hacia un hombre, este aceptará por cortesía, pero puede resultarle desagradable o puede entenderlo incluso como un atrevimiento por parte de la mujer.

En cualquier caso, si la situación se relaja, aumenta la confianza y optamos por este tipo de saludo, debemos saber que, según las pautas de buena educación, no se besa realmente, sino que se acercan las mejillas, que apenas se rozan. Así evitamos choques con las gafas, estropear el maquillaje, manchar la mejilla del otro o intercambiar sudor en un día caluroso. **Los labios no deben tocar la piel del otro.** Y nos abstendremos de hacer el sonido del beso («muacs, muacs»).

## El tacto en la familia y en la relación de pareja: el lazo que nos une

Cada familia tiene sus hábitos en cuanto al contacto físico. Hay familias que apenas se tocan y otras donde se muestra afecto permanentemente a base de abrazos, besos, caricias o juegos. Sabemos que el tacto «piel con piel» produce efectos beneficiosos en la persona que lo recibe y además refuerza la relación. El tacto frecuente produce bienestar físico y psicológico, estrecha lazos, genera confianza. Bien administrado, calma, rebaja los niveles de ansiedad y estrés y alimenta la autoestima. Imagínate el poder que tienen, pues, los besos, las caricias y los abrazos en el seno de una familia, entre todos sus miembros.

Besar y abrazar a un ser humano significa transmitirle el amor que sientes por él y hacer que se sienta merecedor de ese amor. La distancia y la frialdad que conlleva la ausencia de tacto transmiten todo lo contrario, y esto afecta especialmente a los dos colectivos más vulnerables: los niños y los ancianos.

---

**Un niño que no recibe muestras físicas de afecto crecerá con la sensación de que no las merece.**

---

Difícilmente podrá sentirse valioso para sus padres si no recibe de ellos estas muestras de cariño. El psicólogo y psiquiatra infantil L. Folch i Camarasa decía que el niño sabe qué representa para su padre, cuánto le quiere su padre, por la forma que tiene de agarrarlo de la mano cuando van por la calle. Así, incluso en silencio, el niño recibe toda la fuerza del amor (o la indiferencia) de su progenitor.

Para la felicidad son necesarias muy pocas cosas materiales. Podemos vivir sin lujos y sin muchos de los objetos que se pueden comprar con dinero. Pero no podemos vivir en plenitud sin recibir cariño. Y los niños, en pleno proceso de crecimiento físico y psicológico, necesitan más unos revolcones de domingo en la cama de sus padres que muchos otros regalos.

---

**No seas tacaño con los besos. Las caricias y los besos no se acaban nunca, no se gastan, no cuestan dinero y producen placer a quien los da y a quien los recibe. Si eres hombre, no dudes en practicar achuchones, besos, abrazos, palmadas, con la fuerza o con la dulzura que requiere cada ocasión. Rompe la tradición, de la que quizá has sido víctima, en que los varones reprimían las muestras de ternura hacia sus hijos.**

---

Hay muchas formas de transmitir afecto a través del tacto: están los momentos especiales de felicitación, de apoyo en un momento difícil o de recepción y despedida. Pero no siempre tiene que haber una razón. La razón es la mayoría de las veces **«porque nos apetece»**, **«porque queremos y porque *nos* queremos»**. Siempre viene bien. Y si alguna vez somos inoportunos, no lo tomemos a mal. Nos retiramos prudentemente y aguardamos un mejor momento.

El tacto está integrado en la mayoría de los rituales de la relación familiar: el beso de buenos días y buenas noches, el beso al salir de casa o al llegar son un ejemplo. Estas costumbres parecen solo rutinas y a veces realizamos estos gestos casi mecánicamente, pero nos damos cuenta de lo importantes que son cuando nos faltan. Nos duele habernos marchado sin dar un beso a nuestra pareja o a nuestros hijos. A veces mostramos nuestro enojo con alguien precisamente negándole este contacto. Si rompes este lazo te será más difícil volver a acercarte.

Cuando rechazamos una caricia o un beso o nos negamos a recibirlos estamos alzando una barrera física y emocional. Puedes mostrar igualmente tu disgusto verbalmente, con tu semblante y tu tono de voz, pero demuéstrale al otro que, a pesar del desacuerdo, de la travesura que ha hecho o de los malos resultados académicos, le sigues queriendo mucho y que como persona sigue siendo merecedor de tu amor. Así no separas sino que unes. No dejes que nadie en tu casa se acueste sin su dosis de cariño: el beso en la cama, acariciar el pelo, un masaje en la espalda relajan, alimentan la sensación de confianza y aumentan la autoestima. Si tu hijo piensa que puede perder tu afecto, será difícil que confíe en ti para contarte sus dudas, problemas o fracasos.

Si tienes hijos preadolescentes o adolescentes, notarás que empiezan a distanciarse de ti, que a veces rechazan carantoñas, especialmente delante de extraños o de sus amigos; que a veces se olvidan de darte un beso al marcharse. Mi consejo es que, sin presionarlos, no lo pases por alto. Si no se acercan ellos, hazlo tú. No permitas que se rompa ese vínculo. Tienen que ser cada vez más autónomos, pero esto no quiere decir que no necesiten sentir igualmente tu apoyo y el calor de la familia. Ante cualquier dificultad que, sin duda, encontrarán, necesitarán buscar refugio y confianza. Y será más fácil encontrarlos en el seno de la familia si no se ha interrumpido el flujo de la comunicación y de la ternura.

Sabemos por los medios de comunicación, y quizá por algún caso próximo, que los niños son un colectivo vulnerable ante el descuido y el maltrato de los padres. La violencia física, un uso cruel del sentido del tacto, inflige daños físicos y psicológicos al no respetar ni la integridad ni el espacio del otro. Pero no hace falta llegar a la violencia para maltratar a un niño. La indiferencia también es una forma de maltrato.

Y esta indiferencia también se practica con los ancianos, a los que nuestra sociedad aparta en residencias y aleja de la vida familiar. Incluso permaneciendo en casa, muchas veces olvidamos que están ahí. Es fundamental para el bienestar emocional del anciano que se mantenga esta relación física, que a veces es el único estímulo positivo que pueden recibir si han perdido algunas de sus facultades principales.

En cuanto a la relación de pareja, es difícil mantener la pasión y unas relaciones sexuales placenteras para ambos si desaparece el tacto durante el resto del día. Cuerpo y mente deben estar preparados para las caricias más íntimas. Se puede y se debe mantener el calor de la relación las veinticuatro horas del día. A nadie le resulta agradable pensar que es solo un juguete sexual y que no despierta ternura, afecto o deseo fuera de esos momentos.

## LA IMPORTANCIA DEL ASPECTO PERSONAL EN LAS RELACIONES

En un primer contacto, la valoración sobre la otra persona es inmediata. Nos puede parecer precipitado, superficial o injusto. Pero es así y hay motivos para que sea así. Por un mero instinto de supervivencia heredado de nuestros antepasados, tenemos que decidir en décimas de segundo si esa persona representa una amenaza para nosotros o nos inspira suficiente confianza como para permanecer cerca de ella o para entablar una conversación.

La intuición nos lleva a juzgar a alguien sin tener que pasar por el proceso de investigar, analizar y razonar. Esto sería demasiado costoso y, si realmente la persona fuera una amenaza, nuestra lentitud de razonamiento no nos daría tiempo de huir, de protegernos o de defendernos. Aunque normalmente las personas que encontramos a lo largo del día no tienen ninguna intención de atacarnos (por lo menos, físicamente), conservamos el mismo instinto evaluador. Aplicado este primer filtro, por educación o por la necesidad de empatizar con los demás, debemos disimular muchas de nuestras reacciones impulsivas.

Si el aspecto es crucial en las relaciones es porque juzgamos a las personas en primer lugar por su apariencia y casi al mismo tiempo por sus movimientos y gestos. Hay situaciones en que la palabra no interviene o aparece mucho más tarde que la imagen, por lo que juzgamos solo por el aspecto. También hay muchas ocasiones en que la persona no se mueve o vemos una fotografía y, en cambio, nos atrevemos a decir muchas cosas de ella, incluso a juzgarla sin saber nada de su vida ni de su personalidad. Podemos deducir su profesión, su ideología o su nivel adquisitivo.

---

**Normalmente, en un encuentro presencial, los primeros mensajes que enviamos y recibimos son a través de la apariencia.**

---

La **imagen global** que percibimos de una persona es el resultado de la interacción de:

1. **Cómo es físicamente:** rasgos no electivos.
2. **Cómo se ve a sí misma:** su autoimagen.
3. **Cómo se relaciona con el entorno:** adaptación, rebeldía, ambición, empatía, visibilidad, discreción, camuflaje, etc.
4. **Cómo valoramos nosotros como receptores la información recibida:** cada receptor tiene su propio criterio.

El punto 4 constituye una variable sobre la que un individuo puede influir, en parte, a través de los puntos 2 y 3, pero no con una eficacia del cien por cien. Los criterios estéticos, la ideología, los conocimientos, los deseos o las pautas culturales del receptor (por poner solo unos ejemplos) serán decisivos a la hora de la valoración. Por lo tanto, si se conocen el público o individuos sobre quienes se desea influir, se pueden aprovechar las posibilidades comprendidas en el punto 3, en función del 1 y el 2, y establecer una estrategia adecuada de comunicación.

Te sonarán expresiones juzgadoras del tipo: «Es un pordiosero», «era una buscona», «es un chulopiscinas», «es un *gentleman*», «es toda una señora», etc. Estos adjetivos son una etiqueta que colgamos al individuo en cuestión, y son el resultado de una valoración instantánea basada solamente en el aspecto de la persona. Si, además, la oímos hablar y vemos sus movimientos, la visión será mucho más completa y en un instante «estaremos seguros» de cómo es o bien reformularemos nuestro juicio. A veces nos veremos capaces de predecir su forma de actuar, aunque posiblemente tengamos altas probabilidades de equivocarnos.

La apariencia es una fuente de información que vamos intercambiando entre todos. En primer lugar, los rasgos físicos indican la raza, el sexo, la salud, el estilo de vida, la dieta, incluso la profesión. El atuendo habla de la procedencia geográfica, cultural y social, permite conocer rasgos de personalidad (alegre, jovial, taciturna, atrevida, discreta, extravagante, etc.), estatus social, poder adquisitivo, profesión, ideología o disponibilidad sexual, entre otros muchos atributos.

A través de nuestra apariencia nos expresamos: es nuestra carta de presentación. E intervenimos así en el entorno provocando unas (y no otras) reacciones en los demás. En la medida en que podemos escoger nuestro aspecto, estamos interviniendo premeditadamente en la percepción de quien nos ve y en la relación que podemos establecer con él.

En el siguiente cuadro podemos ver gráficamente este proceso de comunicación tan poderoso y, al mismo tiempo, tan inevitable.

**IDENTIDAD**
- Constituida por los rasgos: edad, sexo, raza, altura, complexión, rostro, etcétera.

**IMAGEN**
- Constituida por la suma de los rasgos: no electivos y electivos como la ropa, peinado, complementos, maquillaje, intervenciones sobre rasgos no electivos, etc.

**PERCEPCIÓN**
- El interlocutor recibe estos mensajes a través de la vista y, con frecuencia, del olfato.

**JUICIO**
- El interlocutor emite instintivamente un juicio sobre la persona observada según sus creencias, experiencias, criterios estéticos, valores, estatus, profesión, etc.

**ACTITUD**
- El interlocutor actúa según el juicio emitido: se aleja o se acerca, confía o se pone a la defensiva, admira o rechaza, siente indiferencia o se siente terriblemente atraído, etc.

Nadie está libre de prejuicios. ¡Es imposible! Porque tenemos almacenada una gran cantidad de información en nuestro cerebro procedente de experiencias pasadas, de la tradición cultural o de los medios de comunicación. No los podemos evitar ni menospreciar a la ligera, porque esta información acumulada es precisamente lo que nos permite activar nuestra intuición y reaccionar al instante en caso de peligro.

Es raro el curso sobre comunicación no verbal o técnicas de persuasión en que no surja el debate sobre este tema. Aunque la mayoría de personas reconoce que el aspecto es crucial en la primera impresión y uno de los fundamentos del éxito en todos los ámbitos de la vida, siempre hay algún alma rebelde que se resiste a admitir la importancia de un buen aspecto para tener relaciones más empáticas y duraderas.

De hecho, cuando alguien afirma valorar a las personas «por lo que son», y no «por su aspecto», entra en contradicción, pues **el aspecto es una parte de la persona; la persona es lo que es y cómo es por sus características físicas y por el atuendo con el que decide**

**aparecer ante el mundo**. Quien no conoce la importancia de la comunicación no verbal e infravalora la incidencia del aspecto en las relaciones pierde una importante capacidad de influencia en el entorno.

Por otra parte, el que dice no interesarse por su aspecto (y lo lleva de verdad a la práctica) está dando una información muy valiosa al mundo: «No me importa mi aspecto, no me importa lo que pienses de mí». O «no quiero someterme a ninguna regla social que me imponga una apariencia».

Igual que en otros aspectos de la comunicación, también en este **es imposible no comunicar**: incluso si decidiéramos ir desnudos para evitar toda información sobre nosotros, también estaríamos comunicando algo. Los que se resisten a vivir según los convencionalismos sociales, cumplir con la etiqueta o someterse a los dictados de la moda reniegan de unos corsés, pero suelen caer en otros y quedan atrapados en una telaraña de otro estilo: alternativo, antisistema o cualquier otra de las tendencias que rijan en su entorno.

Si tenemos en cuenta, pues, que no nos podemos librar de esta «ley de la comunicación», lo mejor será que decidamos nosotros cuál es la información que queremos transmitir y cuál no. Se puede comunicar activamente, pero también se comunica por pasiva. Así que tú eliges. Si lo haces por pasiva, no podrás reprochar a los demás que tengan la imagen que reciben de ti. Si, en cambio, quieres controlar tu propia imagen, tienes en tus manos un rico código de señales para transmitir identidad, actitudes y valores.

Nuestra imagen es el resultado de combinar rasgos electivos y rasgos no electivos.

- **Rasgos electivos.** Son características de mi aspecto que yo puedo modificar, como la ropa, los complementos. Sobre otros tenemos una cierta capacidad de influencia, como variar el color del pelo o el peinado, broncearnos la piel, hacer la manicura, engordar o adelgazar, cuidar de nuestra dentadura, etc.

- **Rasgos no electivos.** Son características físicas que no puedo elegir ni cambiar, como la edad, la raza, el sexo, las facciones del rostro, la altura, la complexión física, etc. Algunos de ellos actualmente se pueden convertir en electivos gracias a tratamientos cosméticos y cirugía estética.

## El poder de la belleza

Las personas más atractivas suelen ser juzgadas más favorablemente y se les atribuye más éxito profesional, más capacidad intelectual, más poder adquisitivo, sexualidad y capacidad de persuasión. En una primera impresión suelen obtener más credibilidad. Fíjate en la importancia que este rasgo tiene en muchas profesiones que centran la actividad en la capacidad de persuadir a los demás: comerciales, políticos, relaciones públicas, periodistas de televisión, entre otras muchas.

Que los seres atractivos son más deseables sexualmente lo sabemos todos. Y que las mujeres bellas tienen muchas más posibilidades de elegir pareja es otra evidencia que no se le escapa a nadie. Los numerosos estudios realizados sobre grupos de personas de distintas razas, edades y nivel social confirman lo que ya intuíamos y nos confirman también que:

- La atracción interpersonal es mayor entre personas atractivas, independientemente del sexo.
- El atractivo físico es uno de los factores fundamentales en la elección de pareja, especialmente para el hombre.
- Las mujeres valoran positivamente a las mujeres bellas. Y los hombres actúan igual con los hombres.

*La hipótesis del emparejamiento de Walster*

Según este investigador, todos los humanos escogeríamos a la persona más atractiva disponible de nuestro entorno, pero el miedo al rechazo nos hace rebajar las aspiraciones en función del atractivo propio y la autoestima. Si se tiene una elevada autoestima, no solo irradiaremos una serie de valores positivos, como optimismo, seguridad, audacia, etc., sino que además minimizaremos las consecuencias emocionales de un posible rechazo. Esta hipótesis explica que la mayoría de las personas busquen parejas de atractivo similar. Y, cuando en una pareja hay una importante diferencia en el atractivo, podemos entender que el de menos cualidades compensa la falta de belleza con otros activos socialmente deseables, como dinero, poder o prestigio intelectual. Nicolás Sarkozy y Carla Bruni son un buen ejemplo. Puedes mirar a tu alrededor y comprobar esta teoría. Cuando ves a una mujer no muy atractiva con un hombre muy atractivo es muy probable que (descartado el factor dinero) se trate de una mujer con gran personalidad y autoestima, lo que le ha permitido no autocensurarse en la elección de la pareja que le ha gustado y de desplegar toda su capacidad de seducción con su carisma personal.

## Pero ¿qué es la belleza?

¿Dirías que la belleza de una persona es un rasgo electivo o no electivo? En principio es no electivo. La naturaleza favorece más a unas personas que a otras con la gracia de un rostro armónico, un cuerpo proporcionado y una piel tersa y luminosa.

La belleza es uno de los factores que condicionan la impresión que causamos en los demás. Obvio, me dirás. Por supuesto, una persona bella resulta más agradable a la vista. Esto es evidente y universal. Pero deberíamos ponernos de acuerdo aquí en qué es la belleza. ¿Dónde está la belleza? Según los estudios que se han hecho sobre el atractivo de los humanos, sabemos que la belleza está en las proporciones, en las formas y especialmente en la simetría del rostro. La juventud es uno de los vectores más importantes de la belleza, pues es el síntoma de la capacidad de procrear y constituye un atractivo para el emparejamiento.

Cada cultura, además, tiene sus propios patrones de belleza, no solo en función de la raza, sino también de las modas de cada época. La delgadez, el color de la piel, el grosor de los labios, el tamaño de los senos o de los pies femeninos, el largo de cabello en los hombres son solo algunos ejemplos de cómo puede variar el criterio estético según los estereotipos del momento. Y estos patrones imperantes condicionarán nuestra percepción de la belleza, de cómo queremos aparecer ante el mundo y de lo que nos gusta en los demás. Es difícil escapar a esta influencia si somos seres socializados.

Sea por razones biológicas o por patrones culturales, la belleza influye en nuestras vidas aunque no lo consideremos justo ni ético. Hay estudios que demuestran que las madres acarician más a sus hijos más bonitos, y en una escuela, los alumnos menos favorecidos físicamente tienen más probabilidades de ser castigados.

Está claro que en muchas profesiones el atractivo es fundamental para superar una selección de personal (y no solo para trabajar como modelo). De hecho, cualquier persona tiene más posibilidades de ser atendida, recibida o aceptada si es bella, sea hombre o mujer. Aunque en el caso de las mujeres el nivel de exigencia es mucho más alto socialmente, ni siquiera se limita a determinados trabajos.

Como la visión de alguien bello produce un innegable placer (a no ser que nos coma la envidia), estamos dispuestos a recibir visitas de personas atractivas y a escucharlas durante mucho más tiempo. En general son evaluadas con más benevolencia. Podemos afirmar que el atractivo abre puertas.

¿Esto quiere decir que los feos no tienen posibilidades? ¿Tenemos que lanzarnos inmediatamente a la búsqueda de la mejor clínica estética? Nada de eso. Es cierto que hay personas más bellas que otras, pero **la fealdad o la belleza están sobre todo en la actitud**. Estarás de acuerdo conmigo en que hay personas que quieren ser feas. No solo no cuidan su apariencia para estar más guapas sino que hacen todo lo posible para pasar totalmente desapercibidas o incluso para no resultar agradables a los ojos de los demás. Parece extraño, pero estas personas tienen poderosas (y muchas veces inconscientes) razones psicológicas para maltratarse así. No entraremos ahora en este complejo tema, pero sí veremos cómo, procurando tener un aspecto agradable, nos acercamos mucho más a los objetivos que nos propongamos.

---

**El atractivo físico es la suma de los rasgos de *nuestro cuerpo*, cómo lo *adornamos* y cómo nos *movemos*.**

---

Cuando una persona se cuida y muestra interés por agradar al otro está diciendo: me importa lo que tú opines de mí. Este gesto es una muestra de respeto hacia el otro, que lo percibe y lo valora incluso como un cumplido. ¿Qué pensarían tus invitados si los recibes en zapatillas? Pues lo mismo pasa en el trabajo. Mis clientes pueden pensar que son poco importantes si no tengo en cuenta mi aspecto, el estado del uniforme o de mi ropa. Difícilmente encontraré pareja si no muestro amor por mí mismo y no me preocupa gustar a los demás. Cuando una persona se quiere a sí misma, cuida su aspecto. Uno de los síntomas de la depresión es que el afectado no tiene ánimo para cuidarse, se abandona y no se preocupa por su apariencia.

Una buena combinación de aspectos variables (electivos) e invariables (no electivos) nos puede dar grandes resultados. Los elementos variables pueden ayudar a compensar los invariables. Por ejemplo, a través del vestido puedo neutralizar en parte mi edad si esta me perjudica. A veces, los más jóvenes necesitan parecer mayores y los maduros buscan un aspecto juvenil que los ponga al día en un mundo donde la juventud es un valor prioritario.

Salvo en casos muy necesarios, no hará falta someterse a un sinfín de operaciones quirúrgicas. La naturalidad es uno de los ingredientes del atractivo. Si nos hemos convertido en un muñeco de cartón piedra habremos perdido todo el encanto y, sobre todo, el carisma.

Por otra parte, no caigamos en el error de pensar que siempre funciona. Hay situaciones en que un potente atractivo puede ser contraindicado, pues según los patrones habituales no se considera que para determinados puestos de trabajo la belleza sea una ventaja, sino más bien un inconveniente. Es general, además, la creencia de que las personas muy bellas no son tan competentes como las «normales», y que pueden desencadenar problemas de relación entre los compañeros, con los clientes o en las relaciones verticales (léase con los superiores o subordinados) en la empresa. Asimismo, un exceso de buena imagen (cuerpo de gimnasio, bronceado perfecto, ropa muy cara, complementos de última moda, todo perfectamente estudiado) puede dar la sensación de frivolidad, sugerir la idea de dedicar más horas al aspecto personal que al trabajo, o de presumir de un estatus social o un poder adquisitivo que no se tiene.

En resumen, la buena apariencia utilizada adecuadamente es una de las mejores herramientas de persuasión. No hace falta responder a los cánones de belleza más estrictos. Solo hay que seguir estos consejos:

- Aceptar nuestras características físicas inmodificables.
- Sacar el máximo provecho de nuestro físico a base de ropa, peinados y complementos.
- Movernos con gracia y elegancia.
- Proyectar un aspecto saludable, aseado y coherente con el contexto.

## El poder de la imagen y de la autoimagen

Otro de los efectos de arreglarse es que uno mismo se encuentra también más atractivo. Esto tiene efectos inmediatos sobre la autoestima, mejora el humor, nos vuelve más optimistas y, como consecuencia, estamos más comunicativos. Por lo tanto, el otro percibe no solo a una persona con buen aspecto, sino sobre todo a una persona agradable en el trato, simpática y abierta. En definitiva, un buen socio para lo que sea: un baile, una venta o una aventura.

Tómate tu tiempo cada día para pensar cuál es el mejor atuendo para la actividad que vas a realizar. No es algo baladí, al contrario. El diseño de tu imagen forma parte de tu estrategia de comunicación y es uno de los elementos clave y diferenciador de tu marca personal.

Una autoimagen positiva tiene otros efectos en nuestra proyección personal y profesional. Imagínate que quieres ocupar un puesto de rango superior en tu empresa. No solo deberás demostrar tus aptitudes, sino también tu **actitud** hacia el puesto. Si te vistes de acuerdo con el puesto que quieres ocupar, estás demostrando que te sientes capaz de ejercer este trabajo, que lo deseas y que te sentirás cómodo en él. En este sentido, en determinados sectores y empresas, a veces es necesario invertir en imagen para obtener unos resultados. Es lo que les pasa a gran parte de los jóvenes que acaban sus estudios y se integran al mundo laboral. Si aspiran a un puesto de «ejecutivo» o comercial, por poner dos ejemplos, tendrán que invertir en ropa y quizá también en un buen corte de pelo. Aunque el hábito no hace al monje, **nos sentimos más cómodos en el rol que queremos desempeñar si el traje es el coherente con el personaje**.

Forma parte de las reglas del juego social vestirse y comportarse como lo que a uno le gustaría ser. Con frecuencia esta forma de actuar permite escalar socialmente, pero no siempre obedece a una ambición económica, sino simplemente a la aspiración de un rol determinado. Por ejemplo, el joven que quiere ser percibido como un artista o un creativo puede diseñar su imagen para que los demás le vean así, aunque quizá él preferiría vestir según el estilo de un montañero. El proceso es el mismo en ambos jóvenes: transmitir el mensaje adecuado a través del aspecto para que los demás, especialmente quien tiene que contratarlos, los ubiquen en el puesto de trabajo que desean conseguir.

Si tienes dudas acerca de cómo vestirte en el trabajo o cómo utilizar la indumentaria como herramienta profesional, te aconsejo que consultes un experto en imagen. Según tu físico, tu personalidad, el sector donde trabajas, el entorno social y tus objetivos, te ayudará a diseñar tu imagen. Puedes considerar el dinero que te cuesta como una buena inversión, pues verás los resultados inmediatamente en tu autoestima, y en el corto y medio plazo en tu carrera. Además, el asesor te ayudará en la planificación de las compras según tu presupuesto para que sean más rentables. Si tienes un buen fondo de armario con básicos de calidad y complementos variados, sacarás mucho provecho a tus prendas.

Cuando compres una prenda, especialmente si quieres proyectar una buena imagen en el trabajo, no tengas en cuenta el precio que marca la etiqueta como un valor absoluto, sino que tienes que valorar su coste en relación con las veces que la podrás utilizar. De tal forma que una chaqueta que te cuesta 100 euros y te pones dos veces es cuatro veces más cara que la que te cuesta 300 y te pones veinticuatro veces. Además, a medida que pase el tiempo la segunda se verá de mejor calidad y en buen estado.

## Carisma y originalidad

En la Segunda parte del libro podrás ver cómo la gestión de la imagen es una habilidad clave que dominan las personas carismáticas y seductoras. Aquí solo añadiré algunas cuestiones que me parecen importantes.

Estas personas especiales que aparecen ante nuestros ojos distintas a las demás y que nos resultan muy atractivas tienen la capacidad de mostrar su individualidad, su originalidad con lo que hacen, con lo que dicen y también, con mucha frecuencia, con su estilo en el vestir. Esta parte más superficial de la persona es uno de los ingredientes fundamentales de la marca personal. Al igual que un producto en el lineal del supermercado tiene que resultar atractivo y distinguirse de los productos de la competencia, una persona también puede hacerlo. Algunos lo aplican de forma espontánea y otros necesitan planificarlo.

En general las personas con una fuerte personalidad potencian su «marca» con algún elemento (o un conjunto) diferenciador. La pintora mexicana Frida Kahlo tenía un estilo muy personal, a veces provocador, que la identifica inmediatamente con su obra. En la actualidad muchos artistas, diseñadores y profesionales de todos los ámbitos recurren al diseño de una imagen determinada para ser más fácilmente identificados. Un ejemplo de ello es Lady Gaga, que potencia su imagen con una indumentaria extravagante. Otras personas son más discretas, pero las caracteriza un estilo propio que las identifica.

En este sentido, las marcas de las prendas que nos ponemos tienen un papel relevante, puesto que se han esforzado en delimitar su posicionamiento y en transmitir una serie de valores que las identifican. Cuando nos calzamos unos zapatos A y nos ponemos una camiseta de la marca B con logos o símbolos visibles y hasta ostentosos estamos siendo un vehículo transmisor de los valores de estas marcas. Nos convertimos en sus mensajeros y contribuimos a divulgar los valores y el estilo de vida que predican, aunque no tengan nada que ver con los nuestros. Además, evidentemente, de hacerles publicidad, no gratis sino pagando. Ser un hombre o una mujer anuncio no es nada carismático. Ser esclavo de las últimas tendencias en moda tampoco. Y vestir y arreglarse exactamente igual que los demás miembros de la clase social, sector profesional o ciudad me convierte en algo tan poco estimulante como «uno más».

Hoy en día es difícil quedar al margen de la dinámica de la industria de la moda, de la estética y del marketing. Pero seguro que podemos encontrar el equilibrio justo para cada persona entre la **adaptación al entorno** y la **expresión de nuestra unicidad**. Nos hace falta más educación en este sentido: como consumidores y como ciudadanos deberíamos conocer los mecanismos que nos impulsan a comprar para decidir más conscientemente no solo cómo gastamos nuestro dinero, sino qué imagen queremos ofrecer ante los demás y qué efectos puede tener en nuestras vidas.

# SEGUNDA PARTE

Capítulo 4

# LA COMUNICACIÓN NO VERBAL EN LA VIDA COTIDIANA

En la Primera parte has tomado conciencia de que cualquier movimiento puede ser decisivo en la imagen que proyectamos y en cómo nos relacionamos. Conoces los fundamentos del lenguaje corporal y los puedes observar en ti mismo y en los demás. Ahora pasamos a la acción y veremos cómo las personas más carismáticas y seductoras consiguen atraer a los demás a través de su estilo y presencia. Y no basta aplicarlo en situaciones excepcionales, sino que nos interesa cultivarlo día a día y utilizarlo para cualquier momento en el trabajo, con la familia o los amigos.

## AUMENTA TU PODER RELACIONAL

Todos conocemos personas con una gran facilidad para relacionarse. Vayan donde vayan conectan con los demás sin ningún esfuerzo. Parece que tengan un imán para los contactos personales. De estos encuentros surgen negocios, clientes, amistades, parejas, aventuras. Otros encuentros son simples intercambios socialmente necesarios, relaciones esporádicas pero que dejarán un buen sabor a los interactuantes y las puertas abiertas para ocasiones futuras.

Por una simple razón de capacidad humana es imposible establecer relaciones estrechas y duraderas con todas las personas con las que nos cruzamos. Pero para poder tener algunas relaciones extraordinarias debemos darnos la oportunidad de conectar con mucha gente distinta entre la que podemos encontrar personas especiales. ¿Y dónde está esta gente? Por todas partes: en el trabajo, en la cafetería donde tomas tu desayuno, en el supermercado, en un curso, en la discoteca, en la universidad, entre los familiares que ves solo de vez en cuando, entre los vecinos y entre los miles de desconocidos que ves cada día y a los que podrías dirigir la palabra si te atrevieras.

Muchas veces no nos damos cuenta de que vivimos encerrados en nuestro mundo, de que somos prisioneros de nuestros pensamientos y nuestras preocupaciones. Aunque circulemos por la vida, llevamos puestas unas barreras protectoras que no nos permiten disfrutar de la compañía de los demás, aprender de otras experiencias o ver la realidad desde otro punto de vista.

Algunas personas ni siquiera son conscientes de lo que se pierden. Otras, por timidez o inseguridad, no se atreven a cambiar su forma de relacionarse, aunque les gustaría tener este «don» que ellas creen reservado solo a unos seres afortunados.

He tenido la oportunidad de acompañar profesionalmente a muchas personas en momentos cruciales de su carrera en que se enfrentaban a barreras difíciles de superar: personas de talento con graves dificultades para trabajar en equipo, técnicos con escasa capacidad de relación con un cliente, expertos incapaces de liderar a sus subordinados y de coordinarse con sus homólogos en una empresa.

Las personas que acuden a mi despacho normalmente vienen buscando soluciones a problemas relacionales del ámbito profesional. Quizá se sienten acosados por compañeros o amenazados por superiores, no saben por qué no los promocionan a pesar de conseguir con creces los objetivos marcados, sienten que no tienen autoridad sobre sus subordinados, sienten pánico a hablar en público. Resumiendo, les faltan **carisma y capacidad de seducción**, dos características necesarias para un líder y para cualquier persona que quiera tener una marca personal fuerte, un prestigio laboral y éxito en el amor.

Todos se preguntan: **«¿Puedo llegar a ser una de esas personas admiradas que conectan fácilmente con los demás y convencen en la mayoría de sus actos de comunicación? ¿Puede cualquier persona convertirse en un seductor?»**.

La respuesta es sí. Incluso las personas más introvertidas pueden aumentar su capacidad relacional si están convencidas de querer lograrlo e invierten tiempo y voluntad en conseguir sus objetivos.

¿Perderán por ello su autenticidad? No, al contrario. Serán más capaces de dar lo mejor de sí mismas y seguirán un proceso de autoconocimiento y de mejora personal que nada tiene que ver con la falsedad o la hipocresía.

Seguramente la esencia de nuestra personalidad nos acompañará toda la vida. Quizá ni siquiera es necesario renunciar a esta tranquilidad y momentos de soledad que tanto necesitamos. Ser tímido no es nada malo si no afecta a nuestro bienestar. Pero con frecuencia el trabajo nos exige unas habilidades sociales que no tenemos, y esto aumenta nuestro nivel de ansiedad y nos acaba haciendo muy infelices, no solamente a nosotros sino también a las personas que, en casa o en el trabajo, tienen que convivir con nosotros. Si estás convencido de que quieres cambiar de vida y dejar de ser un solitario reservado e invisible, o eres de los que quieren desarrollar sus habilidades por exigencia profesional, aquí tienes pistas para empezar el gran cambio.

Para poder establecer relaciones que sean productivas profesionalmente, duraderas en la amistad o con opciones de escoger pareja, primero debemos tener la posibilidad de conocer y de relacionarnos con personas.

Si no salimos de casa, si no nos movemos del entorno profesional, si nos rodeamos siempre de un par de amigos fieles que nos protegen de nuevas relaciones allá donde vayamos, podemos pasarnos la vida sin conocer a una nueva persona. Es necesario abrir nuevas perspectivas. Ábrete al mundo. Muéstrate dispuesto a dar y a recibir. Esta nueva actitud será percibida por las personas que te rodean y te facilitará el contacto.

¿Qué puedes hacer para conocer más gente y para conectar con ella?

Cualquier lugar es bueno si uno está dispuesto a ser una persona sociable. En el terreno laboral tienes la oportunidad de asistir a cursos, congresos, conferencias, sesiones organizadas de *networking* y cualquier evento donde puedas conocer gente nueva o mantener el contacto con conocidos. En el terreno personal la lista es infinita: locales de ocio nocturno, cafeterías, fiestas privadas, conciertos, fiestas populares, clubes, cursos, viajes, etc.

Mi consejo es que mantengas la mente abierta, que seas receptivo en cualquier ocasión que no entrañe un riesgo para tu integridad. Se trata tanto de mantener una actitud vital como de aplicar técnicas en determinados momentos importantes para ti.

Pero no sirve de nada acudir a estos puntos de encuentro si no nos conectamos con los demás, si no cultivamos nuestra visibilidad y no destilamos un cierto atractivo.

A partir de este momento veremos técnicas de comunicación basadas en el comportamiento no verbal consciente. Utilizándolo adecuadamente podrás crear una imagen atractiva, que hable por ti y que invite a los demás a acercarse. Se trata de sembrar para recoger frutos, quizá desde el primer momento o a largo plazo. Todo lo que hacemos hoy tiene alguna repercusión en el futuro. Ser consciente de ello te ayudará a mantener una actitud de pensar cada día en los objetivos que quieres conseguir. La simpatía de hoy es importante por las puertas que te abre en este momento y las que irá abriendo en el futuro; además de por el recuerdo que dejarás en esas personas para ocasiones futuras.

Seguro que prefieres que los demás acudan a ti y te propongan negocios, trabajos, fiestas o proyectos a ser tú quien tenga que llamar a puertas y esforzarse por convencer a los demás de tu valía. Esto no quiere decir que tú no debas tener una parte activa: seguro que habrá momentos en que serás tú el que querrá conocer a alguien, proponerle un proyecto. También en esta situación será todo más fácil si antes has cultivado tu reputación y has desarrollado tus habilidades sociales.

## ¿CÓMO QUIERES QUE TE VEAN?

Desde que Tom Peters[1] divulgó a finales de la década de 1990 la expresión «marca personal», el concepto cada vez ha tomado más consistencia como sinónimo de reputación profesional de las personas. Igual que los productos, los profesionales podemos gozar de una marca propia y diferenciada que nos identifique, que nos posicione en el mercado en que nos movemos. Se trata de conseguir visibilidad en un entorno o mercado que cada uno tiene que escoger y delimitar. Porque, si no eres visible, no existes. Y para ser visible tienes que moverte y actuar.

Hoy más que nunca el «renombre» es la clave del éxito profesional. Cocineros, arquitectos, médicos, jueces, deportistas, arqueólogos o economistas salen del anonimato y no se limitan a hacer un excelente trabajo, sino que lo dan a conocer.

Pero la visibilidad entraña grandes riesgos porque podemos transmitir una imagen negativa. En cambio, lo que queremos conseguir es una buena reputación y prestigio.

---

1. Véase Tom Peters, *50 claves para hacer de usted una marca*, Bilbao, Deusto, 2000.

En mi opinión, además de una correcta planificación estratégica, las tres grandes líneas de actuación para conseguir una marca sólida y atractiva son:

1. Adquirir **visibilidad**.
2. Cultivar el **carisma**.
3. Aumentar la capacidad de **seducción**.

Cuando una persona tiene claros los objetivos y desea mejorar su capacidad de influir en su entorno y quiere además mejorar las relaciones en un determinado ámbito, puede trabajar en las tres vías paralelamente, porque además están estrechamente relacionadas. Pero, especialmente en el ámbito profesional, hay un orden necesario en la ejecución, pues es difícil transmitir carisma sin tener visibilidad, y es mucho más difícil ser seductor sin tener un cierto barniz carismático.

La **visibilidad** es la capacidad para estar presente en la mente de los demás. Para conseguir esto, primero tienes que hacerte visible físicamente en el espacio real o virtual, en las relaciones presenciales o a través de los medios de comunicación y las redes sociales. Y ser visible significa no solo «estar» allí, sino tener «presencia». Que te perciban como alguien importante o que merece la pena escuchar y conocer. La visibilidad se tiene que prolongar en el tiempo, y esto se consigue dejando un impacto memorable y manteniendo tu presencia de una forma planificada. La ausencia prolongada te borra del mapa.

El **carisma** es el encanto y la fascinación que ejercen algunas personas sobre las demás. Son capaces de suscitar la admiración de sus seguidores, quienes consideran que están dotados de cualidades excepcionales. El carisma no es una única cualidad, sino un conjunto de rasgos de la personalidad y de comportamientos que se mezclan de una forma determinada y que resultan atractivos y nada ordinarios. Algunos sociólogos han relacionado el carisma con el liderazgo y consideran al primero como una de las formas más importantes de ejercer la autoridad. Efectivamente, cuando hablamos de líder, le presuponemos una personalidad carismática, puesto que tiene la facilidad para dirigir y motivar sin imponer su voluntad, sino provocando el seguimiento voluntario de los demás. La persona carismática, además, tiene gran capacidad de seducción, aunque muchas veces no utilice sus dotes ni para liderar ni para seducir de forma voluntaria. Hay personas carismáticas que no utilizan esta cualidad de forma consciente ni planificada.

La **seducción** es el «acto» de seducir. Seducir implica acción y voluntad, mientras que el carisma es un atributo, una característica de la persona. Seducir es provocar la atracción del otro hacia uno mismo, hacia un comportamiento o una idea. Este encantamiento se utiliza también para conseguir interacciones sexuales, lo que ha provocado que muchas veces haya sido cualificado de artimaña para sacar provecho de una relación. Normalmente la seducción se ejerce de forma voluntaria y consciente para conseguir un objetivo concreto. Sin embargo, también podemos hablar de personas seductoras que ejercen esta influencia las veinticuatro horas del día, muchas veces sin tener un objetivo. La seducción está asociada a la persuasión, aunque solemos relacionar esta a la capacidad de influir a través de la palabra, a partir de la razón y la lógica de la argumentación. La seducción se ejerce sobre todo a través de mensajes físicos, muchos de ellos subliminales que, la mayoría de las veces, tienen mucho más poder que la palabra.

Como ves, visibilidad, carisma, seducción y persuasión son vías complementarias difíciles de separar, porque todas ellas se entrelazan para ayudarte a conseguir tus objetivos

Trataremos aquí las tres primeras, pues es donde la comunicación no verbal tiene un papel protagonista. Sin el dominio de estos lenguajes difícilmente podrás manejar tu imagen e influir en los demás. Seguro que ya tienes muchas habilidades, pero aplicarlas conscientemente te dará la oportunidad de utilizarlas a tu conveniencia.

Veremos ahora cómo sacando el máximo provecho a tu comunicación no verbal puedes conseguir esta posición privilegiada que te evitará situaciones incómodas y a veces humillantes, y te impulsará hacia las metas que te propongas en el terreno personal y en el profesional.

## AUMENTA TU VISIBILIDAD

Hablemos primero de las relaciones presenciales.

Salir del anonimato. Ser visible. Muchas personas sienten que su valía profesional no es reconocida. Otras ven cómo les resulta difícil o casi imposible encontrar pareja, y no consiguen tener un grupo de amigos para compartir buenos momentos. Este síndrome de invisibilidad, de ser transparente para los demás, afecta a personas de todas las edades y de ambos sexos. Y la causa no está en factores «no electivos», sino en la actitud con que construyen sus relaciones y viven su vida. Si te crees poco valioso, si crees que no merece la pena lo que piensas o lo que haces, estás dando órdenes a tu cuerpo para que se esconda e intente pasar desapercibido. Los tres lenguajes, la palabra, la voz y el lenguaje corporal, se confabularán para ser el reflejo de lo que piensas y de cómo te ves a ti mismo. En un mundo tan competitivo y al mismo tiempo tan anónimo, tenemos que «saber vendernos» en todos los ámbitos donde queramos tener un espacio propio y una imagen singular. A todos nos gusta que nos llamen por nuestro nombre y que nos recuerden. Y esto depende más de nosotros mismos que de los demás.

Utilicemos la comunicación no verbal para conseguirlo.

Un estilo de comunicación corporal cálida nos ayudará a ser más visibles y nos predispondrá, a nosotros y a los demás, a tener una relación más empática. Veamos ahora cómo se traduce esta actitud positiva y receptiva en los movimientos del cuerpo y cómo el rechazo a la relación, aunque sea disimulado, se puede leer en el cuerpo. Empezamos por ver a grandes rasgos las características de las **actitudes cálidas** (seductoras) y las **actitudes frías** (no seductoras).

| **Cálidas** | **Frías** |
|---|---|
| • Cuerpo abierto.<br>• Gesticulación expresiva.<br>• Contacto visual.<br>• Sonrisa amplia.<br>• Risa.<br>• Contacto físico.<br>• Brazos hacia delante.<br>• Distancias cortas pero sin invadir.<br>• Voz alegre, habla serena y tranquila. | • Cuerpo cerrado y protegido por los brazos.<br>• Gesticulación poco expresiva, rígida.<br>• Poco o nulo contacto visual.<br>• Ausencia de sonrisa o sonrisa forzada.<br>• Poco o nulo contacto físico.<br>• Brazos pegados al cuerpo o detrás de la espalda.<br>• Distancias interpersonales amplias.<br>• Voz apagada y entonación descendente. |

Entre las conductas frías tenemos, además, el deseo de huida disimulado que se manifiesta con el cierre general del cuerpo y los movimientos en dirección contraria adonde se encuentra el interlocutor. Es importante mencionar también como negativas las actitudes invasivas, a veces reflejo de un exceso de seguridad, de la voluntad de dominio o imposición o, simplemente, causadas por la falta de atención en las preferencias del otro.

Para detectar e interpretar los movimientos que reflejan necesidad de huida, distanciamiento, invasión o agresividad, te invito a revisar la Primera parte, donde están descritos con detalle.

Y recuerda que las diferencias culturales provocan a menudo reacciones de miedo o rechazo por el diferente comportamiento visual, proxémico o táctil, entre otros.

| 20 consejos para aumentar tu visibilidad |
|---|
| 1. **Muévete** donde haya gente que te interese. *Muévete* significa *acércate*, *desplázate* y, si es posible, *habla* o *participa* en alguna actividad. El movimiento te hace visible, la parálisis no. La pasividad es la mejor forma de seguir en el anonimato.<br>2. **Entra con seguridad y confianza.** Si dudas o entras asustado provocarás que te traten desde la superioridad. O que te ignoren.<br>3. **No te escondas.** Aduéñate de tu espacio personal y domina tu territorio. Sin ser agresivo, procura dominar el entorno o parte de él. No te sitúes en los rincones ni en espacios protegidos por barreras arquitectónicas o muebles (columnas, mesas, sofás, etc.).<br>4. **Ocupa los sitios más visibles o próximos al poder**, siempre que puedas. Si los asientos no están asignados y no hay un superior al que le debas preferencia, puedes atraer más atención al mismo tiempo que te mostrarás como una persona segura.<br>5. **Toma la iniciativa.** Cuando veas a alguien que te interesa haz todo lo posible para acercarte y hablar con él. Si no puede ser, intenta por lo menos establecer contacto visual en algún momento para que se dé cuenta de que existes. Contacta con gente que no conozcas de nada: cada persona esconde un mundo de posibilidades.<br>6. **Cuida tu «publicidad».** Ten a mano tarjetas actualizadas, personales o profesionales, o cualquier otro elemento que te permita interactuar cómodamente con el interlocutor y fomentar que se acuerde de ti.<br>7. **Mantén el cuerpo encendido** y muévete de forma natural. No temas que te vean.<br>8. **Camina con paso tranquilo** y firme (consulta el apartado del entrenamiento en la Tercera parte de este libro).<br>9. **Permanece de pie** en las situaciones en que se pueda escoger. Te dará más movilidad y una perspectiva más amplia de la sala.<br>10. **Evita gestos de cierre** como el cruce de brazos, cruce de pies o tener las manos en los bolsillos.<br>11. **Procura reprimir los gestos adaptadores** porque denotan incomodidad y nerviosismo. Con la práctica conseguirás casi eliminarlos.<br>12. **Potencia los ilustradores cuando hables.** Te ayudarán a ser más vehemente y convincente. Recuerda que el gesto te hace visible, ayuda a comprender el mensaje y, por si fuera poco, estás dejando en los demás la impronta de una huella tan personal como la gesticulación.<br>13. **Utiliza el contacto visual** para conectar con conocidos y con desconocidos. Mirar directamente a los ojos de una persona te permite abrir el canal de comunicación, paso imprescindible para después saludar o entablar una conversación. Con la mirada atraes la atención y, aunque no medie ninguna palabra con esa persona, ya te ha visto y se ha fijado en ti.<br>14. **Aprovecha el poder del paralenguaje** al presentarte y al hablar: tono de voz, articulación clara, entonación y pausas. |

15. **Vístete de forma atractiva** y que realce tu figura, de forma adecuada a cada situación.
16. **No utilices complementos de vestir que te oculten** o reduzcan tus movimientos. Un fular enrollado en el cuello es una forma de esconderte. Cualquier cosa que impida el contacto visual te perjudicará seriamente: gafas de sol, flequillo demasiado largo, gafas con una montura excesiva que distrae la atención, exceso de maquillaje.
17. **Ilumina tu expresión** con un maquillaje discreto, si eres mujer. Cada vez más lo utilizan los hombres. Tendrás un aspecto más saludable y podrás resaltar lo más bello de tu rostro.
18. **Utiliza complementos originales** y que te den un toque especial, especialmente si prefieres trajes discretos y de colores neutros.
19. **No permitas que te tengan arrinconado** con imposibilidad de salir. Algunas personas utilizan sus propios cuerpos como barrera entre tú y los demás asistentes y te impiden tener más relaciones.
20. **Escapa de las personas** que te absorben demasiado y quieren tu atención durante todo el acto. Tienes que resultar visible para cuanta más gente mejor.

*Tendrás una visibilidad negativa si:*

- Vistes de forma extravagante, sin criterio o sin algo más que ofrecer aparte de tu atuendo espectacular.
- Te excedes en la confianza, te acercas demasiado y tocas a los desconocidos o personas con quienes no tienes una relación muy estrecha.
- Utilizas un tono de voz demasiado alto.
- Ríes de cualquier cosa y a carcajadas estridentes. Lo peor es reír tus propios chistes si a nadie le hacen gracia.
- Por ser visible, interrumpes una conversación o entras en un grupo cerrado.
- Solo comes y bebes en una cena, cóctel o similar.
- Te abres paso entre la gente a codazos.
- Te comportas en general de una forma grosera.
- Tu aspecto te da una visibilidad no adecuada al contexto. Minifaldas, ropa muy ajustada o por debajo de tu talla coartan los movimientos. Quizá realzan tu figura y atraes todas las miradas.

Pero piensa en qué tipo de imagen quieres transmitir en cada contexto.

- Lo que te pones o lo que haces te genera incomodidad. Unos zapatos de tacón demasiado alto no te darán seguridad ni agilidad. Puede que se fijen en ti por tu falta de elegancia.

**Consejos para aumentar tu visibilidad en las reuniones virtuales**

En las reuniones por videollamada, como en las presenciales, hay quien brilla, influye en el resto, dirige acertadamente y hace aportaciones memorables. Y hay personas que pasan desapercibidas, que parecen simples espectadoras obligadas. ¿De qué tipo eres tú?

Una videorreunión o un curso en *streaming* siempre es un buen momento para ganar presencia e influencia. No te hablo de preparar el contenido, sino de tener más control sobre tu imagen.

1. **La puntualidad es sagrada.** Llegar tarde es imperdonable en cualquier reunión, pero en las virtuales es mucho más evidente y no hay excusa. Si la tienes, entonces avisa al moderador para que informe a los demás de tu incorporación más adelante.
2. **Participa en la reunión cuando sea oportuno**, haz preguntas y comentarios para mostrar que estás escuchando, demostrar tu interés e implicación en el tema. Utiliza el chat para proponer temas, comentar o pedir la palabra.
3. **Habla a la cámara.** No mires el teclado del ordenador ni la cara de tus compañeros. Para que ellos crean que los estás mirando tienes que dirigirte a la cámara. Los rostros que tú ves no son personas, son pura ilusión óptica. Alterna la mirada a cámara con examinar la expresión de los rostros de los otros participantes para saber cómo reciben la información, y escanear su actitud y sus emociones.
4. **Concéntrate.** Apaga el sonido del móvil y apártalo de tu vista.
5. **Garantiza la confidencialidad.** Deberíamos acostumbrarnos a reunirnos virtualmente en espacios privados y confidenciales. Ver como pasan por detrás parejas, niños, compañeros, etc., no da sensación de privacidad a los demás asistentes a la reunión.
6. **Elige un buen fondo.** Que sea lo más profesional —o neutro, por lo menos— posible. Ni hablar de fondos virtuales con playas del Caribe.
7. **El plano perfecto.** No cortes tu cabeza ni por arriba ni por los lados. No te coloques muy lejos de la cámara. La pantalla debería encuadrar tu cabeza y la parte superior del tronco. Si se ve el pecho, ya estás demasiado lejos.

8. **Ilumina bien tu rostro.** No te pongas en un rincón oscuro o a contraluz.
9. **Si tu rostro es de facciones muy suaves, puedes maquillarte** discretamente para resaltar tus ojos (también si eres chico). Evita brillos secándote con un pañuelo o aplicando polvos matizadores.
10. **Vístete para la cámara y para tus compañeros de reunión.** Aunque estés en casa, estás trabajando: por lo tanto, procura dar la imagen más profesional y adecuada para tu sector. Utiliza colores que te favorezcan y que te permitan destacar.
11. **No comas ni bebas** (el agua sí se admite). No es momento de la merienda. Es una reunión de trabajo. Y aquí no se puede compartir ni se puede invitar.
12. **Controla tus gestos.** Se ven mucho más que en una reunión presencial. No olvides que los demás te ven en primer plano. Y, sobre todo, no te toques, rasques, juegues con tu pelo. Hay una falsa sensación de estar en la privacidad del hogar que nos puede traicionar.

## CÓMO SER UNA PERSONA CON CARISMA

En primer lugar necesitas creer en que el gran cambio es posible y que eres capaz de gobernar tu vida superando en gran medida tu pasado y tus circunstancias. Este pensamiento y la disposición para actuar ya te acercan al carisma porque no te conformas con la mediocridad.

La persona con carisma tiene una alta capacidad para gobernar su vida, tomar decisiones, arriesgarse y mantenerse en el camino de la superación personal permanente. Esta cualidad se desarrolla con el tiempo y está relacionada con el carácter, los valores y la capacidad de comunicación. El carisma está estrechamente ligado al liderazgo. Un líder carismático atrae a la gente e influye en ella con el ejemplo de sus actos o con su poder de convicción. La trayectoria vital y profesional también forma parte del equipaje de estos seres especiales, por lo que el afán permanente de excelencia será un valor positivo de cara a los demás.

Algunos ejemplos de líderes muy carismáticos son Gandhi o Martin Luther King, entre los históricos y más conocidos. Entre los actuales podemos nombrar a personas de estilos, sectores y orígenes bien distintos, como Malala Yousafzai, Oprah Winfrey o Tony Robins. A todos los caracteriza una trayectoria coherente con sus respectivas misiones, la pasión por sus ideas y proyectos, su capacidad para expresarlos y un estilo muy personal.

¿Para qué sirve tener carisma? Para que la gente de tu alrededor desee estar contigo y seguir tus pasos. El líder auténtico consigue que los demás le sigan voluntariamente, y felices. Por lo tanto, aunque tú no desees ser un líder de masas, tener estas habilidades te facilitará la vida, te abrirá puertas, reducirá obstáculos y podrás escoger entre muchas más opciones en cualquier faceta de la vida.

Carisma y capacidad de seducción tienen mucho en común y suelen coincidir en la misma persona. Mientras el carisma es algo que se emana y puede ser involuntario, la seducción implica acción y voluntad de influir en el otro. El carisma es el resultado de una forma de ser y actuar permanentes. La seducción se puede ejercer cuando hay un objetivo que deseamos alcanzar. Algunos de los ingredientes importantes del carisma son la trayectoria, los logros, los cambios efectuados, las decisiones tomadas. El prestigio también forma parte del carisma. Una persona puede cultivar comportamientos carismáticos y puede progresar rápidamente al practicar las formas de actuar e incorporarlas a su forma de vivir y relacionarse.

A base de **comportarte de manera voluntaria con estilo** conseguirás **tener estilo**. Y esto es necesario porque tanto el carismático como el seductor necesitan una base sólida en sus creencias y actuar de forma natural, pues el traje de la impostura siempre es efímero y más tarde o más temprano acaba rasgándose.

## ¿Se puede cultivar el carisma?

Personas interesantes, buenas, expertas en su materia, generosas, etcétera, hay muchas, pero no son necesariamente carismáticas. El carisma necesita una apariencia especial, originalidad y distinción. Y, sobre todo, tiene que ser visible, de otra forma no tiene ningún poder. **Lo que no se ve, no existe para los demás.** Las personas que se sienten atraídas por estos seres especiales se basan sobre todo en las apariencias, creen en ellas. Y se dejan impresionar por figuras que destacan sobre la mediocridad general.

**20 consejos para tener este aspecto carismático**

1. **Cultiva un estilo propio.** Decide si te va lo extravagante, lo discreto, lo suntuoso o lo sobrio. Tiene que reflejarse como parte de tu personalidad. No imites a nadie. No sigas estrictamente la moda ni al grupo.
2. **Demuestra serenidad.** Si te muestras demasiado ansioso por destacar, por recibir atención o por gustar, estás emitiendo señales de inseguridad y los demás no te verán como una persona segura de sí misma.
3. **Evita ser predecible.** Rompe esquemas y rutinas, toma decisiones, da giros importantes a tu vida. No te comportes siguiendo patrones fijos. Evitarás la monotonía. La gente necesita ver cambios. Además, la impredictibilidad genera curiosidad.
4. **No sacies a tus seguidores.** Es mejor que tus apariciones sean escasas e interesantes que muchas y repetitivas. Si dejas ganas de más, tendrás a tu público siempre dispuesto a volverte a recibir. Si te excedes, cansas o aburres, no querrán volver a verte.
5. **Ríete de ti mismo.** Una de las cualidades de la gente segura es que es capaz de reírse de sí misma y de sus errores por iniciativa propia o cuando es víctima de una burla. No reacciones a la defensiva ni te enfades.
6. **No pierdas el control.** Siempre hay gente dispuesta a discutir o a atacar a una persona que le puede hacer sombra, especialmente si tiene espectadores. Ante cualquier provocación o agresión verbal lo mejor es mantener la calma. Perder los papeles es propio de una persona que no domina la situación ni se domina a sí misma. Mantén una postura de nobleza y dignidad.
7. **Cuida las puestas en escena.** Una gran parte de las situaciones en las que te encuentras a diario se pueden prever y preparar. Piensa cómo quieres que te vean los demás y planifica tu imagen y tu comportamiento. Pon especial atención a las entradas y a las salidas. En la última parte del libro encontrarás ejercicios para ensayar estos dos momentos clave.

8. **Da la cara.** En momentos de tensión, de incertidumbre, de críticas, es mejor permanecer activo y buscar aliados, en lugar de dejar las riendas de los acontecimientos al azar o a merced de tus enemigos.
9. **No rebeles tus secretos.** No hace falta que la gente sepa lo mal que lo has pasado, cómo has luchado o el tiempo que has invertido en conseguir tus logros. La gente se siente impresionada por los resultados que cree fruto de una capacidad especial; revelar el proceso rompe la ilusión y el misterio.
10. **Cree firmemente en lo que haces y en lo que dices.** Y cree en tu capacidad para convencer. Así todo resonará con autenticidad.
11. **Sé audaz.** Realiza acciones que los demás no se atreven a realizar. No te dejes influir por las ideas imperantes o por autolimitaciones derivadas de lo común, lo tradicional o lo considerado «normal». Y cuando decidas pasar a la acción, no vaciles: la seguridad en la ejecución es lo que te acerca a tu objetivo.
12. **Gestiona tus emociones.** Si no dejamos margen entre el estímulo y la reacción, no podremos decidir cuál será nuestra respuesta.
13. **Mantén la dignidad.** No actúes a la defensiva, pues estás mostrando tus puntos débiles. Procura no revelar con el rostro cuáles son tus emociones y cuáles son tus puntos débiles. La persona furiosa que pierde los estribos parece ridícula y da muestras de falta de control, lo que es sinónimo de falta de poder.
14. **Sé dueño del tiempo**. Decide tú cuándo hay que entrar en acción y cuándo hay que dar respuesta. No te precipites.
15. **Sé dueño del silencio.** No te excedas hablando y no caigas en el error de hablar para llenar el silencio. Si tú decides cuándo hablas y cuándo no, mostrarás buen criterio y confianza en ti mismo.
16. **Habla despacio.** Cuenta las cosas tranquilamente. Cuanto más disfrutes tú de tu explicación, más disfrutarán los demás. Si se trata de unas instrucciones o de una amonestación, el efecto de tus palabras aumentará con un tono de voz sereno y una exposición calmada.
17. **No discutas.** Cuando los demás están convencidos de sus ideas y no están dispuestos a cambiarlas, no intentes convencerlos a base de una retahíla de argumentos. Es probable que refuerces su resistencia. Abandona la discusión elegantemente y, si puedes, demuestra tu tesis con acciones y resultados.
18. **Actúa con perspectiva.** Toma distancia de las cosas que pasan a tu alrededor o en las que estás implicado. Solo así podrás gestionar adecuadamente tus emociones y mantener la calma y el control. Especialmente en el ámbito profesional y en el juego del poder, si te lo tomas todo como algo personal, serás dominado por las emociones y tu expresión te delatará aunque intentes disimular.
19. **Potencia lo visual.** El carisma tiene una vertiente visual muy importante. Una persona no es carismática por sus conocimientos o por sus ideas, sino por la forma de transmitirlos, su aspecto y su puesta en escena.
20. **Domina el arte de las buenas maneras.** Cualquier desliz en el trato puede decepcionar a tus admiradores.

# LOS PRINCIPIOS DE LA SEDUCCIÓN

Siempre que hablo de seducción me refiero a la auténtica, natural y sin intención de engaño o abuso. Pero es evidente que muchas personas aplican estas técnicas solo en beneficio propio. Para mí, el poder de seducción se aplica a tareas tan nobles como educar, estrechar lazos de amistad, consolidar relaciones profesionales, etc. En cualquier caso, el lector-seductor decidirá cómo utilizar esta capacidad y con qué fines.

Todos podemos desarrollar la habilidad para seducir, para influir en los demás de manera que estos hagan lo que queremos sin que pongan mucha resistencia, e incluso sean felices. Seducir no significa imponer, sino atraer y conseguir que el otro desee también la relación que le propones y lo que tú le ofreces. En el trabajo, en la relación con los hijos, en la pareja o con los amigos, necesitamos gustar, para nuestra propia felicidad y la de los demás. Pero también necesitamos gustar para tender vías de diálogo, para tener la oportunidad de establecer relaciones de calidad o de mantener contactos beneficiosos para ambas partes, aunque sean esporádicos. Las especificidades de la seducción sexual son un aspecto concreto de la seducción en general y las veremos más adelante.

---

**La seducción es la forma de comunicación por excelencia, es la forma más perfecta de comunicación. Es un «diálogo» en parte inconsciente en el que seductor y seducido llegan a una sintonía perfecta: el seductor lee el lenguaje corporal de su interlocutor y se adapta a él para comunicar liderando la relación. El seducido se sentirá atraído por los mensajes del seductor y responderá a estos estímulos.**

---

## ¿Cómo son las personas seductoras?

1. **Seguras.** Uno de los pilares de la seducción es la seguridad en uno mismo. La seguridad auténtica, y no la que queremos simular, es la clave para que nuestro cerebro dé las órdenes precisas a nuestro cuerpo y para que produzca los mensajes más adecuados.

   Esta seguridad permite la apertura del seductor, que se muestra receptivo y dispuesto a la relación. Mantendrá una actitud no verbal ganadora, lo que le conferirá carisma. Las personas carismáticas atraen y, sin quererlo expresamente, provocan que las personas de su alrededor imiten sus expresiones faciales y otros movimientos.

   La apertura provoca en los demás deseos de apertura, así como el cierre u otros gestos negativos provocan que el otro se ponga a la defensiva.
2. **Valientes y optimistas.** Las acompaña una aureola de positividad. Siempre ven el vaso medio lleno e intentan sacar siempre lo mejor de cada experiencia. Confían en que las cosas saldrán bien y luchan por conseguirlo. Aunque se enfrenten a retos difíciles que entrañen riesgos importantes, pueden asumirlos. No suelen quejarse, ni lamentarse ni culpar a otros o a las circunstancias de todo lo que les ocurre a ellas.

   Uno de los rasgos que caracterizan al seductor es que conserva una cierta sinceridad y alegría infantil. Sin ser un inconsciente, un simple o un cándido, es capaz de encontrar lo mejor de la vida y de las personas.
3. **Espontáneas.** Otra consecuencia de la seguridad es la espontaneidad y la naturalidad. Ser un auténtico seductor no implica hacer unos gestos estudiados para resultar más atractivo o intentar manipular al otro mediante palabras o

movimientos que hemos visto en los triunfadores de película.

La espontaneidad y la naturalidad son dos ingredientes indispensables en la seducción. Porque el receptor detecta, aunque sea de forma inconsciente, el intento de engaño. El verdadero seductor nos atrae e influye en nosotros sin que ni siquiera nos demos cuenta. El impostor podrá controlar el lenguaje verbal y las expresiones más evidentes del rostro, pero determinados mensajes subliminales escaparán a su control racional y serán percibidos por el interlocutor.

Para que los demás confíen en nosotros tienen que percibir esta relajación interior, acompañada de una actitud abierta y positiva. Porque es mejor un buen estado de ánimo que una elaborada estrategia. Si nuestro poder de atracción está en una máscara que nos ponemos artificialmente, el encanto desaparece cuando bajamos la guardia o cuando cambia inesperadamente el guion.

4. **Generosas.** Se interesan por el otro. Cuando una persona está realmente a gusto consigo misma y se acepta como es, deja de interesarse únicamente por sí misma y pasa a interesarse por los demás. Deja de ver a sus semejantes como estorbos, rivales, amenazas o simples objetos. Los ve como personas únicas de las que puede aprender y que le pueden aportar muchas cosas positivas. Por eso pregunta, comenta, muestra interés por su vida, su trabajo y sus gustos. Aprende a escuchar. Curiosamente, escuchar y no hablar es una de las claves de la influencia sobre los demás, y paradójicamente, interesándonos por el otro estamos cultivando nuestra personalidad seductora e imagen carismática.

## El premio a la generosidad

Las personas seductoras, las que reciben la admiración, el reconocimiento, la amistad o el amor de los demás, reciben lo que ellas mismas han cultivado. Su actitud segura, orientada hacia el otro de forma sincera, su honestidad y espontaneidad se contagian por un proceso de empatía. El interés se convierte en interés recíproco. Los seductores tienen la habilidad de captar las emociones del otro y se adaptan a él. Por eso el seducido se siente comprendido e importante. Y normalmente, de una forma espontánea e inconsciente, devolvemos al otro lo que nos ha dado.

Este es el círculo mágico de las relaciones de calidad que puede proporcionarnos una vida más relajada, auténtica, gratificante y solidaria.

Todo empieza con una percepción positiva de uno mismo y de las relaciones con los demás.

Hemos dicho un poco más arriba que la seducción emana de la actitud y que no podemos falsear el proceso de empatía fisiológica porque algunos movimientos escapan a nuestro control racional. Podrías deducir, pues, que no tienes nada que hacer, que todo está perdido. Pero no es así.

---

**Las actitudes se pueden cambiar, podemos abandonar sentimientos negativos y aprender otros positivos. Si controlas tu pensamiento controlarás las emociones, puesto que muchas veces las emociones son fruto de los pensamientos.**

---

Puedes enseñar a tu cuerpo a comunicar emociones positivas. Aunque inicialmente sea de forma consciente y voluntaria, inclu-

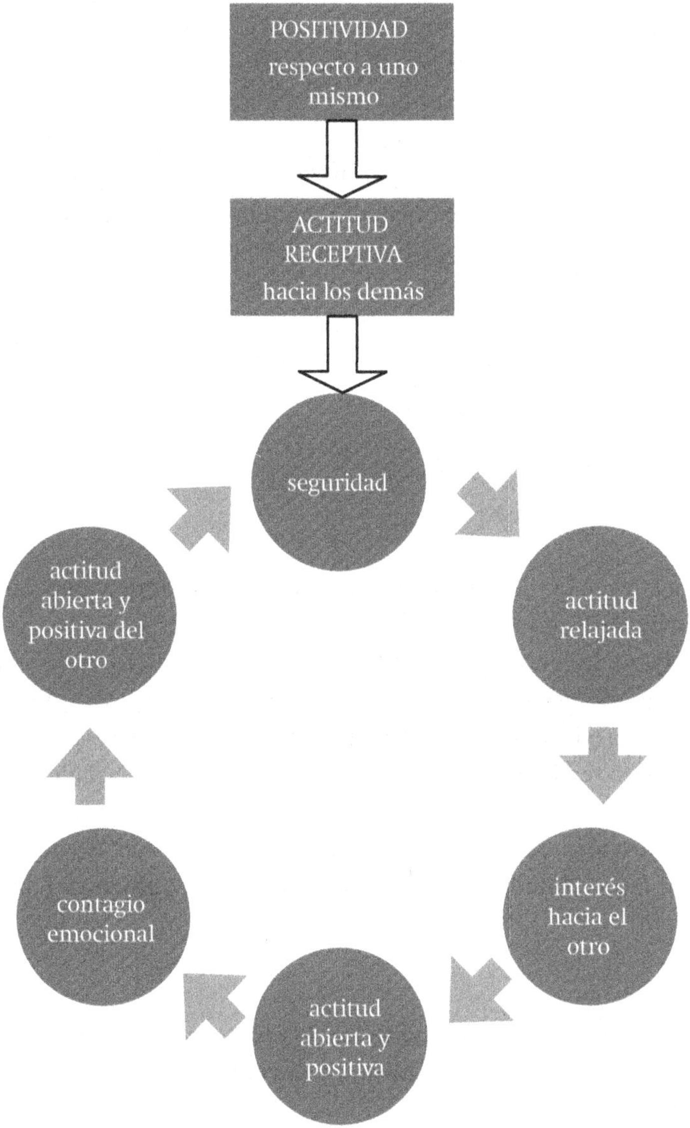
POSITIVIDAD respecto a uno mismo
ACTITUD RECEPTIVA hacia los demás
seguridad
actitud relajada
interés hacia el otro
actitud abierta y positiva
contagio emocional
actitud abierta y positiva del otro

so forzada, el cerebro acabará incorporando estos movimientos en el repertorio habitual. Como el cuerpo tiene memoria, cada vez te será más fácil expresarte con positividad.

La creencia general es que la comunicación humana se basa sobre todo en la palabra. Decimos que «hablando se entiende la gente» y todos podemos comprobar a diario que es más un ideal que una realidad. Si nos fijamos, veremos que nos entendemos más por «cómo lo decimos» que por «lo que decimos».

## ¿Cómo se comportan las personas seductoras?

### Se muestran receptivas y tienen control sobre su comunicación

Y favorecen que los demás estén predispuestos a interactuar. Son agradables y atraen.

Piénsalo bien: en cualquier situación, antes de conocer a alguien, uno detectará al otro o quizá lo haréis los dos al mismo tiempo. Todo sucederá en muy poco tiempo: en medio segundo, cada uno tendrá una imagen del otro y valorará las posibilidades de éxito de una posible relación. Recibirás una gran cantidad de información a través de la vista: gran parte será asimilada de manera inconsciente y el resto será percibido y analizado racionalmente.

---

**La comunicación es interacción. El resultado de la relación depende tanto del otro como de uno mismo.**

---

Las personas más extrovertidas tienen mayor influencia sobre las introvertidas y pueden contagiarles el estado de ánimo con más facilidad.

Ante una posible interacción ten en cuenta siempre tu parte de responsabilidad sobre el éxito. Tú puedes convertir un rostro inexpresivo en una cara alegre. Puedes frenar una actitud agresiva y calmar a alguien que está enfadado. No te dejes dominar por la actitud del otro. El esfuerzo merece la pena. Con el control de tu comunicación tendrás mucho más poder sobre los demás porque conseguirás, la mayoría de las veces, las reacciones que deseas.

Con demasiada frecuencia culpamos a los demás del fracaso de las relaciones, y pocas veces nos damos cuenta de los propios fallos. Y, si no somos capaces de analizar los mensajes verbales que emitimos para detectar nuestros errores, menos capaces somos de analizar nuestra actitud, el tono de voz y todos los movimientos que hemos utilizado para la relación. Las claves del éxito o fracaso son en gran medida inconscientes. Con el aprendizaje adecuado **tú puedes manejar gran parte de las relaciones fomentándolas, liderándolas y consolidándolas si este es tu objetivo**. Este es el poder de la seducción.

## Cuidan la primera impresión

Es posible que uno de los frenos que tengas para relacionarte con la gente sea el miedo al rechazo. Para acercarte a un desconocido tendrás que hacer el esfuerzo de superar la timidez, encontrar una fórmula válida para empezar el contacto, saber de qué hablar, ser capaz de llevar una conversación y arriesgarte a recibir respuestas poco amables o colaboradoras. Si piensas que te espera una tarea ardua y larga, es probable que lo dejes correr. Te será más cómodo quedarte donde estás y seguir en lo tuyo. Pero si piensas en las oportunidades que te puedes estar perdiendo, estarás de acuerdo conmigo en que merece la pena prepararse y superar todas las barreras, ¿verdad? Empecemos.

En los dos primeros segundos de tu aparición, tu imagen queda grabada en el cerebro de quien te ha visto y es suficiente para que le resultes agradable o desagradable, cordial o amenazador, atractivo o repugnante, arrogante o campechano. Y esto depende, claro, de tu aspecto, y también de cómo son tus movimientos. A estas alturas del libro, ya sabes mucho de lenguaje corporal.

Imaginemos un entorno neutro o de colaboración. No tenemos por qué protegernos y es más conveniente mostrarnos **seguros** y **confiados** que débiles y asustados. Al fin y al cabo, si conseguimos transmitir ambas sensaciones a la vez (seguridad y optimismo), estaremos reforzando nuestra imagen de personas fuertes y con carisma. Este mensaje es útil también para posibles rivales o adversarios, que nos respetarán más.

Se trata de mostrar interés por el otro con seguridad, y no con voluntad de sumisión o dependencia. Evita que el otro crea que estás suplicando su atención.

Hay que mostrar seguridad pero sin arrogancia, voluntad de dominio ni agresividad. Con cualquiera de estas actitudes despertaríamos los temores de los demás, que intentarán eludir el encuentro o se pondrán a la defensiva. Además, aunque no tengan más remedio que interactuar contigo, se llevarán una sensación desagradable que provocará que no deseen volver a encontrarte. A no ser que prefieras una imagen ruda y prepotente, trata a los demás como te gustaría que te trataran a ti, buscando una relación al mismo nivel. En el fondo, la seguridad auténtica es la que se muestra cuando uno no tiene que demostrar nada.

## Cultivan su atractivo físico

No toda persona bella es seductora y no es imprescindible el atractivo físico para seducir. La belleza es importante en la medida en que facilita el acceso a una relación. Somos más receptivos ante las personas bellas. Pero, después de un primer impacto, tendremos que ver si esta armonía física va acompañada de armonía y gracia en el movimiento.

Cuando salgas de casa, ten en cuenta que puedes tropezar con una persona capaz de cambiar el rumbo de tu vida en cualquier esquina. Como no puedes saber dónde y cuándo se presentará la oportunidad, tienes que estar preparado para ello.

Una de las formas de emanar seguridad es no aparecer excesivamente condicionado por los criterios estéticos imperantes, las modas o los convencionalismos de tu entorno. Sentirte a gusto con tu calvicie, lucir una nariz prominente o adornarte con complementos exclusivos (no quiero decir caros) te distinguirá de los demás y reforzará tu personalidad.

## Se mueven de forma natural y abierta

Veamos ahora la actitud y los movimientos. Recuerda que con el cuerpo estás enviando mensajes sobre tu actitud, tu personalidad y las intenciones que tienes en estos momentos. Estos mensajes no puedes evitarlos. Sean positivos o negativos, serán enviados mientras estás en silencio o mientras hablas del tiempo o de cualquier otro tema. Cuida, pues, tu posición corporal y tu movimiento. Seas hombre o mujer, necesitarás mostrar apertura, es decir, ganas de conectar con los demás. Deja que te vean, que te miren y te examinen, si hace falta. Y una vez que te hayan observado, será más fácil dirigirles la mirada y después la palabra.

Dirige el tronco hacia la persona con quien quieres hablar, no lo cierres o protejas con carpetas o bolsos muy agarrados. Mírala a los ojos, así abrirás el canal principal de comunicación. Sonríe abiertamente y ten preparado algún tema de conversación, algún pretexto para empezar a hablar. Una forma de empezar, entre desconocidos, es presentarse. Ensaya en casa la presentación para que te salga natural cuando llegue el momento.

## Saludan dejando una buena impresión

Como hemos visto en el capítulo 3 al analizar las funciones reguladoras de la mirada, puedes utilizar la mirada acompañada de una sonrisa como primera forma de contacto y de invitación a la interrelación.

Entre desconocidos, primero será la mirada, la apertura del canal de comunicación visual. Si hay correspondencia y voluntad de comunicación, el paso siguiente es la sonrisa. Atrévete a ser el primero. Induce la sonrisa en el otro. Si no te corresponde no pasa nada. Te sorprenderá la cantidad de personas que te devolverán la sonrisa, incluso puede que estén dispuestas a empezar una conversación. Solo tienes que ser prudente en una cosa: el tipo de mirada puede ser un indicio de seducción sexual. Procura que quede claro qué tipo de contacto deseas. Más adelante verás el uso de la mirada en el proceso de seducción de pareja.

Entre conocidos, una vez que las dos personas detectan la presencia mutua a través de la mirada (también a través de la voz; piensa en las conversaciones telefónicas o en la reacción de los ciegos), aparece la sonrisa para indicar alegría, satisfacción por el encuentro. Cuando de verdad nos alegramos de ver a alguien, se nos ilumina la cara.

Eso, traducido en gestos, significa que, en un primer momento en que detectamos al otro y le reconocemos, nuestras cejas se elevan y los ojos aparecen más grandes; acto seguido suben las mejillas y aparecen las patas de gallo mientras las comisuras de los labios se elevan para mostrar los dientes. Esto es una sonrisa sincera. Con este gesto das la bienvenida, transmites alegría auténtica y te muestras favorable al intercambio.

A veces, al mismo tiempo, saludamos con la mano o iniciamos el saludo formal del apretón. Los gestos con la mano se hacen cuando la distancia no nos permite el contacto físico y en situaciones más bien informales. Cuanto más abierto sea este movimiento, más enérgico y positivo será el saludo.

En entornos profesionales, la presentación y el saludo en general se suelen hacer con un **apretón de manos**. Ya hemos tratado las características y las diferentes formas de estrechar la mano. ¿Cómo ejecuta este momento una persona con estilo?

Fíjate en las seis claves para un saludo de impresión:

1. **Distancia.** Inicia el acto de dar la mano con energía y cuando todavía estés a una cierta distancia de tu interlocutor, de modo que te permita extender el brazo e inclinarte levemente cuando entréis en contacto. Si es una primera ocasión, no abuses de la confianza cogiéndole el hombro o el antebrazo con la mano izquierda. Este es un gesto de posesión que seguramente generaría desconfianza o pondría a esta persona a la defensiva. Muéstrate firme y cordial pero no posesivo. Deja que corra el aire entre vosotros. Quizá más adelante la confianza permitirá más proximidad. Nunca saludes desde detrás de una mesa.
2. **Presión.** En español la palabra lo dice claro: apretón de manos. Eso no quiere decir que tengamos que triturar los huesos del saludado. El saludo tiene que ser firme y con la mano entera bien acoplada a la del otro, igual que dos piezas de un puzle. A través de estos 3 o 4 segundos, tu energía

correrá hacia el otro y contribuirá a aumentar tu magnetismo, a resaltar tu frialdad o a hacer más evidente tu debilidad. No dejes la mano muerta. El apretón de manos es algo que se realiza entre dos, si puede ser, en igualdad de condiciones. Si tú te limitas a ofrecer la mano como si dieras un guante, transmitirás ausencia total de energía, de personalidad y de carisma. Si estrujas la del otro como si fueras a partir una nuez, generarás recelo, y además puedes hacerle verdadero daño.

3. **Tacto.** La temperatura y la humedad son la clave para que este contacto resulte agradable. Fría, evidentemente, transmite frialdad, aunque seamos personas apasionadas. Húmeda de sudor provoca una cierta repugnancia (el intercambio de fluidos no es propio de este momento) y el otro se quedará con las ganas de secarse la mano, aunque tendrá que disimularlo. Si tienes tendencia a que te suden las manos, ve siempre preparado con un pañuelo en el bolsillo y sécate antes de saludar. Si eres de manos frías, hay muchos trucos: frótalas entre ellas, con el pantalón, ponte guantes en invierno, pasa por el baño y lávate con agua caliente o sécate con el secador de manos.
4. **Mirada.** Todo lo anterior no servirá de nada si no miras mientras dura el contacto de manos. Peor todavía, el mensaje que estarás enviando será de miedo, timidez, poco interés o desprecio.
5. **Sonrisa.** Si quieres mostrar alegría por el encuentro, adorna el ritual con una sonrisa sincera. En algunas ocasiones no sonreímos y debes tenerlo en cuenta: cuando el tema que ha provocado el contacto es grave o triste (como por ejemplo cuando das el pésame o asistes a una reunión de urgencia para tratar una situación de crisis); cuando visitas a un cliente que está dispuesto a llevarte a los tribunales por incumplimiento de contrato.

6. **Fíjate bien en cómo saluda tu interlocutor**. ¿Te ha mirado a los ojos? ¿Te ha sonreído? ¿Qué has percibido al tocar su piel? ¿Has sentido poca energía, sincero entusiasmo o una voluntad de dominarte? No apartes tu mirada de él después de soltar las manos. Si era un saludo fingido lo notarás en seguida porque desaparecerá automáticamente la sonrisa, porque apartará la mirada, porque dará la espalda en seguida, porque dejará caer el brazo o su mano buscará algo a que agarrarse, como el respaldo de una silla, la mesa o un bolígrafo. En muchos casos será la corbata en los hombres o el pelo en las mujeres.

**20 consejos para tener una actitud seductora**

1. **Entra de forma agradable y optimista**: en el trabajo, en la vida social, con vecinos, familiares y amigos; practícalo siempre. Estás fomentando una actitud positiva en los demás.
2. **No te mires a ti mismo** ni des señales de vanidad. El seductor pone el interés en los demás.
3. **No mires de forma arrogante**, por encima del hombro, a los demás.
4. **Saluda con un tono positivo y alegre.** Sonríe. Procura no olvidar a nadie en el saludo. Si son muchas personas, haz un claro saludo general.
5. **Muévete sin prisas y sin torpeza.** Procura no ser brusco ni hacer ruido. Muestra serenidad y seguridad en ti mismo.
6. **Mantén el cuerpo abierto** y no pongas barreras entre tu interlocutor y tú, ni con los brazos ni con objetos.
7. **Acércate lo suficiente**, sin invadir su espacio, a las personas con quienes quieras relacionarte. Ten en cuenta las distancias interpersonales adecuadas a cada relación.
8. **Sé original en las primeras palabras**, positivo y generoso. Elogia sinceramente algo de esa persona e interésate por ella.
9. **Adecúa el tono de voz** a la situación, pero procura que sea alegre y optimista. En situaciones preocupantes, mostraremos serenidad y comprensión.
10. **Habla claro.** No vocalizar o hablar excesivamente bajo es otra forma de cierre y de mostrar inseguridad.
11. **Interésate por esa persona** y muéstrale tu admiración, reconocimiento o simplemente curiosidad por lo que hace o lo que dice.

12. **No te distraigas con nada.** Una vez empieces a conversar, no dejes de sonreír (si el tema lo permite) y mira a los ojos. Demuéstrale a esa persona, sea quien sea, que en este momento lo más importante para ti es ella.
13. **Practica la escucha activa**: escucha de verdad y demuéstralo con gestos reguladores. Anima al otro a seguir. Parafrasea cuando puedas, pero no interrumpas.
14. **Haz movimientos de cabeza afirmativos**, para indicarle que le sigues y que puede seguir hablando. Automáticamente estos gestos afirmativos generarán simpatía en tu interlocutor.
15. **Ladea la cabeza** (esto te saldrá automáticamente si realmente te gusta estar con esta persona), tu gesto será mucho más amable.
16. **Mimetiza la expresión del otro.** Si está preocupado refleja esta preocupación en tu rostro, si está contento alégrate tú también, si está triste acompáñalo con tu semblante.
17. **Las palabras tendrán mucho más eco si viajan envueltas en emociones positivas.** Puede que la conversación no acabe en ningún acuerdo, negocio o relación de futuro, pero habremos dejado una buena impresión y esto puede abrirnos puertas en otro momento.
18. **Utiliza el tacto** para animar, apoyar, consolar, mimar, mostrar afecto, acortar distancias emocionales o para captar la atención. Pero siempre observa la reacción del otro para saber si le puede molestar.
19. **Retírate antes de resultar pesado.** Podemos leer en el rostro y en el cuerpo de la otra persona las ganas de acabar la conversación: baja o desvía la mirada, mira el reloj, deja de asentir o asiente muy rápidamente porque está impaciente, tamborilea con los dedos, etc. Al primer síntoma, si no antes, deberíamos iniciar la retirada.
20. **Despídete cortésmente**, expresando gratitud y satisfacción por el encuentro. La sonrisa y el apretón de manos cierran el ritual. Si se trata de una relación de más confianza, puede que sea un beso o un abrazo. Es importante que mantengas esta expresión positiva durante unos largos segundos o mientras estés en el campo visual de esta persona. De otra forma, le parecerá que te cae la máscara una vez acabada la representación.

Capítulo 5

# VISIBILIDAD, CARISMA Y SEDUCCIÓN EN LA VIDA COTIDIANA

## RELACIONES DE FAMILIA

Gran parte de las familias de hoy comparten poco tiempo porque el trabajo de los padres ocupa la mayor parte del día y, con frecuencia, la separación de los progenitores hace que el contacto con uno de ellos sea poco frecuente o casi inexistente. Los psicólogos defienden que, en cuanto a relaciones paterno-filiales, es mejor la calidad que la cantidad, máxima que no hemos tenido más remedio que asumir si no queremos acabar con un grave problema de conciencia, pues la mayoría de nuestros niños y jóvenes se crían con las populares «canguros» o solos, ocupando gran parte de su tiempo absortos en sus pantallas. Estoy convencida de que una relación estrecha, diaria y con más disponibilidad por parte de los padres aumentaría considerablemente el bienestar de niños y adolescentes, y la felicidad de la familia en su conjunto. Pero muchas veces no podemos escoger. Vamos a ver cómo podemos conseguir esta «calidad» de las relaciones, sea mucho o poco el tiempo del que disponemos para compartir.

**20 consejos para tener una relación de «calidad» con tus hijos**

1. **Deja tu mal humor en la puerta.** Cuando cruces el umbral muéstrate dispuesto a compartir un tiempo de intercambio y de buenas vibraciones. Esto significa que entras con una sonrisa y con un tono de voz alegre y los brazos abiertos.
2. **Busca la mirada de tus hijos.** Demuéstrales que has llegado y que estabas esperando este momento.
3. **No escatimes besos ni abrazos.** Ya hemos hablado de la importancia del tacto en la Primera parte del libro.
4. **Si son pequeños, agáchate y míralos intensamente** a los ojos para que puedan contarte sus aventuras del día. Si son mayores, busca proximidad física y busca una posición cara a cara, aunque a veces es difícil conseguir que ellos se abran. Cuando ellos se dirijan a ti, abre el cuerpo, sitúalo hacia ellos y míralos.
5. **Aparca tu móvil y todos tus aparatos electrónicos.** Recuerda que el principio de la seducción consiste en hacer sentir al otro como lo más importante para nosotros.
6. **¡No interrumpas, no interrumpas, no interrumpas!** Los padres tenemos la manía de cortar a los jóvenes para dar nuestra opinión, muchas veces desaprobando o incorporando nuestras batallitas al relato.
7. **Aplica las pautas de la escucha activa.** Es probable que no puedas mirar a los ojos porque, al mismo tiempo que habláis, tenéis que pelar patatas o poner la mesa. Indícale con asentimientos de cabeza y con lenguaje paraverbal que le vas siguiendo. De vez en cuando, mírale para que se dé cuenta de que estás muy atento y le sigues.
8. **Prohíbete los gestos de desdén** con la mano o mirar por encima del hombro, con una mirada de superioridad o de asco. A nadie le gusta sentir que le valoran tan poco y menos si son sus padres.
9. **No hace falta gritar** para tener autoridad, aunque sí un tono de voz firme y seguro. Hablando pausadamente y mirando a los ojos conseguirás más que chillando.
10. Es importante **comer una vez al día, por lo menos, todos juntos**. Aprender a conversar y a compartir es alimentar su capacidad intelectual y social. Además es el momento de fomentar los buenos modales, una de las vertientes de la comunicación no verbal, que les será útil para su vida profesional y en sociedad. En las normas de educación se contemplan valores tan importantes como el respeto, la generosidad o la pulcritud. Si alguien no sabe comportarse en la mesa, difícilmente sepa comportarse en otras situaciones.
11. **Aparca el móvil y apaga el televisor durante las comidas.** Toda la atención debe estar puesta en lo que pasa alrededor de la mesa, y no fuera de ella. Es una forma de dar importancia a las experiencias del día de todos.
12. **Evita dar órdenes o desaprobar** a los adolescentes o incluso mayores en presencia de personas extrañas o invitados. Les duele y los puede humillar. Utiliza un código de miradas para darles instrucciones o desaprobar una acción determinada.

13. **Predica con el ejemplo.** Ten en cuenta que son grandes imitadores. Obsérvalos y te verás reflejado en muchos de sus movimientos y actitudes. Es probable que te sorprenda en ellos algún gesto que no te gusta y que tú haces a menudo.
14. **Las miradas regulan la relación.** No aportan nada bueno las miradas condescendientes, incrédulas, de desdén, de odio. Son eficaces, bien administradas, las miradas de autoridad, de indicación, de reprobación.
15. **Respeta a los demás miembros de la familia**, especialmente a los abuelos y otras personas mayores. Tú eres un modelo para tus hijos. Ellos reproducirán lo que vean en ti. No permitas que levanten el tono de voz ni a ti ni a otras personas, ni que falten el respeto a nadie.
16. **Deben aprender a participar en la conversación de los adultos** igual que también tienen que aprender a respetar el turno de palabra. Con paciencia y con tu modelo, aprenderán a utilizar los gestos reguladores para participar en una reunión de cualquier tipo.
17. **Firmeza en el gesto para transmitir autoridad.** Los castigos físicos y la violencia solo generan miedo, desconfianza y daños psicológicos. En cambio, un ademán para dar una orden o para desaprobar puede ser muy eficaz. También con contacto físico, cuando son pequeños. Coger de la mano o del brazo para llevarlos a su sitio, acompañar el rostro para que te miren mientras hablas, etc.
18. **Muéstrales la diferencia entre el lenguaje formal y el informal.** Tendrán muchas más habilidades sociales si aprenden a distinguir las situaciones por el grado de formalidad y tienen la habilidad para adecuarse a ellas. Si les enseñas a dominar todos los registros, les das una herramienta poderosa. Esto afecta el lenguaje corporal, el tono de voz, la articulación, la forma de vestir, los saludos y, en general, todo lo que vemos en este libro.
19. **Enséñales a mostrar respeto con el lenguaje corporal.** Saber estar de pie y sentados, saber mirar, evitar gestos poco corteses, etc.
20. **Las muestras de amor, confianza y respeto entre la pareja** (sean los padres biológicos o no) son el marco adecuado para crecer emocionalmente. Los niños son extremadamente perceptivos y a través de los gestos de los demás reciben información que marcará su vida y sus relaciones sentimentales en el futuro. Toma conciencia de ello cada vez que te dirijas a tu pareja.

## LOS ACTOS SOCIALES

Eventos sociales relacionados con la familia, los amigos o el trabajo son excelentes oportunidades para poner en práctica nuestras habilidades de comunicación y para «entrenar» esta capacidad de seducción y aprender a comportarnos con carisma. Para las personas tímidas, estos momentos son incómodos y les generan inseguridad, porque con frecuencia no saben cómo actuar.

**20 consejos para asistir a una fiesta o evento social**

1. **No llegues el primero** porque no tendrás nadie con quien hablar y mostrarás no tener nada que hacer aparte de asistir al evento. Es imperdonable llegar antes de la hora porque puedes molestar a los anfitriones u organizadores. Llegar el último tampoco es muy educado y, además, será más difícil introducirte en los corros o presentarte a personas que estén situadas cerca de ti si ya ha empezado una actuación, por ejemplo.
2. **Saluda y sonríe** a las personas que encuentres en recepción, miembros de la organización o cualquier empleado. Si te recibe el anfitrión, detente a saludarle y hablar con él para hacerle algún comentario agradable sobre el evento.
3. **Entra sin prisas**, con un paso tranquilo y con actitud abierta. Si llegas apresuradamente, respira antes de entrar y no des muestras de ansiedad. A nadie le importa el viacrucis que has pasado hasta llegar aquí.
4. **Mira a tu alrededor y saluda** a las personas con quienes cruzas la mirada: son posibles futuras relaciones. Sonríe.
5. **Si te encuentras con conocidos, no finjas no haberlos visto.** Aprovecha la ocasión para saludarlos y, si no te interesa estar con ellos, busca un pretexto para dejar la conversación.
6. **No desvíes la mirada** si un desconocido te mira. Mantén el contacto con una sonrisa. Eso sí, ten en cuenta que, según como sea la mirada, puedes entrar en el juego de la seducción sexual. Consulta el apartado correspondiente.
7. **Una cosa es sonreír y otra reírse nerviosamente.** Se nota que son risitas de timidez y de cohibición. Procura controlarlas.
8. **Si hay bebidas**, puedes sostener el vaso con la mano izquierda y al mismo tiempo una servilleta de papel. Con la derecha puedes coger croquetas y cacahuetes, pero te quedarán los dedos pringados. Para esto tienes la servilleta en la mano izquierda, para limpiarte cuando ves venir otro invitado decidido a darte un buen apretón de manos.
9. **Mantén el porte y la elegancia** a lo largo de todo el evento. Si eres hombre, no separes mucho las piernas cuando estés de pie. Si eres mujer, no hace falta que tengas los pies absolutamente juntos. Procura no torcerlos ni cruzarlos porque puedes tambalearte.
10. **Si eres mujer y llevas zapatos de tacón**, camina con pasos ni muy cortos ni muy largos, pero no pretendas llegar la primera a los canapés. Los tacones no están diseñados para las prisas. Y harás doble ridículo.
11. **Si asistes al evento acompañado** de tu pareja o de un compañero de trabajo, lo mejor es que os separéis al entrar y cada uno procure entablar nuevas y enriquecedoras relaciones. Para estar con tu pareja no hace falta salir de casa.

12. **Si vas solo y eres muy tímido**, puedes pedir a los anfitriones que te presenten a alguien, pero no siempre es posible. Entonces tendrás que tomar la iniciativa. En la Tercera parte del libro encontrarás planes para entrenarte en el reto de dirigirte a un desconocido. Observa a tu alrededor, busca si hay otras personas solas, fíjate en ellas, su aspecto y sus movimientos. Piensa qué le puedes decir para resultar agradable y acércate tranquilamente y con una sonrisa. Busca su mirada. Puedes empezar con una presentación formal (para eventos del trabajo) o con una fórmula totalmente original (especialmente para las fiestas, eventos con mucha gente u otros actos informales). Si saludas con un apretón de manos, ya sabes cómo hacerlo.
13. **Cuida mucho la distancia personal**, pero no te quedes excesivamente lejos, como asustado. Aquí la distancia correcta es la que te permitiría extender un brazo. Poco a poco, si hay buena sintonía, se puede ir reduciendo.
14. **No manipules el móvil u otro aparato similar.** Estar conectado a las redes sociales mientras estás desatendiendo una posible nueva red presencial no tiene mucho sentido. El solo hecho de tener el móvil en la mano ya indica tu falta de seguridad, tu dependencia de estos aparatos y que tu mente está «fuera».
15. **Si tienes alguna adicción de la que no te puedes librar**, consulta a un experto. Mientras no lo hayas superado, no muestres tus «vicios» en público: morderte las uñas, arrancarte pelos de las cejas, fumar...
16. **Si eres muy extrovertido**, quizá tu problema puede llegar a ser el exceso de confianza y el abuso de la paciencia de los demás. Permanece atento a las señales no verbales indicativas de que no eres bien recibido o que ya están cansados de tu discurso.
17. **No te pegues a otro invitado**, porque le vas a cargar y no deseará volver a verte y porque hay más personas que conocer. Incluso si la conversación es muy agradable, te recomiendo que no la agotes, así tienes un pretexto para proponer continuarla en otro momento.
18. **Mira a las personas con las que estás hablando** sin desviar la mirada para ver quién entra o sale. Aunque te encantaría repasar a todos los asistentes, tendrás que buscar el momento oportuno. No puedes estar admirando un fantástico vestido o un cuerpazo, mientras te están hablando. Hablando de mirada: sé discreto o discreta en el examen que dedicas a los demás.
19. **No seas el último en marcharte** y no lo hagas sin despedirte de los anfitriones y de las personas que conoces o de las que has conocido durante el acto y tienen un interés especial para ti. No hace falta despedirse de todo el mundo.
20. **Las mujeres pueden ir solas a todas partes**, incluso al baño. No muestres dependencia de nadie ni de nada.

# RELACIONES PROFESIONALES

Nos pasamos la mayor parte del tiempo que estamos despiertos en el trabajo. Y aunque no sea el mejor trabajo del mundo, aunque consideremos que está mal remunerado, aunque estemos aspirando a un trabajo mucho más atractivo para nosotros, merece la pena sentirnos felices y satisfechos con lo que hacemos. Podemos elegir cómo queremos que sean nuestras relaciones profesionales tanto dentro de la empresa como en la relación con clientes y otros públicos externos.

## Relaciones internas: trato con compañeros, subordinados y superiores

Una actitud positiva, proactiva y optimista te permitirá relacionarte mejor con los compañeros y con tus jefes o subordinados. Cuando generes bienestar a tu alrededor, la gente te corresponderá de forma espontánea. No hace falta siquiera que sean conscientemente agradecidos, pues **las emociones positivas que les has hecho sentir también vuelven hacia ti. Cuando irradiamos felicidad, recibimos felicidad.**

Sin embargo, no hay que confundir amabilidad con debilidad, ni optimismo con ingenuidad. El bienestar y el éxito en el trabajo también pasan por hacernos respetar y tener la autoridad que corresponde a nuestro puesto de trabajo. Es más, si mostramos capacidad de decisión, iniciativa y seguridad, es más fácil que nos den puestos de más responsabilidad. Muchas personas técnicamente competentes no son promocionadas porque sus superiores no las consideran aptas para asumir cargos directivos o puestos con una vertiente más comercial. Y esto es debido a su forma de comportarse y cómo se relacionan con los demás.

**Cuando los empleados de una empresa saben relacionarse bien entre sí, tenemos una empresa emocionalmente inteligente.**

| 20 consejos para hacerte respetar por compañeros, superiores e incluso clientes |
|---|
| 1. **La actitud corporal es el reflejo de nuestra actitud ante la vida.** Mantén el cuerpo equilibrado, firme y abierto. La apertura es fundamental porque transmite a la vez valor y receptividad. |
| 2. **Cuida tu aspecto** y, si quieres optar a otro puesto de trabajo dentro de la empresa, viste como si ya lo estuvieras ocupando. El aspecto también dice cómo te ves a ti mismo y qué te crees capaz de hacer. |
| 3. **Sé muy estricto con tu puntualidad** y pide a los demás que también lo sean. Llegar tarde a una cita con un cliente o a una reunión en la empresa es una muestra de lo poco que respetamos al otro, pues estamos disponiendo de algo tan importante como el tiempo de su trabajo y de su vida. Además puede dar la imagen de que no te organizas bien. |
| 4. **Muévete con decisión.** Los movimientos precisos, enérgicos y sin titubeos te dan autoridad. |
| 5. **Mantén tu mesa, o cualquier otro espacio de trabajo, ordenada y limpia.** Inspira mucha más confianza, tanto personal como profesionalmente. |
| 6. **Sé muy cuidadoso con el olor corporal.** Si tienes alguna enfermedad o un problema de hiperhidrosis (excesos de sudoración en alguna parte del cuerpo), consulta a un especialista. El mal olor corporal y la halitosis (mal aliento) son una de las causas de marginación en el trabajo y burla de los compañeros. |
| 7. **No invadas el territorio de los demás** con tus objetos personales o dejando muestras de tu paso por los espacios comunes. |
| 8. **Escucha atentamente** en silencio la crítica de tu jefe, hasta que acabe su intervención. Deja pasar unos segundos y contesta serenamente mirándole a los ojos. |
| 9. **No adoptes una actitud defensiva** ante las críticas de superiores, compañeros o clientes. Domina tu reacción y acepta serenamente los comentarios y tus errores. Si las críticas no están fundamentadas, no te alteres ni te enfades. Aprende a contestar con asertividad. |
| 10. **No te declares «humillado».** No hundas la cabeza entre los hombros, como si quisieras desaparecer. No bajes la mirada como un niño pillado en falta. Si estás sentado, no pongas los brazos a lo largo del reposabrazos, parecerá que te están juzgando: apoya solo el codo y enlaza las manos en medio. |

11. **Controla el tono de voz.** Aunque la situación sea frustrante o irritante, tenemos que demostrar que dominamos nuestras emociones. Utiliza un tono de voz convincente pero tranquilo y sin gritar.
12. **Es importante ser empático** con los compañeros, clientes y demás, pero no podemos dejarnos llevar por sus emociones. Procura mantenerte al margen del desánimo y de las actitudes negativas que se puedan generar en tu entorno.
13. **Observa a los demás** para descubrir cómo se sienten y qué intenciones tienen. Intenta leer su lenguaje corporal y tendrás mucha información valiosa.
14. **Ponte el escudo protector** de la distancia psicológica. No te impliques emocionalmente cuando haya clientes maleducados o muy exigentes, mal ambiente entre compañeros, superiores déspotas, etcétera. Si transmitimos la imagen de invulnerabilidad, nuestros adversarios no intentarán la mayoría de los ataques.
15. **No te justifiques ni des muchas vueltas para explicar algo.** Haz frases breves y afirmaciones o negaciones claras. Utiliza las pausas para expresar tu fortaleza. Las personas seguras no temen el silencio.
16. **Nunca te impliques en una discusión** ni entres en el juego del estado emocional de tu interlocutor. Toma tú las riendas y contágiale tu estado emocional relajado o neutral.
17. **Tras un ataque**, respira hondo y tómate unos segundos antes de reaccionar. No tienes por qué responder con un mensaje verbal. Puedes responder con una mirada firme y severa o dejando a esta persona esperando tu respuesta. Sigue con tu tarea o da media vuelta y déjalo plantado. Al marcharte, camina erguido y con la cabeza alta.
18. **Sé amable sin ser sumiso.** No expreses sumisión ante compañeros que no sean tus superiores. No te rías ni sonrías si escuchas bromas o comentarios inapropiados.
19. **No te muestres falto de poder.** Los agresores buscan víctimas fáciles para vencer sin tener que luchar. Buscan personas con apariencia débil para imponerse. Tú mismo, con tu actitud débil y sumisa, provocas en gran medida las agresiones y los comportamientos abusivos de los demás. Esta actitud se caracteriza por:
    a) Sonreír a menudo con la intención de no molestar al interlocutor.
    b) Ocupar poco espacio.
    c) Adaptación excesiva a los demás, que se convierte en falta de autoridad.
    d) No marcar límites ni parar los pies a los demás: limitarse a bajar la vista o a encogerse.
    e) Asentir aunque no se esté de acuerdo.
    f) Estar atrapado en el papel de la persona amable, cariñosa y complaciente.
    g) Pecho hundido.
20. Un consejo final: **procura tu bienestar y no el malestar de tu agresor**. Es mucho más productivo.

Si tu puesto de trabajo conlleva responsabilidad en la gestión de equipos y funciones directivas, necesitas ejercer tu liderazgo. Si no ocupas un puesto de estas características, también te interesa saber cómo tener más influencia sobre los demás para actuar como líder cuando lo necesites.

| 20 consejos para inspirar confianza y liderar |
| --- |
| 1. **Las acciones son más poderosas que las palabras.** Compórtate de acuerdo con lo que quieres transmitir y refleja actitudes y valores positivos a través de tu comunicación no verbal. |
| 2. **Inspira optimismo cuando hagas acto de presencia.** Por mal que estén las cosas, envía un mensaje positivo y de confianza. Cuerpo vertical y abierto. Sonríe a todo el mundo. |
| 3. **Escoge conscientemente el tono de voz** ya que marca el estado de ánimo, el tuyo y el que contagiarás a los demás. |
| 4. **Elige escrupulosamente el lugar donde hablas con tus subordinados.** (Revisa el apartado de la Primera parte del libro correspondiente a los efectos del entorno.) Según te interese crear un clima de cordialidad, de familiaridad o de distancia, escogerás una sala u otra. No es lo mismo hablar en un pasillo que en el despacho de gerencia o en una sala más neutral. Puede que en algún momento sea mejor hablar en la cafetería o en un restaurante. |
| 5. **La privacidad es fundamental.** Especialmente si se trata de algo personal o de una crítica, es necesario que el subordinado se sienta protegido de las miradas de los compañeros. |
| 6. **La posición en la sala es importante.** Si quieres mostrar proximidad y confianza, no te sientes detrás de la mesa. Busca una posición menos jerárquica, por ejemplo, siéntate a su lado o frente a frente, pero sin ninguna barrera en medio. |
| 7. **Si quieres mostrar autoridad, quédate de pie**, tanto si el otro está sentado como de pie. Si estás en tu despacho, quédate en tu silla y déjale de pie mientras habláis. |
| 8. **Algunos líderes se sientan «a medias» en la mesa**, solo sobre una pierna, y la otra tocando el suelo. Esto da un aire de proximidad y cordialidad. Pero solo te lo aconsejo cuando los demás estén sentados. |
| 9. **Evita los gestos adaptadores** en cualquier situación que pueda resultar tensa, pues darás imagen de debilidad y falta de decisión. |
| 10. **Muestra el valor de la pulcritud y del buen gusto** con tu ejemplo si quieres que tu equipo tenga una buena imagen. |
| 11. **Los buenos modales también se aprenden imitando.** Inspírales el saber hacer y crea una cultura de cortesía en las relaciones internas y hacia el exterior. |
| 12. **Utiliza el contacto físico para animar, apoyar, motivar.** Pero no te excedas y actúa con mucha cautela en las relaciones con el otro sexo. Podría confundirse un gesto de ánimo con un gesto de intención sexual. |

13. **Ante todo, escucha.** Es lo más motivador que se puede hacer por una persona. Las personas responden a quienes las escuchan.
14. **La expresión facial debe ser congruente.** Sonreír cuando estamos satisfechos y fruncir el ceño cuando estamos preocupados.
15. **La mirada es fundamental para transmitir fuerza, seguridad, autoridad**, pero también confianza, empatía, entusiasmo.
16. **Si no miras a tu interlocutor mientras te habla** puede pensar que no escuchas y que no tienes en cuenta su opinión. De todas formas, no mantener el contacto visual porque estás reflexionando, con el entrecejo fruncido, puede ser un mensaje positivo, de persona que escucha y considera las cosas.
17. **Valora a todo el mundo e interésate por su trabajo.** No trates a nadie en tu empresa de «no persona». Aunque sea solo con una sonrisa, haz que se sienta visible y parte de tu equipo.
18. **Adopta posiciones y movimientos de firmeza.** Gestos abiertos, posición VASE y VASE4, gesticulación ilustradora, movimientos de autoridad con la cabeza, etc.
19. **No utilices gestos arrogantes.** Sentado con las manos detrás de la nuca y pies encima de la mesa, a horcajadas o con un pie apoyado en un elemento más alto.
20. **Mantén una actitud de escucha activa y altamente receptiva** cuando te planteen quejas, críticas a tu gestión o sugerencias.

## Las relaciones externas en el trabajo: clientes y usuarios

La diversidad de profesiones y situaciones que se producen con el cliente es enorme, y hablaré de cuatro profesiones que nos pueden servir de ejemplo: camareros, médicos, maestros y colectivos administrativos que dispensan atención al cliente.

Cada profesión, en función del tipo de tarea que tiene que desarrollar, establece unas relaciones determinadas con las personas de su entorno, sean compañeros, superiores, subordinados o clientes. Estas relaciones se establecen y se desarrollan siguiendo unas pautas de comunicación que dependen de los roles de cada uno de los interactuantes.

Veamos algunos casos típicos. Aunque no pertenezcas a ninguno de estos colectivos, seguro que podrás encontrar paralelismos con algunas situaciones frecuentes en tu jornada laboral y podrás usar estas técnicas para sentirte más seguro en todas las ocasiones.

## Voluntad de servicio

Los profesionales de la hostelería y la restauración son un buen modelo de cómo podemos desarrollar la actitud profesional de estar al servicio de los clientes. Se puede aplicar también a dependientes de grandes superficies y de tiendas de marcas de lujo.

Dominar la comunicación no verbal les dará una mejor imagen y una mejor eficacia en el trato con los usuarios de sus establecimientos. Saber estar de pie, caminar y moverse adecuadamente da a estos profesionales un porte distinguido que realza su profesión y les confiere más categoría.

Algunos movimientos que es mejor evitar son: arrastrar los pies, caminar a grandes zancadas, mantener el cuerpo apagado o ponerse en jarras.

Pero quiero hacer hincapié en el uso del contacto visual. La mirada es una herramienta decisiva para una comunicación eficaz y para mantener el control sobre la mayoría de las situaciones. Como cliente, seguro que te molesta que el camarero te ignore. Incluso el *maître* puede parecernos engreído y poco servicial si al entrar en el restaurante no nos mira en seguida.

---

**No establecer contacto visual es no abrir el canal de comunicación. No mirar es ignorar.**

---

El cliente se sentirá mejor recibido y más tranquilo si el contacto visual indica que le han visto y que en la medida de lo posible le atenderán en seguida.

El protocolo de la mesa también tiene en cuenta el uso de la mirada y lo entiende como forma discreta y elegante de comunicación. Si estoy en un restaurante y quiero que se acerque el camarero a mi mesa, lo correcto es solamente mirarle a los ojos. Con este simple gesto, el camarero profesional sabe que le están reclamando y acudirá diligente. Se considera vulgar levantar la mano, decir «psst, psst», o gritar «¡camarero!», «¡oiga!» o «¡chico!».

Pero la cruda realidad es que la mayoría del personal de la hostelería parece no conocer este código. Voluntaria o involuntariamente ignoran nuestra señal y nos obligan a recurrir a estos signos que nos hacen visibles para todos los demás clientes.

La discreción debería reinar en la relación entre camarero y cliente, por lo que el dominio de la mirada es fundamental. Por ejemplo: me encuentro un cabello en el plato o he manchado el mantel con la copa de vino. Sin hacer aspavientos y sin comentarlo con los demás comensales, busco la mirada del camarero para indicarle que requiero su servicio. Cuando he conseguido que el camarero se acerque a la mesa, una mirada dirigida a lo que quiero mostrarle será suficiente para que él retire el plato o tome las medidas oportunas.

Puedes objetar que con mucha frecuencia estos profesionales trabajan bajo mucha presión y están sobrecargados. No lo dudo. Pero estar atento a lo que ocurre en toda la sala y abierto a cualquier señal le permitirá actuar rápidamente ante un incidente. Cerrando el canal de comunicación de la mirada, los clientes no percibirán el servicio como el más amable ni eficaz del mundo.

## Empatía

Todas las personas deberíamos tener una actitud empática hacia los demás. Es decir, deberíamos tener la capacidad de entender cómo se siente la persona que tenemos delante. Si nos pudiéramos poner en el lugar del otro, entenderíamos mucho más su actitud, su forma de comunicarse, y podríamos tener unas relaciones más serenas y más «productivas». Pero cuando el cliente o usuario, además, está en una posición de fragilidad y acude a nosotros solicitando ayuda, el trato debería ser *profesional* y *humano*, dos adjetivos que deberían ser indisociables. Para ver esta situación, hablemos de los médicos y del personal sanitario en general.

Si tenemos en cuenta los datos acerca de las denuncias que los pacientes o sus familiares presentan por negligencias de sus médicos, vemos que la relación entre la denuncia y la sensación de los demandantes de no haber recibido suficiente atención por parte del médico es muy alta. Esto quiere decir que podemos llegar a perdonar un error, pero si hemos sido maltratados personalmente por el profesional estaremos menos dispuestos a pasarlo por alto. La sensación de que no nos ha atendido, es decir, que no nos ha escuchado o no nos ha tenido en cuenta, aumenta el disgusto e induce a una valoración negativa sobre la competencia científica del profesional.

Todavía a estas alturas y sabiendo la importancia que tienen las emociones en la salud de las personas, cuesta creer que muchos médicos puedan ejercer sin haber recibido ni siquiera una asignatura sobre comunicación interpersonal, inteligencia emocional, etc. Ya sabemos que la medicina cura, pero también ayudan el optimismo, el cariño, la comprensión. Necesitaríamos un libro entero para hablar de la comunicación médico-paciente-familiares. Pero aquí quiero dejar constancia de la importancia que tienen la mirada, la sonrisa y el tacto en la comunicación con el paciente.

Ante todo, una mirada a los ojos le dice al enfermo que «existe» como persona y que no será tratado como una máquina en un taller. Y esta mirada, acompañada de una sonrisa, puede actuar como un auténtico bálsamo para el sufrimiento del paciente.

- Una mirada tranquiliza al paciente para indicarle que todo va bien, y que el médico y su equipo están pendientes de todo.
- Una mirada puede expresar mucho cariño, tan necesario cuando no estamos en el mejor momento.
- Una mirada expresa apoyo ante la adversidad.
- Una mirada puede dar ánimos y contagiar espíritu de lucha.

El tacto afectuoso, el tacto que no se limita a la exploración médica o las curas diarias, contribuye a una relación más estrecha entre médico y paciente, inspira confianza, consuela, calma, anima. El paciente suele estar receptivo a este contacto protector del profesional, pues se siente vulnerable y necesita saber que puede confiar en el médico. Un enfermo angustiado o grave agradece sobremanera que cualquier profesional sanitario se dirija a él y se interese por su estado mientras le coge la mano o el brazo. Si esto es así en los adultos, el poder de este lenguaje con los niños o los ancianos es enorme.

En cuanto a la relación con los familiares, los objetivos son los mismos y la dedicación a ellos es tan importante como al propio paciente. Tener su apoyo facilita la tarea del equipo médico y contribuye a crear un clima de confianza entre paciente y profesionales.

## Autoridad

La gran mayoría de los manuales de comunicación de empresa aconsejan a directivos, emprendedores y aspirantes al poder cómo mostrarse seguros y competitivos, cómo frenar el acoso y demostrar la posesión del mando. Aquí trato el mismo tema pero cambiando los protagonistas. Pasamos del directivo de empresa al maestro de escuela. Verás fácilmente los paralelismos. La diferencia está en que las empresas se ocupan de entrenar a sus directivos a base de formación especializada en liderazgo, comunicación en público, técnicas de persuasión, inteligencia emocional y comunicación no verbal, entre otras habilidades. Sin embargo, muy pocos maestros y profesores han sido «capacitados» para asumir el rol de líder que desempeñan en el aula y fuera de ella.

Dedico este apartado, pues, a estos profesionales que con vocación y voluntad se enfrentan al reto de gobernar «equipos» de lo más heterogéneos, que no han pasado selección previa y con una energía desbordada. Y se proponen conseguir el mejor de los «rendimientos».

Realmente, el magisterio, y en general la docencia, es una de las profesiones más gratificantes que existen. Pero si la persona que se enfrenta a sus alumnos no está preparada para hacerlo, la tarea puede convertirse en un infierno, un motivo de ansiedad y frustración. Para disfrutar de la docencia y ser eficaz en la educación, especialmente de niños y adolescentes, uno tiene que inspirar respeto y transmitir autoridad. Debe ser percibido como líder.

Evidentemente, hay muchos factores que intervienen en el proceso de construcción de esta imagen y en las relaciones que el profesor podrá establecer con sus alumnos: cómo se comporta con ellos, qué mensajes emite, nivel de exigencia, su conocimiento de la materia, etc. Pero hay algo que no puede evitar: el examen al que se ve sometido la primera vez que aparece delante de sus alumnos. Estos le aprueban o le suspenden en los primeros minutos de la primera clase. Cambiar la imagen inicial será muy difícil (se lo pondrán difícil), pues ya actuarán según su juicio. Por eso merece la pena preparar muy bien los primeros días de curso y especialmente la aparición en escena.

Si eres maestro y tienes dificultades para mantener el orden en clase y hacerte respetar, aquí van mis recomendaciones concretas en cuanto a la comunicación no verbal.

**Eres uno de los nuestros.** En los cursos que doy a maestros siempre aparece el polémico tema de la forma de vestir. En algunos colegios privados, normalmente los llamados colegios de élite, los profesores van vestidos con traje y corbata, y entre las profesoras también hay unas pautas de formalidad en cuanto a su aspecto. En los demás centros, públicos o privados, no suele haber una normativa. Como sabes, en el caso de los públicos se deja a criterio de cada uno. Algunos profesores opinan que vestir como los alumnos es una forma de acercarse a ellos y ganar su confianza. Estoy en parte de acuerdo, pero solo en parte. Mi opinión es que una indumentaria relajada e informal puede hacer que el alumno vea al profesor más cercano y que confíe más en él, le genera más simpatía. Pero también puede generar falta de respeto, especialmente si el código del vestir transmite los mismos valores que quiere transmitir el alumno: informalidad, pasotismo, rebeldía, ruptura, etc. El niño o el adolescente necesitan también sus pautas y sus referencias para poder actuar en consecuencia. Si tú apareces y te perciben como «uno de los nuestros», difícilmente podrás ejercer autoridad, y esto afectará la confianza inmediatamente. La ropa puede ser una señal clave en el primer momento para marcar una diferencia que, lejos de ser una barrera, puede ser una ayuda.

**Transmite la solidez de un roble.** La actitud corporal será la responsable de enviar otro de los mensajes clave: la seguridad en uno mismo. Si el maestro muestra debilidad el primer día, es una invitación a la rebelión o la burla. No hace falta estar muy serio ni tener una pose arrogante. Puedes sonreír, claro. Pero mantén una actitud abierta mostrando estabilidad y voluntad de comunicarte con ellos. Apertura y firmeza, esta es la gran combinación: te respetan pero no pones barreras a la relación. Tanto si eres hombre como mujer, mantén la posición VASE. No te sientes sobre la mesa, procura no colocarte en un rincón ni lejos de ellos. Colócate en el lugar más visible y lo más cerca posible de ellos.

Mantén la cabeza alta. Sonríe, míralos a los ojos, uno por uno y especialmente a los que están distraídos. Evita meter las manos en los bolsillos y hacer gestos de cierre o de nerviosismo. Quizá, para que vayan guardando silencio, puedes pasear con paso firme, siempre mirándolos, por el pasillo central o lateral.

**Gritar más no es más poder.** Cuando puedas empezar a hablar, habla en voz alta y clara, pausadamente. Utiliza los silencios para mostrar tu autoridad: durante la pausa no apartes la mirada de ellos. Esta forma de hablar les está diciendo que tú tienes el control de la situación y que tú decides cuándo hablas y cuándo quieres silencio. No grites para imponer silencio. Puedes hacerte escuchar de otras maneras.

**Contacto visual.** Aquí quiero destacar que en general el profesor tiene que mostrar firmeza y control de la situación. La mirada hacia tus alumnos al entrar en clase es un mensaje de empatía y al mismo tiempo de autoridad. Si bajas o desvías la mirada en este momento, estás perdido. Sabemos que al darnos la vuelta nos mirarán, censurarán, criticarán. Niños y adolescentes establecen un pulso permanente con sus profesores (también con sus padres) para contrarrestar su poder y hacerse con la autoridad que no les pertenece. Para estos aprendices de adulto, conseguir esto siempre es una victoria. Establece las normas desde el primer día. Muchas de ellas tendrán que especificarse verbalmente, pero la firmeza se transmite con el cuerpo y sobre todo con la mirada. Desde la fortaleza, después podrás reírte con ellos, mantener una relación mucho más cercana. Pero desde la debilidad no podrás hacerlo, porque tendrás que estar siempre a la defensiva, solamente pendiente de protegerte y de conseguir que te obedezcan a toda costa.

Los maestros y profesores más apreciados saben combinar de manera casi mágica la sonrisa y la mirada para decir al mismo tiempo: te escucho y te respeto, y espero que me escuches y me respetes. Saben en el momento oportuno aplicar el consuelo con una mano en el hombro y la advertencia con una mirada penetrante.

Me he referido sobre todo a profesores de primaria, secundaria y módulos profesionales. El profesor de adultos o formador de profesionales aplicará las técnicas generales de hablar en público. Verás más adelante cuál es la comunicación no verbal más adecuada para hablar en público y las técnicas más eficaces para mantener el orden y controlar a los elementos más peligrosos.

## Atención al cliente

Empleados de la administración pública y de empresas de servicios, como la banca o las compañías de seguros, son el caso que quiero tratar ahora como representantes del enorme colectivo de personas que diariamente nos atienden. Su actitud y su forma de comunicarse no solo afectan a los usuarios, sino también a su propio bienestar.

Una de las quejas más frecuentes que dirigimos a estos empleados, especialmente a los de empresas públicas, es la falta de atención o de personalización en el trato. Veamos cómo intervienen los mensajes no verbales en esta relación.

Establecer contacto visual sirve para abrir el canal de comunicación. Si te diriges a cualquier establecimiento u oficina de atención al público, verás cómo estos profesionales regulan el turno de atención mediante la mirada. Es muy frecuente observar que, mientras no están dispuestos a atender, no establecen contacto visual directo y «pasan» la vista por encima de las personas que están esperando su turno. Es como si no existieran, o como si formaran parte de la decoración del lugar. Solo abren el canal de comunicación con la persona que están atendiendo. De esta manera, pueden centrar toda su atención en una única persona y se aseguran la escucha activa. Sin embargo, es frecuente ver cómo esta práctica se lleva hasta el límite y algunos empleados mantienen este contacto visual solo con la «pantalla del ordenador» mientras ignoran a las personas que se acercan. Hacen esto también cuando están conversando con otra persona o mientras hablan por teléfono y ven a alguien que se acerca y no quieren que entre en la conversación.

Sea en una tienda, en la recepción de una empresa o en un mostrador de atención al público, las personas que prestan servicio deberían ser conscientes de la importancia del lenguaje corporal en general, y en especial de los efectos de la mirada sobre los demás.

En los manuales de atención al cliente que he elaborado para empresas e instituciones, uno de los apartados en que más insisto es en la actitud que el empleado debe tener hacia el cliente. Y esta actitud se caracteriza por la proactividad. Actitud corporal positiva, abierta y lista para la interacción. En sincronía con esta posición corporal, está el comportamiento visual.

Mirar sonriendo a las personas que entran en tu establecimiento es una forma de:

- Demostrarles que te gusta tu trabajo.
- Mostrarte seguro de ti mismo, de lo que dices y de lo que haces.
- Que te vean como una persona amable y simpática.
- Demostrar que las has visto, que no son invisibles para ti. Esto tiene su importancia, pues es la diferencia entre considerarlas personas u objetos.
- Dar la bienvenida, se sentirán más cómodos.
- Ofrecer tu ayuda para asesorarlas en lo que necesiten.
- Mantener el canal de comunicación abierto; estarán seguras de que las escuchas y podrás comprenderlas.

- Que te vean profesional.
- Dejar mejor impresión en la despedida.
- Personalizar la atención, con lo que evitarás muchos de los posibles conflictos posteriores.
- Fidelizar, si es necesario.

Pero quizá tu misión no sea vender sino informar, atender quejas y reclamaciones, y parte de tu trabajo consiste en calmar a los usuarios descontentos. Entonces tienes que conocer las virtudes de la mirada que acabo de describir, pero también las siguientes:

- Puedes expresar tu comprensión hacia estas personas.
- Con la mirada puedes expresar tu seguridad y firmeza y mantener a raya al público que no mantenga una actitud correcta.

## Ir a una entrevista de trabajo

Por supuesto, cada entrevistador es diferente y valora a los candidatos en función de su experiencia, del tipo de empresa y del puesto a cubrir. Sin embargo, hay unas cualidades que se valoran en todos los empleados:

- Honestidad.
- Responsabilidad.
- Compromiso.
- Entusiasmo.
- Capacidad de reacción.

Aunque esto lo podemos poner en el currículo y podemos decirlo de viva voz en la entrevista, solo resulta creíble si nuestro lenguaje corporal lo corrobora.

Lo que hemos visto en los apartados anteriores (estar de pie, caminar, saludar) tiene una gran importancia en la fase previa de la entrevista. Vamos a preparar una.

| **20 consejos para ir a una entrevista de trabajo** |
| --- |
| 1. **Tu aspecto es muy importante**, pero no a todas las entrevistas se tiene que ir vestido con traje y corbata o con vestido formal. Estudia tu atuendo en función del puesto de trabajo y del estilo de la compañía.<br>2. **La entrevista empieza antes de entrar en el edificio.** Una entrevista de trabajo no empieza en el momento de sentarte ante tu seleccionador, sino en el momento en que cualquier persona de la empresa pueda verte. Podrías cruzarte fortuitamente con el entrevistador o con alguna persona de rango en la empresa que tú no puedes identificar.<br>3. **Camina con seguridad y mantén la posición abierta y vertical.** Puedes entrenarte siguiendo las indicaciones de la Tercera parte del libro.<br>4. **Dirígete a las personas que te atienden** como si ya fueran conocidas tuyas, pero sin excesos de confianza, con amabilidad y seguridad.<br>5. **Si llevas un maletín, una mochila o un bolso, que esté en buen estado** y no excesivamente lleno. Si te presentas con una carpeta donde guardas el currículo, no camines con ella protegiéndote el pecho, cual escudo. Este gesto, tan frecuente en las mujeres, transmite necesidad de protección. Sostenla en la mano izquierda y déjala caer a la altura del muslo. Necesitarás la derecha para saludar.<br>6. **Siéntate si te ofrecen asiento en la sala de espera.** No olvides que se trata de una situación formal y todos tus movimientos tienen que corresponder a esta actitud. Sea en una sala o en un despacho, controla tus movimientos de nerviosismo aunque estés solo.<br>7. **Relájate y distráete con una revista pero no con el smartphone.** Darías la imagen de adicto al teléfono que no puede desconectarse en ningún momento.<br>8. **Es útil que lleves un libro en la cartera.** Si está relacionado con tu trabajo, mejor que mejor. Siempre darás la imagen de estar al día en tu profesión.<br>9. **Puedes utilizar un bloc de notas para escribir.** Siempre es mejor mostrar que tienes ideas, proyectos o citas que preparar.<br>10. **Cuando te encuentres con el entrevistador, prepárate para saludarlo y presentarte.** Entrena con un amigo el apretón de manos tal como ya hemos descrito. No te adelantes en el saludo. No des besos, a no ser que el entrevistador o entrevistadora tomen la iniciativa. |

11. **Cuando te ofrezcan asiento**, siéntate según habrás practicado ya en posición formal.
12. **Podrás apoyar la espalda** en el respaldo de la silla y relajarte un poco si no está muy inclinado hacia atrás.
13. **En la mayoría de los casos es poco recomendable que cruces las piernas**, y quedan descartados los cruces «americano» y «sexi femenino». Lo mejor es tocar con los pies en el suelo.
14. **No pongas ningún objeto tuyo** (tampoco las manos) encima de la mesa del seleccionador.
15. **Normalmente será el profesional seleccionador el que dará la entrevista por acabada.** Permanece atento a sus gestos porque te indicarán su intención de terminar. No te precipites, pero tampoco esperes a que él se levante para echarte.
16. **Podría ocurrir que no se levante y que solo te despida verbalmente.** En este caso, no tienes que ofrecerle la mano para despedirte. Levántate con calma, permanece unos segundos de pie delante de él y despídete con una sonrisa y una mirada de confianza a los ojos, no de pena.
17. **Las frases que puedes pronunciar** son del tipo:
    «Ha sido un placer.»
    «Muchas gracias por su tiempo.»
    «Espero sus noticias. Muchas gracias.»
18. **No agaches la cabeza, como si fuera un saludo oriental**, especialmente si el puesto tiene alguna responsabilidad directiva. En algunos contextos puede favorecerte, pero no si optas a un puesto de mando o de alta calificación técnica.
19. **Nunca te vayas como un perdedor.** Emprende la marcha hacia la puerta tranquilamente. Esto es muy importante. Aunque creas que la entrevista ha sido un desastre, mantén la posición de seguridad. Es la última impresión que dejarás en el entrevistador. Puede que incluso esta última actitud influya en su decisión. Y, por descontado, procura no dar un portazo.
20. **En cualquier momento te puedes cruzar con alguien importante en la empresa.** Igual que al entrar, los pasillos, el ascensor y el vestíbulo no son espacios donde puedas relajar tu comportamiento.

Para preparar las entrevistas de trabajo en remoto, puedes tomar como referencia los consejos del apartado «Consejos para aumentar tu visibilidad en las reuniones virtuales» (pág. 204).

## El lenguaje corporal, el gran aliado para hablar en público

Una de las acciones que más tememos es exponernos ante un público y hablar. Por breve que sea el parlamento, por amigables que sean los espectadores, a la mayoría de los españoles les genera una importante inquietud.

No es más que el síntoma de la inseguridad sobre nuestras habilidades y del miedo a la visibilidad y al ridículo. Es una reacción lógica si tenemos en cuenta que en la escuela o en la universidad solo se nos ha enseñado el lenguaje verbal y, además, por escrito. Escribir nos resulta más fácil porque lo hacemos desde la discreción o incluso desde el anonimato y podemos revisar el texto. La oralidad exige otro tipo de habilidades, entre ellas, la capacidad para conectar con el público de manera directa y para transmitir una determinada imagen. Como la mayor parte de nosotros sabemos poco acerca de este arte, nos sentimos en falso si nos piden que salgamos a la palestra sin otra indicación que el tema a tratar.

Fruto de la importancia que se ha dado a lo largo de nuestra vida al lenguaje verbal, cuando preparamos hoy una presentación o un discurso, dedicamos toda la atención al contenido y a la expresión en palabras. Pero olvidamos que nuestro público será sobre todo «espectador» y que, a través de lo que percibe por la vista, recibirá todos los mensajes que no puedo o no quiero decir con la palabra, una especie de subtexto que refuerza nuestra credibilidad o delata nuestra inseguridad.

El lenguaje corporal, junto con el paraverbal (las señales vocales), serán los portadores de unos mensajes emocionales paralelos a los mensajes racionales formulados en palabras. Mientras un ingeniero está explicando su proyecto a un grupo de inversores con planes, datos, argumentos y un sinfín de informaciones técnicas, su cuerpo y su voz transmiten entusiasmo e implicación en el proyecto, su convencimiento de que saldrá adelante, su profesionalidad y su capacidad comunicativa. Sin el dominio de este lenguaje, la puesta en escena se puede venir abajo. Para convencer no son suficientes, la mayoría de las veces, argumentos racionales. Si lo fueran, nos bastaría enviar un dosier con una información completa vía correo electrónico y ahorrarnos así tiempo, energía y muchos malos ratos.

En mis cursos sobre cómo hablar en público, todo tipo de profesionales responden al unísono a esta pregunta: ¿qué imagen de vosotros queréis transmitir? No hay discusión: la seguridad. **Porque la seguridad en uno mismo y en el tema inspira confianza en los demás.** Todos ellos son expertos, profesionales con años de experiencia en su sector, pero se creen patosos para exponer sus ideas o los resultados de su trabajo. Si sienten inseguridad es por el desconocimiento de las reglas de la comunicación en general y de la comunicación corporal en particular. No les faltan motivos.

Este no es un libro sobre cómo hablar en público. Si deseas profundizar en el tema, te recomiendo que leas un buen libro o que asistas a un curso para aprender las técnicas más importantes sobre la elaboración del mensaje y los métodos persuasivos. De todas formas, en este capítulo te explicaré lo que, según mi experiencia, es la clave para conectar con el público.

**La actitud es una de las claves del éxito para conectar con la audiencia.** El orador domina el tema y ha preparado su presentación de una forma atractiva y comprensible. Pero su misión no acaba aquí, sino que se enfrenta al momento decisivo: asume el rol de transmisor, será el vehículo que facilitará la comunicación. Y no solo esto; también será el motivador de la actitud receptiva del público, conectará emocionalmente con él y dejará un recuerdo en la mente de esos espectadores. El orador no puede evitar ser el centro de atención. Entonces hay que asumir este protagonismo y aprovecharlo al máximo para conseguir los objetivos.

El comunicador necesita enfrentarse a su público con seguridad, valentía, optimismo y generosidad. ¿Recuerdas estas cualidades? Son las cualidades de una persona seductora. Y es que el buen orador no solo habla bien, sino que **seduce** a su público. Y ya hemos visto que estas cualidades se reflejan directamente en el cuerpo y en sus movimientos.

¿Por qué Obama se alzó tan rápidamente como un líder capaz de cautivar no solo al electorado norteamericano, sino a ciudadanos de todo el mundo? ¿Por qué, contra todo pronóstico, un hombre de raza negra llegó a la Casa Blanca apartando rivales con muchas más posibilidades? Sin duda ofrecía un mensaje diferente y esperanzador. Pero fueron su carisma, sus dotes de orador, el poder de convicción y la confianza que inspiraba las claves para que el mensaje llegara a la gente y esta creyera en él. Toda la maquinaria de marketing del mundo no serviría para nada si no hubiera un protagonista sólido y real, capaz de enfrentarse a todas las situaciones y asumir todo tipo de retos. En cuanto a la comunicación se refiere, Obama llevaba años preparándose, y en el momento decisivo demostró ser un comunicador extraordinario, tanto en la construcción del discurso como en la puesta en escena.

Por lo que se refiere a la comunicación no verbal, Obama es el paradigma del buen orador: no solo transmite un mensaje con claridad, sino que demuestra sentirse a gusto en el atril, ante las cámaras, detrás de cualquier micrófono. Su cuerpo es la expresión de la seguridad y la confianza en sí mismo, del coraje necesario para luchar por unas ideas y de la pasión por su proyecto. Todo esto lo transmite con un cuerpo firme y abierto y con una voz brillante, controlada y llena de matices. Pero, además, tiene una actitud cálida hacia el público: su movimiento ágil, una sonrisa abierta y, especialmente, su mirada. Una mirada que parece conectar con cada una de las personas que tiene delante. Si deseas mejorar tus dotes de líder y de orador, es muy recomendable ver vídeos de Barak Obama en diversidad de situaciones. Te darás cuenta de que la naturalidad no es fruto de la improvisación, sino todo lo contrario: de la experiencia y la preparación de cada acto. No deja nada al azar: su aspecto siempre es impecable, su entrada en el escenario, cómo pronuncia las primeras palabras, dónde coloca las pausas, cómo mira a su audiencia.

Veremos ahora paso por paso cómo aumentar el poder de la palabra a través del lenguaje corporal.

## Cómo transmitir la mejor imagen y conectar con tu público

### Dónde me pongo y en qué posición

El público no te observa solamente cuando hablas. También te ve en los momentos previos. Por ejemplo, el tribunal de las oposiciones o los asistentes a una presentación te ven ya cuando entras en la sala. Por lo tanto, ten en cuenta tu manera de andar y avanzar hacia el lugar de la exposición. Camina con la cabeza alta, el cuerpo vertical y el pecho fuera: todo ello con naturalidad. Da pasos tranquilos y no arrastres los pies. Olvídate de que tienes bolsillos; las manos tienen que ir junto a los muslos y acompasadas con las piernas. Si es posible, mira a tu público y sonríe. En este momento ya puedes saludar con la cabeza o con la mano (si eres un político).

---

**No te quedes en un rincón, como si te escondieras o quisieras irte ya. ¡Estarías diciendo que tienes miedo!**

---

Busca tu lugar en la sala (te recomiendo que lo hayas visto y adaptado a tu gusto previamente). Para empezar, busca la parte más central del espacio. Cuanto más cerca del público mejor. Siempre que puedas elegir, permanece de pie. Serás más visible y tienes más autoridad puesto que miras a tu público de arriba hacia abajo. Además, esto aumenta tu protagonismo. Manteniendo el cuerpo recto y la cabeza alta, busca la estabilidad y la simetría. Los dos pies en el suelo, firmes, ligeramente separados y en paralelo. Mantén la simetría entre las dos partes del cuerpo, no desplaces la pelvis, no te inclines ni adelante ni hacia atrás. Recuerda: posición VASE. Y no olvides que los pies dicen lo que queremos ocultar; cualquier movimiento de cierre o de tensión será perceptible por tu público más que por ti mismo (véanse las figuras 4 y 5 como ejemplo). Las mujeres tienen que ser conscientes de que, si se presentan con la cadera desplazada y redondeando su figura, atraerán las miradas hacia esta zona y, además, proyectarán una imagen de poco equilibrio y firmeza. La posición VASE es la que mantiene Obama en todos los mítines y comparecencias. La tiene tan interiorizada que no tiene ni que pensar en ella, esto le permite sentirse cómodo y aparecer siempre tranquilo y seguro. Da la sensación de que quiere estar ahí y que no estaría mejor en ningún otro sitio. Como puedes imaginar, esta es una de las claves de la confianza que inspira.

La proximidad física conlleva proximidad emocional. No te refugies detrás de la mesa y acércate al público. Evita las barreras que se interponen entre vosotros. El atril también es una barrera.

Acércate a la gente y adéntrate un poco por los pasillos. Pero hazlo con prudencia puesto que, si dejas personas a tu espalda, las obligas a volver la cabeza y tú pierdes el contacto visual. Sentarse sobre la mesa puede parecer una forma de acercarse al público y puede que tenga este efecto en entornos informales, pero también puede parecer que te da todo igual o que gozas de un exceso de tranquilidad («voy sobrado»).

**Colócate con una actitud natural y firme a la vez. ¡Ten el cuerpo «encendido» y no apagado! No te abandones, no te apoyes en la mesa y busca la posición central. Empieza con la posición VASE: te ayudará a respirar y dirá a tu público que eres una persona segura y muy preparada, que controla la situación. Cuando ya hayas entrado en el tema, te puedes mover y acercarte al público, tranquilamente. Deja que las manos se expresen libremente y dialoga con el público a través de la mirada.**

---

**Si, a pesar de todo, tienes que estar sentado, utiliza la posición VASE4. Te ayudará a proyectar mejor la voz y tendrás una imagen formal al mismo tiempo que activa.** Sentado no eres tan visible. Pero el hecho de tener una mesa delante no quiere decir que puedas dar toda la libertad a tus piernas. Lo que hagas con ellas debajo de la mesa se refleja en la parte superior. Por ejemplo, si bailas con una pierna, este temblor se reflejará en el tronco. Si las cruzas, se te inclinará la parte superior.

### Las manos: ¿qué hago con ellas?

Una de las preguntas habituales es acerca de la posición correcta de las manos en el momento de empezar. Ciertamente es un momento incómodo, y esto lo reflejan las manos en los bolsillos, detrás de la espalda, colgando o con brazos cruzados. La mayoría de estas posiciones son de cierre y los movimientos más habituales son de incomodidad, gestos adaptadores. Es muy frecuente llevarse la mano a la nariz o a las gafas en el momento de empezar, pasarse la mano por la corbata, alisarse la chaqueta. Otras personas dejan ver su irritación rascándose un brazo, retorciendo los dedos o dando vueltas a un anillo. Precisamente cuando más necesitamos sentir y aparentar tranquilidad es cuando más mostramos la tensión interna. Aquí los gestos juegan un papel decisivo y la buena noticia es que puedes entrenar los que más te convienen.

Ya hemos visto que la gesticulación sirve para acompañar, enfatizar o ilustrar las palabras. Normalmente, cuando ya estamos más relajados y entramos plenamente en el tema las manos se sueltan y gesticulamos naturalmente, sin darnos cuenta. Pero ¿cómo disimular la tensión inicial? ¿Qué hacer con ellas durante estos largos segundos que transcurren entre la aparición y los primeros gestos de acompañamiento? Uno de los trucos con mejor resultado es colocarlas a la altura del estómago, juntas (pero sin retorcerlas o frotarlas), mientras todavía estás en silencio mirando a tu público y preparándote para empezar. Este gesto se mantendrá apenas unos segundos, el tiempo que tardes en empezar a hablar, pues con la palabra ya empezarán su propio discurso. Piensa que los gestos más coherentes y expresivos suelen ser los que hacemos cuando no reparamos en nuestra gesticulación. Procura no tener ningún objeto que te impida una expresión libre con las dos manos. El truco de coger un bolígrafo o el puntero a la larga nos perjudica, porque acaban siendo un estorbo y un punto de distracción para el público que los va siguiendo con la mirada. Si a la fuerza tienes que confiar en unas notas, aguanta el papel con una mano, quieta a la altura del estómago, y gesticula con la otra. Si tienes que sostener un micrófono, haz lo mismo.

---

**Recuerda mantener las manos a la altura del tronco y no por debajo de la cintura durante toda la intervención. Ten en cuenta que las manos, cuando no se mueven, se mantienen juntas de manera natural y se separan cuando se expresan al compás del discurso. Si están quietas, están unidas. Si las**

**mantenemos separadas mientras están quietas, dan un aspecto poco natural y de torpeza.**

---

El expresidente del gobierno de España J. L. Rodríguez Zapatero popularizó un gesto muy habitual en los políticos. Consiste en unir las manos haciendo coincidir las yemas de los dedos hacia delante, a la altura de los botones de la chaqueta. Este gesto es útil en muchos momentos, especialmente para empezar a hablar o cuando no queremos que la gesticulación sea muy ampulosa, pero mantenernos demasiado tiempo en esta posición nos resta naturalidad y capacidad de convicción. Es un gesto que puede indicar acuerdo y tranquilidad, pero no pasión y entusiasmo por lo que decimos.

Empieza a hablar y acompaña la palabra con el gesto. Evita tocarte cualquier parte del cuerpo o lo que llevas puesto. Cuando nos sentimos amenazados ponemos en marcha los gestos adaptadores que son también delatores. Nos tocamos normalmente la zona del cuello y la cabeza, pero también los botones de la chaqueta, un colgante..., o nos rascamos la cabeza, nos tocamos la nariz o hurgamos las orejas, ajustamos las gafas... Estamos así evidenciando nuestra incomodidad y las ganas de salir por piernas. Una de las características de la comunicación de Obama es la ausencia absoluta de gestos de este tipo. Ante miles de personas o ante las cámaras de televisión, tiene un control absoluto de sus manos y nunca deja que delaten inseguridad, nerviosismo o falsedad.

Una candidata a las elecciones presidenciales francesas de 2007 protagonizó una escena de incomodidad relacionada con una mentira que acababa de decir y que nos ilustra cuán difícil es dominar determinados gestos, aun cuando estemos bien entrenados. En una entrevista radiofónica en presencia de las cámaras de televisión, el periodista preguntó a Segolène Royal cuántos submarinos nucleares tenía Francia, y después de intentar eludir sin éxito la respuesta, se atrevió a afirmar que Francia tenía un submarino. El periodista la desmintió con rotundidad y le dijo que eran siete. Segolène Royal no pudo evitar bajar la mirada y tocarse la nariz.

Cuanta más energía queramos transmitir, más abiertos y hacia el techo serán los movimientos. Si expresamos nuestra voluntad de comunicarnos con el público (es la generosidad y la valentía del orador), estos brazos se extenderán abiertos hacia delante, despegados del tronco. Un caso que ilustra esto es el de uno de los políticos más conocidos en España por su poca capacidad de comunicación en público: José Montilla, expresidente de la Generalitat de Catalunya. Muchos ciudadanos y analistas se han preguntado cómo una persona con tan pocas habilidades oratorias pudo llegar a un cargo para el que es necesario tener la capacidad de inspirar confianza, entusiasmar y motivar. La expresión de Montilla, aunque mejoró durante su mandato, se podía describir como forzada, inexpresiva y aburrida. Y esto se reflejaba no solo en la rigidez de su cuerpo y la inexpresividad de su rostro, sino en la práctica ausencia de movimientos en las manos. En coherencia con la entonación, las manos tenían pocos gestos y repetitivos, con ausencia de ilustradores. La entonación, consecuentemente, era monótona, repetitiva y carente de emociones.

Todo lo contrario que el presidente francés Nicolas Sarkozy, un gran orador, que ha utilizado su rica y enérgica gesticulación como base de su capacidad de transmisión y poder de convicción. Puede que tanto Montilla como Sarkozy crean firmemente en lo que dicen, o que no lo crean, pero Sarkozy, con su implicación corporal y vocal en el discurso, nos contagia su actitud y nos induce a creer en sus ideas más fácilmente.

Hay que tener en cuenta también que la mano nos servirá para dirigir la mirada del público hacia la pizarra, la pantalla o nuestro propio cuerpo. Cada vez que nos tocamos una parte del cuerpo resaltamos este punto. Si es involuntario, el efecto puede ser desastroso: tocarnos la zona genital o el escote, apoyar las manos en la cadera. O puede ser muy expresivo: cuando nos ponemos la mano en el corazón para indicar alguna emoción o para hablar en nombre propio.

Para expresar sinceridad y honestidad es recomendable hablar con las manos abiertas y con las palmas hacia arriba. Pero según cómo se ejecute este gesto en relación con el resto del cuerpo, puede indicar sumisión u ofrenda. Las manos cerradas, retorcidas o con el revés hacia fuera indican cierre hacia el auditorio y tensión interna.

Una forma de tener un estilo más convincente es utilizar gestos con la muñeca firme, los dedos unidos y la palma en vertical o hacia abajo. Los movimientos con la mano horizontal y la palma mirando al suelo son gestos claros de autoridad. Señalar con el dedo índice, como hace habitualmente Barack Obama, es también un gesto enfático de poder.

El puño cerrado puede expresar tensión interna o agresividad, según como se utilice. En los días en que escribo este libro puedo ver los discursos de Angela Merkel sobre la crítica situación de las economías española y europea. Defendiéndose de los ataques de sus rivales, enfadada, y con tono de advertencia, se expresa con los puños bien cerrados y los pulgares hacia dentro. Detrás del atril los mueve arriba y abajo, marcando el compás de las palabras que suenan de manera contundente. Si estuviera sentada, es muy probable que golpeara la mesa.

Apoyar las puntas de los dedos sobre la mesa y adelantar el cuerpo es una postura autoritaria que puede transmitir arrogancia. Este gesto es muy utilizado por ejecutivos con rangos altos en la empresa, que se levantan para su intervención en una mesa de reuniones. También es habitual en los maestros y profesores.

Cuando estamos sentados, la gesticulación es más cerrada (no tienes tanto espacio), aunque también es necesaria. Mantén la abertura en los antebrazos y mueve las manos de forma abierta. En las comparecencias televisadas que Obama realizaba desde su despacho en la Casa Blanca puedes observar cómo las manos acompañan el mensaje, reforzándolo, pero sin dejar que estorben demasiado o que lleguen a robar el protagonismo al rostro.

### Principio y final

El final, junto con el inicio, son dos momentos estelares de la intervención. Es donde más mostramos nuestra seguridad y nuestra habilidad para la puesta en escena. Los oradores noveles suelen preparar muy bien la parte central de su discurso, pero no dan mucha importancia a la entrada y a la salida de la escena. Son los dos momentos que ponen más en evidencia la inexperiencia o la inseguridad del ponente, y al mismo tiempo son estratégicamente claves para la persuasión, porque un buen inicio permitirá que el público tenga una buena primera impresión y confíe en el orador desde el primer momento. **Las primeras impresiones son duraderas** y preparan positivamente al público para el resto del discurso. Con un buen final podrás cerrar de manera convincente y dejarás un buen recuerdo.

Si tomas conciencia de que cualquier intervención es una «interpretación», percibirás la importancia de cuidar tanto la forma como el contenido. Obama y su equipo tienen especial cuidado en preparar y en ejecutar a la perfección estos dos momentos cruciales. Desde el momento en que hace acto de presencia, el líder rezuma magnetismo, vitalidad y pasión. En los actos de campaña, sonríe y mira a su público expresando su alegría por estar allí y por poder hablar de algo muy importante para todos. La sonrisa abierta y franca, el brillo en los ojos, el cuerpo enérgico y un andar seguro y ágil son sus principales armas de seducción. Con esta primera impresión ha conquistado a su público y lo ha condicionado para recibir positivamente la segunda impresión, donde tendrán un protagonismo especial la voz y la entonación.

Haz como Obama y los grandes comunicadores y no dejes para la improvisación dos momentos clave para la conexión entre tu audiencia y tú. Te recomiendo que los prepares muy bien y que los ensayes, siguiendo las pautas de la Tercera parte de este libro.

### Dialogar con el público a través de la mirada

Cuando hablamos en público, la mirada es uno de los factores principales de la generación de confianza. Aparte de la información sobre estados emocionales propios que puedan transmitir los ojos, a través del contacto visual establecemos un diálogo con los miembros de la audiencia. Contra lo que pueda parecer, hablar en público no es realizar un monólogo, sino establecer un diálogo. Si se trata de un grupo reducido, por ejemplo en una sala de reuniones, podremos mirarlos uno por uno, indicando que tenemos la voluntad de conversar y no de practicar el arte del monólogo.

Si el público es muy numeroso, entonces tenemos la obligación de mirar a todo el mundo, pasando la mirada por todos los sectores de izquierda a derecha y viceversa, desde delante hacia atrás y volviendo a empezar, igual que si desplazaras la luz de un foco por toda la sala. Fíjate en cómo Obama mueve la cabeza y dirige la mirada hacia todas las zonas del auditorio: izquierda, centro, derecha y viceversa, alternativamente. Consigue transmitir la sensación de contacto visual incluso ante miles de personas. Y esto fomenta la atención y la simpatía de los receptores. Lo importante es que nadie se sienta excluido por tu mirada. Aunque a más de tres metros de distancia una persona no puede saber si la miras a ella o a alguien de su alrededor, debes mantener la ilusión de que estás mirando a todo el mundo: es decir, que estás conectado con todos y cada uno de los miembros del público. Quien se sienta excluido abandonará mentalmente la intervención con más facilidad porque no sentirá que hablas para él aunque lo que digas sea muy interesante.

---

**La mirada es una forma de atraer la atención y de mantener el canal de comunicación abierto.**

---

Si te entrenas en el manejo de la mirada, jugarás con ventaja en cualquier intervención. Además, recibirás mucha información sobre tu público con la observación de su respuesta gestual: el grado de interés, si está de acuerdo con lo que dices, si está cansado, si se divierte, si te sigue, etc.

En primer lugar, al mirar directamente al público desde el primer momento transmitirás una imagen de seguridad y empatía. También de transparencia. Piensa que el gesto de bajar la mirada lo vemos especialmente en personas que se avergüenzan de algo, que mienten o muy tímidas. Tú no puedes permitirte enviar ninguno de estos mensajes a tu auditorio.

No empieces a hablar precipitadamente. Asegúrate de que antes de empezar el discurso verbal has establecido un buen canal de comunicación no verbal. Es importante garantizar la atención y la buena disposición del público antes siquiera de saludar y presentarte.

Una vez hayas empezado tu exposición, ve mirando a cada uno de los asistentes. Esto solo es posible si no superan las veinticinco personas aproximadamente. Con mucha práctica puedes hacerlo con públicos más numerosos, pero es muy probable que parte de ellos estén situados a más de tres metros respecto a ti y, por lo tanto, la sensación del contacto individual se pierde.

Verás que ellos te corresponden con la mirada atenta y alguna otra señal que refuerza el mensaje de interés: asentimiento con la cabeza, sonrisa principalmente.

| Los 9 sitios donde no tienes que mirar cuando hablas en público |
|---|
| 1. **La pared del fondo de la sala.** Porque el público (especialmente si es reducido) notará que no te diriges a él. Dará la impresión de que hablas para ti mismo.<br>2. **El suelo.** Porque denota inseguridad o timidez. Algunos conferenciantes y profesores miran al suelo mientras deambulan y hablan. La imagen de genio en pleno proceso de reflexión puede estar bien como tópico, pero te aconsejo que consigas una imagen de orador más conectado con el público.<br>3. **El techo.** Si no deseas aparecer en éxtasis o comunicándote directamente con el cielo.<br>4. **Por la ventana.** Aunque en algún momento mirar a través de los cristales nos ayude a encontrar una idea, no lo hagas a menudo, pues darás a entender que te interesa más lo que ocurre fuera que la actividad en la que estás involucrado.<br>5. **La persona que más te sonríe.** No es la que más te escucha ni la que más te quiere. Simplemente es más sonriente. Si solo le diriges la mirada a ella, puedes llegar a incomodarla, al tiempo que ignoras a los demás. Estos lo perciben claramente y acaban perdiendo el interés por lo que dices. Se sentirán poco valorados, excluidos del diálogo e irán desconectando.<br>6. **Tus papeles** (excesivamente). Puedes «mirar» tus notas, esquema o mapa mental, para eso están. Pero no los «leas», no leas unos apuntes. Aparte de dar una imagen de poco experto en el tema o de inseguridad, perderás el contacto visual con el público.<br>Si tienes que leer al pie de la letra algún texto en tu conferencia o un discurso entero, procura levantar la vista frecuentemente para no perder la conexión con todas las miradas que esperan la tuya. Practícalo antes y márcate en el texto los momentos donde tienes que levantar la mirada. Muchos de estos momentos pueden coincidir con cambios de entonación o con silencios (puntos, puntos y aparte). Cuando quieras resaltar algo importante dirige la mirada al público y aguanta el silencio diciéndole sin palabras: «¿Comprendes? Esto que digo es muy importante».<br>7. **La pizarra.** Anotar algo en la pizarra sirve para captar la atención del público y resaltar una idea o dato. Pero tienes que mantenerte presente siempre en este diálogo a tres bandas. Con la mirada y otros movimientos tú diriges la mirada del público donde quieres en el momento que quieres. Si escribes mucho en la pizarra y no vuelves la vista hacia el público, puede que empiecen a volar aviones de papel o que cuando acabes te des cuenta de que estás solo. |

8. **La pantalla que tienes detrás.** Uno de los errores más frecuentes de los oradores que utilizan diapositivas de apoyo (PowerPoint, Prezi y otros formatos) es que pasan más tiempo mirando la pantalla que a su público. Esto pasa con frecuencia cuando:
   a. Los gráficos son muy complejos y el ponente tiene que explicarlos señalando.
   b. Cuando hay muchos datos o cifras a los que se hace referencia.
   c. Las diapositivas tienen mucho texto y el orador acaba leyendo de la pantalla.
   d. Cuando el orador lo pasa muy mal y prefiere mirar la pantalla a mirar de frente a su público.

   En los casos a) y b) es aceptable, aunque deberás poner atención en no perder la conexión entre los tres elementos del triángulo: el público, la pantalla y tú.

   En el caso c), el orador ha caído en su propia trampa. Por inseguridad ha preparado un documento para no quedarse en blanco ni perderse, con todo el contenido que quiere transmitir. Pero acaba siendo un corsé del que no puede librarse, pues, cuanto más texto tenga la diapositiva más tendrá que fijar la vista en él. Cuantas más letras, menos libertad de movimientos y de improvisación. Pon solo palabras clave. Esto es suficiente para recordar el contenido y te da libertad para interactuar con tus espectadores. El público no quiere escuchar una voz en off que no da la cara, sino a alguien que le habla directamente.

   Si necesitas guiarte por las diapositivas, te aconsejo que dispongas el ordenador y la pantalla de tal manera que puedas tenerlos delante de ti y no tengas que mirar atrás constantemente.
9. **La pantalla del ordenador.** A pesar del consejo que te acabo de dar, no abuses de él. Si tienes el ordenador delante, utilízalo como guía o recordatorio, no como apuntes.

---

**Mira a las personas todo el tiempo posible.**

---

Con esta actitud de seguridad y empatía conseguirás un público atento y receptivo. Minimizarás el riesgo de que se produzcan conductas negativas. Normalmente el interés entre los miembros de una relación es recíproco. Si el público percibe interés en conectar por tu parte, te corresponderá. Si nota que tienes controlado a todo el mundo a través de la mirada, su actitud será más atenta y considerada aunque no esté de acuerdo contigo o no tenga ningún interés en el tema.

A pesar de todo, sabemos que hay públicos difíciles, y estos lógicamente son los que más tememos. Ya hemos visto que uno de los efectos de la inseguridad es que apartamos la mirada. ¿Qué podemos hacer para no delatarnos y para controlar, además, a los «elementos subversivos»? Te explico las técnicas que aprendí a base de horas y horas de práctica con mis alumnos adolescentes durante mi época de profesora de lengua en secundaria.

---

**Utiliza el poder de la mirada y dirige a tu público como si fueran los músicos de tu orquesta. La mirada es tu batuta**

---

La primera mirada es crucial porque estableces un tipo de relación con tu audiencia que determinará (a veces de forma irreversible) el clima del encuentro y la actitud del público hacia ti. Asimismo, la actitud que tú percibes del público también te influirá de manera decisiva. Por lo tanto, estos momentos iniciales son fundamentales. Entre el público y tú se establece un pulso, y tienes que ganarlo. O los conviertes en adeptos admiradores o los sometes con autoridad. ¿Cómo conseguirlo?

1. **Gana amigos.** Es muy probable que antes de empezar tu charla tengas unos minutos para preparar la sala, los recursos audiovisuales, el material, etc., mientras llegan los primeros miembros del público. No los ignores, salúdalos dirigiéndoles una intensa mirada con una sonrisa. Les estás diciendo «te he visto, estoy contento de que asistas a mi charla y, lo más importante, te tengo controlado». Incluso puedes establecer breves conversaciones con ellos. Estos serán tus aliados cuando empieces.
2. **Pasos firmes hacia el ruedo.** Si tienes que llegar a la mesa o al atril caminando por un pasillo y la gente está ya sentada, mira alternativamente al frente y a tu público. Si mantienes la mirada al frente y la cabeza levantada todo el trayecto, puedes resultar arrogante. Si vas mirando el suelo, aparentas inseguridad o timidez.

3. **Apacigua al grupo.** No te precipites. Antes de empezar a hablar, asegúrate de que tu público está atento y listo para escucharte. No permitas que nadie esté distraído, hablando, de pie o acomodándose. Mientras están ocupados en estas tareas no te prestan atención y, lo más importante, no puedes mantener una comunicación visual directa con ellos. Con el silencio y tu presencia (consulta el apartado sobre territorio y posición corporal) se irán preparando para el inicio. No dejes de mirarlos y de buscar el contacto con los más distraídos. Es una forma de «pescar» con los ojos que te dará grandes resultados. Estas personas estarán más atentas durante toda la intervención y no cederán tan fácilmente a la tentación de recaer en otras actividades como cuchichear o consultar sus aparatos electrónicos.
4. **Sé un buen anfitrión y da la bienvenida.** Si te presenta un miembro de la organización, aprovecha su parlamento para mirar a todos tus oyentes, uno por uno, o a la audiencia en general si es muy numerosa. No bajes la mirada, no mires papeles, no mires al techo, no te distraigas con elementos externos. Acompaña la mirada de una sonrisa. Les estás diciendo que son importantes, que estás encantado de recibirlos y que estás listo para explicar algo que les interesará.
5. **Transmite orgullo.** Si te presentas tú mismo, este es un momento clave. Tu credibilidad está en juego en estos segundos. Ten mucho cuidado de no desviar la mirada al pronunciar tu nombre o el de la organización que representas: se supone que estás orgulloso de ser quien eres y de trabajar donde trabajas. Por lo tanto míralos intensamente mientras pronuncias lentamente esta valiosa información. Procura que no lo olviden. Si el canal de la mirada está abierto, generas confianza. Es más fácil que quede grabada

una buena impresión acerca de estas marcas (la tuya personal y la de la empresa, partido o institución que representes) en su inconsciente y que las recuerden mejor.

6. **Controla a los subversivos.** Las cosas no son siempre fáciles y muchas veces tenemos que lidiar con públicos resistentes. Hay muchas técnicas para reducirlos o para ponerlos de nuestra parte. Aquí solo hablaremos de la utilidad de la mirada.

   Cuando estamos seguros de que algunos de los miembros del público pueden plantearnos batalla, más o menos abiertamente, en general reaccionamos con miedo e inseguridad. La amenaza que supone la presencia de estos elementos nos paraliza, mengua nuestra capacidad expresiva y permitimos que tanto el causante como el público en general perciban nuestra debilidad. Para no caer en esta trampa te sugiero que mires a estas personas tanto o más frecuentemente que a las demás y con un poco más de intensidad. Es una forma de decirles «te veo, sé que estás ahí y que no me lo pondrás fácil. Que sepas que estoy preparado». Si querían intimidarte, esta reacción tuya los desconcertará y muy probablemente desistirán de su intención. Muchas de estas personas aprovechan la debilidad de los demás para aparentar poder.

7. **Corta los apartes.** Otros no llevan esta mala intención pero se comportan poco educadamente, por ejemplo, hablando entre ellos o prestando más atención a su aparato electrónico de última generación. Aquí combinaremos tres elementos no verbales: el silencio, la mirada y el acercamiento físico. Para neutralizar estas actuaciones perturbadoras de la paz y la concentración general, nos acercaremos físicamente (si es posible) a los protagonistas y les dirigiremos una mirada atenta y exclusiva. Con este gesto

ellos se darán cuenta de que los hemos descubierto y que además no nos gusta su actitud. Pero la medida es más eficaz todavía en cuanto con mi acción estoy dirigiendo la mirada de todo el público hacia esta o estas personas. A no ser que sean insensibles a la opinión de los demás, cambiarán su actitud.

8. **Motiva a los apáticos.** No te dejes vencer por los apáticos, escépticos o saboteadores por pasiva. Mientras hablas, no apartes la mirada de la suya y sonríe. Seguro que tendrás que ingeniártelas para que el mensaje verbal también resulte atractivo y estimulante. Pero si consigues mantener el contacto visual, tienes más capacidad para que el mensaje llegue y fructifique.
9. **Valora la jerarquía.** En las presentaciones de proyectos a clientes, en las reuniones de equipo, en las presentaciones de informes o en las convenciones de empresa se encuentran casi siempre personas de distinta jerarquía. A estas, por protocolo, debemos prestarles una atención especial, sobre todo al principio y al final.
10. **No ignores a nadie.** A no ser que quieras mostrarle abiertamente que no te importa en absoluto. Es fácil caer en el error de pensar (a veces es inconsciente) que tenemos que dirigirnos solo a las personas más importantes. Pueden ser nuestros jefes en una reunión interna o la persona de más rango si estamos ante público externo. Imagina una presentación de una campaña de publicidad a un cliente por parte de ejecutivos de una agencia. Entre los asistentes están el director general de la compañía, el responsable de marketing y la *product manager*, una joven recién salida de la universidad (o eso parece) que no abre la boca en toda la reunión. Nuestras energías se dirigen a convencer a los peces gordos, seguramente ellos acabarán tomando la decisión.

Pero quizá las apariencias engañan y esta *product manager* tiene criterio propio y capacidad de persuasión. Si no le prestamos atención y no le damos importancia, si no la hacemos sentirse visible e importante, puede ser un obstáculo en la aprobación del proyecto. Tenerla en cuenta no es el único factor, está claro, pero su actitud dependerá en gran parte de cómo la tratemos y deberíamos hacer todo lo posible para obtener también su apoyo.

11. **Despídete de tus invitados.** Tu elegancia al recibirlos se tiene que mantener en la despedida. Cuando cierres la exposición es importante que mires atentamente al público para darle fuerza y credibilidad a este final. Mantén la mirada antes de pronunciar un «muchas gracias» y sigue mirando unos segundos después. Aguarda a empezar cualquier tarea de recogida de papeles o iniciar la retirada. Si recibes aplausos, sonríe y agradece también con un movimiento de ojos, ahora sí, hacia abajo, en señal de humildad y sumisión. No hace falta que saludes como un actor, inclinando el cuerpo, pero sí un poco la cabeza.

Capítulo 6

# EL SOFISTICADO RITUAL DE LA SEDUCCIÓN SEXUAL

Todo lo que hemos visto anteriormente sobre la seducción en general y la capacidad de conectar con las personas constituye el marco para abordar un tipo específico de seducción: **la seducción sexual. Es decir, la relación que implica un contacto íntimo, sea este la finalidad única o sea parte de una relación afectiva profunda y duradera.**

A todas las personas, sea cual sea nuestra identidad u orientación sexual, nos gusta gustar. Sentirnos valoradas y deseadas, aunque no tengamos ningún interés especial en esa persona con la que nos estamos relacionando, refuerza nuestra autoestima. Algunas personas van más allá y aprovechan este poder de atracción para beneficiarse de la buena disposición que despiertan en los demás. Es por esta razón por lo que la palabra *seducción* o el verbo *seducir* se han utilizado con un significado negativo, como sinónimo de *manipulación*, *engaño* y *abuso*. Ciertamente, quien tiene la habilidad para seducir tiene más poder. Y en el terreno sexual, tiene más posibilidades de escoger pareja o de tener relaciones sexuales sin compromiso, según el deseo de cada uno.

También nos interesa reconocer a quién gustamos para saber si somos correspondidos, para evitar situaciones incómodas de rechazo o para aprovechar la influencia que tenemos sobre esa persona. Por eso es necesario interpretar correctamente las señales que nos llegan.

Y, una vez detectadas las posibles correspondencias en el interés sentimental o sexual, sobre todo necesitamos saber cómo acercarnos a esas personas.

---

**La producción e interpretación de señales no verbales son la clave del éxito en el proceso de seducción.**

---

Este es un tema de interés universal y, gracias a los numerosos estudios realizados en los últimos cincuenta años, hoy sabemos cuáles son los elementos que intervienen en la atracción entre personas.

En el capítulo anterior ya hemos hablado de que la auténtica seducción yace en la actitud, pero no nos vendrá mal conocer algunos aspectos del ritual de seducción para descifrarlo y aplicarlo.

La seducción tiene raíces biológicas –es necesaria para perpetuar la especie–, pero también sigue unas pautas culturales. Hay una atracción sexual puramente biológica basada en el atractivo físico (tener una apariencia saludable y fértil), el poder de los genes, la intervención de las hormonas, el goce carnal. Pero a lo largo de su historia, la humanidad ha culturalizado el apareamiento, se ha ritualizado el cortejo, y hombres y mujeres han modificado su aspecto a través de indumentaria y otros artificios para resultar más atractivos.

En la mayoría de las culturas, una de las funciones de esta culturalización es diferenciar claramente dos sexos, acentuar sus características físicas para resultar más atractivos al sexo opuesto. Así, los individuos más bellos tienen, en principio, más opciones, pero la realidad es que los que tienen más ventaja son los más hábiles al usar herramientas para distinguirse de los demás y despertar deseo. Y estos instrumentos son una compleja combinación de códigos verbales y no verbales que van más allá de lo puramente físico.

Los rituales de seducción han variado a lo largo de la historia y cada cultura tiene sus peculiaridades. Pero hay un denominador común en todos, que es la erotización de los cuerpos. Embellecerlos para que resulten más deseados. Esta modificación está enmarcada en lo no verbal. Conocer los códigos vigentes de indumentaria y complementos, dominar los colores, tatuajes, maquillaje y todo tipo de accesorios ha sido siempre fundamental para mandar mensajes sobre el tipo de relación que buscas, tu estatus, tu educación y tu personalidad. Y desde el momento en que la exhibición se produce en el mercado virtual, masivo, rápido y de contacto superficial, el aspecto cobra más importancia todavía. No solo el aspecto real, sino cómo publicitamos nuestra apariencia a través de las fotos elegidas, que previamente habremos diseñado y editado.

Aunque muchas veces utilizamos la expresión *amor a primera vista* o *flechazo* para referirnos a una atracción rápida y casi inevitable, la seducción no es un acto automático. Es un proceso, es una transición de un estado a otro, no es tampoco una pura transacción. Y no obedece a una fórmula única. Por eso la práctica muchas veces nos resulta tan difícil, tan arriesgada o tan frustrante, y son necesarias habilidades específicas para triunfar.

Hay personas que no tienen que hacer nada especial, ningún esfuerzo para agradar. Pero, en general, la seducción en el ámbito sexual es una acción voluntaria y consciente. Tradicionalmente, el hombre ha tenido un rol activo, ha tomado la iniciativa para «conquistar», y la mujer ha utilizado estrategias de defensa, resistencia o vulnerabilidad y necesidad de protección.

Pero hoy en día, hablar de la seducción exclusivamente en clave hetero, binaria y androcéntrica es dar una visión muy limitada del comportamiento humano en lo que se refiere a la sexualidad y a las relaciones afectivas.

Cada vez más, los roles femeninos y masculinos se están entrecruzando, y las fronteras, diluyendo. Por ello, los patrones de la seducción clásica ya no son los únicos posibles. Es cierto que predominan las conductas arquetípicas y todavía arrastramos la asimetría de comportamiento entre el hombre y la mujer en este proceso de seducción. En el amor heterosexual, ha sido tradicionalmente el hombre el que ha tomado la iniciativa. Y, según los datos citados por Lipovetsky[1] sobre un estudio realizado por la página de encuentros eDarling, el 73 % de las mujeres siguen deseando que sea el hombre quien las corteje. Únicamente un 14 % se atreve a cortejar claramente al hombre que le gusta.

Y este es uno de los motivos por los que se encuentran muchos más tutoriales y contenidos en la red destinados a hombres que a mujeres, precisamente por el rol activo que estos deben representar en la sociedad. De hecho, si el hombre no toma la iniciativa, si no es el protagonista, tiene pocas posibilidades. Un hombre necesita saber cómo moverse, cómo mirar, cómo tocar, cómo vestirse para atraer. Los gurús de la seducción te garantizan que dominar los secretos de la comunicación no verbal es la clave para derribar todo tipo de resistencias. Desde esta perspectiva, se considera a la mujer un castillo que asediar, una presa a la que capturar, o una boba a la que engañar.

En el ritual de seducción clásico, la mujer tiene un rol aparentemente pasivo y, por ello, la mayor parte de los consejos para las mujeres se centran en cultivar un aspecto deseable y en moverse de manera sensual para atraer, pero pocas veces en el «ataque».

Por otro lado, hoy no podemos obviar que las relaciones afectivas no se dan únicamente en clave binaria. Lo que llamamos de manera simplificada *comunidad LGTBIQ+* incluye una gran diversi-

---

1. Véase Gilles Lipovetsky, Gustar y emocionar: ensayo sobre la sociedad de la seducción, Barcelona, Anagrama, 2020.

dad de sensibilidades y procederes. Y esto también se refleja en la comunicación no verbal, en todas sus vertientes. Una búsqueda rápida en internet sobre seducción *queer* o entre gais o lesbianas, por ejemplo, te dará una idea de la diversidad de conductas, estilos de comunicación, rituales de acercamiento o gestos que están presentes en el coqueteo, la seducción y el encuentro en las relaciones no heteronormativas.

Dados la complejidad de este tema y el enfoque inicial de *La gran guía del lenguaje no verbal*, no entraré en la comunicación no verbal de las relaciones gais, lesbianas, trans, queer, etc., ya que merece ser tratada por expertos y con profundidad en otro manual.

Pero veremos las características del acercamiento hetero, tanto en la versión presencial como a través de las herramientas digitales, que también pueden resultar útiles para personas no heterosexuales.

## EL RITUAL DE SEDUCCIÓN HETERO Y CARA A CARA

El lenguaje corporal es una de las vías de comunicación más eficaces en el proceso de la seducción. A través del aspecto y los movimientos estamos revelando si somos agradables, si estamos receptivos, si somos apasionados, si estamos disponibles o si estamos interesados en la persona que nos mira. Si estamos interesados en el otro, lo exteriorizamos a través del lenguaje corporal inconsciente y actuamos subliminalmente en la mente del receptor. Según Turchet,[2] los seductores, «de una forma muy hábil, y muy inconsciente también, envían a sus interlocutores pequeñas

2. Véase Philippe Turchet, *El lenguaje de la seducción*, Barcelona, Amat, 2010.

señales que adoptan la forma de micromovimientos casi imperceptibles. Son las señales que despiertan en los demás el deseo de adentrarse más en su territorio». Y añade que los seductores tienen más capacidad para leer las emociones de los demás con el fin de adaptarse a ellas. Esto los convierte automáticamente en seductores en potencia.

No todos los movimientos son inconscientes. Cuando hay una clara intención de actuar, los mensajes son voluntarios. Ya en el capítulo anterior hemos insistido en uno de los rasgos principales de las personas seductoras: su interés por el otro, que demuestran abierta y espontáneamente. Esta actitud es aplicable a todos los ámbitos de las relaciones humanas. Pero en el caso de la seducción sexual hay unas restricciones morales, culturales o psicológicas que no nos permiten manifestar abiertamente nuestros deseos de apareamiento, por lo menos en un primer momento. Actuamos con prudencia y según unas pautas sociales de discreción, minimizando la probabilidad de fracasar. En este contexto nos sometemos a un juego de insinuaciones, de indicios involuntarios y de mensajes subliminales que deberemos descubrir si no queremos dejar pasar la ocasión. Por otra parte, es útil conocer lo que los cuerpos expresan, ya sea sometidos a los dictados de la razón o excitados por el deseo.

Si las relaciones sentimentales en el trabajo (reconocidas o no) son tan frecuentes es porque se presentan muchas más oportunidades de roce con personas que vemos con frecuencia, con las que podemos compartir intereses, preocupaciones, retos y, sobre todo, muchas horas. El proceso de acercamiento puede ser lento, progresivo y seguro, minimizando riesgos. El entorno es conocido y proporciona seguridad. Vamos conociendo a este compañero, cliente o colaborador y conocemos sus gustos, manías, ilusiones y debilidades.

Entre amigos y familiares, si nos presentan a alguien, tenemos también las cosas más fáciles, pues si un tercero nos pone en contacto nos proporciona alguna información, iniciamos un tema de conversación y la posibilidad de rechazo en el primer momento es remota.

Pero cuando no tenemos este apoyo y nos movemos entre desconocidos o nos hemos fijado en alguien que nadie nos puede presentar, tenemos que hacernos visibles, contactar, romper el hielo y arriesgarnos a la indiferencia o al rechazo. Si conseguimos superar esta primera fase, habremos dado un gran paso adelante, pero la tarea no habrá terminado.

Lo primero que una persona debería preguntarse es qué tipo de relación desea y con qué tipo de persona. Sé sincero contigo mismo y define cómo es la relación que buscas, y cuál es el hombre o la mujer que encajaría en esta relación. A partir de ahí, decide la imagen que quieres proyectar de ti mismo, pues, como veremos, el aspecto físico será el anzuelo, una carta que puedes jugar solo una vez si buscas entre desconocidos, acudes a una cita a ciegas o simplemente estás dispuesto a seducir en cualquier momento del día.

En la planificación de la seducción debes tener en cuenta la importancia de la comunicación no verbal. Puede que pasen segundos, minutos o días antes de poder hablar con la persona elegida y demostrar lo culto, bueno e inteligente que eres. Tendrás que impactar por tu apariencia, esa fascinante mezcla de atractivo físico, movimiento, carisma, etc.

Antes de entrar en el detalle, quiero comentar que muchos de los comportamientos que veremos en este apartado forman parte de un bagaje entre cultural y biológico que la mayoría de las personas utilizan de forma natural, espontánea y como parte de su comunicación diaria. Otros, en cambio, apenas utilizan estos códigos. Y en muchas ocasiones, se aplican estos códigos cuando el objetivo es seducir a una persona en concreto. En este último caso, se ponen en marcha mecanismos que han quedado aletargados durante meses, incluso años, y se recuperan así movimientos que se ejecutan con varios grados de consciencia: conscientes, semiconscientes, inconscientes. Este capítulo será útil a los aprendices de seductor, tengan la edad que tengan, y para los que estén desentrenados después de una larga pausa en su actividad amorosa.

En el ritual de la seducción se avanza paso a paso, a veces de forma exasperantemente lenta. Otras veces ni siquiera te das cuenta de cómo ha sucedido todo. Pero por rápido que sea el proceso suele seguir unos pasos perfectamente identificables que en el patrón clásico presentan diferencias importantes entre sexos.

Aquí tienes los factores que intervienen en un proceso de seducción en una pareja heterosexual estándar. Tanto para seguirlo como para contravenirlo, es importante que lo conozcas. También te será útil para descubrir y comprender las relaciones que se van tejiendo a tu alrededor. Y ten en cuenta que muchos de estos comportamientos están presentes también en otros tipos de relaciones.

Las conductas y las apariencias que se describen a continuación conciernen, en general, a la sociedad occidental actual. Y en ningún momento se presentan como prescriptivas.

## Los efectos del entorno

Los espacios donde interactuamos diariamente son muy variados y sus características influyen de manera decisiva sobre nuestro comportamiento, porque reaccionamos emocionalmente a nuestro entorno. Al mismo tiempo, los espacios privados, nuestra casa, nuestro despacho o nuestro taller, son parte de nuestra comunicación no verbal, al expresar nuestra forma de ser.

El enamoramiento, la atracción, pueden aparecer en el momento y el lugar menos pensados. De todas formas, sabemos que hay escenarios que propician las relaciones más personales e íntimas y que hay actividades que alimentan las emociones positivas y de conexión con el otro.

Es importante saber cómo actúa el entorno en nosotros porque, en la medida en que podamos intervenir en él o elegirlo, podemos favorecer la aparición de los sentimientos amorosos.

- **Situaciones formales e informales.** En general, las situaciones y los espacios formales no favorecen la conexión sentimental entre las personas. Las exigencias de corrección y habitual seriedad no propician el acercamiento. Además, suelen estar relacionadas con el trabajo, la vida pública o actos institucionales. El comportamiento está sujeto a normas bastante rígidas y estereotipadas, y los temas y las relaciones que se establecen son más bien superficiales.

  Las situaciones informales, en cambio, dan mucha más libertad de relación en los temas y en la conducta. Tenemos la sensación de que podemos hablar de temas más personales, de expresarnos con mayor sinceridad y autenticidad. La espontaneidad es un valor positivo y es más probable que aparezcan el humor, la risa, los movimientos más naturales y un tono de voz más expresivo. Son más fáciles el acercamiento físico y la superación del espacio personal.

  Está claro, pues, que una fiesta entre amigos o un día en la playa son actividades que aportan un mejor ambiente para la proximidad emocional que la inauguración de un pabellón deportivo con discursos incluidos.
- **Espacios amplios y abiertos o reducidos y cerrados.** La intimidad necesaria para el inicio de una relación no se encuentra especialmente en grandes salones o espacios abier-

tos. Los espacios cerrados y reducidos aumentan la sensación de proximidad e intimidad. Por eso los enamorados buscan los puntos más resguardados, que les den seguridad. Hay una necesidad de encerrarse en una burbuja compartida y la fomentan ocupando las últimas filas del cine, la mesa del rincón de una cafetería o el banco mejor cobijado del parque. Conducir a la persona que nos gusta a espacios de este tipo nos ayudará a dar al encuentro un clima de proximidad y confianza.

- **Sensación de privacidad.** La percepción de privacidad está relacionada con la seguridad que nos da un espacio reducido y delimitado. Además, tiene que ver con la ausencia o presencia de otras personas que puedan escuchar la conversación o puedan interferir en la relación. Por eso nuestro comportamiento no verbal actúa para compensar esta falta de privacidad. Por ejemplo, con la posición de los cuerpos, que se sitúan de tal forma que impiden la entrada de un tercero en la reunión. O con el volumen de voz, que puede disminuir hasta el susurro, aumentando así la sensación de intimidad. La presencia de otras personas no siempre atenta contra la intimidad. A veces encontramos privacidad en la sensación de anonimato que produce formar parte de un grupo numeroso, de la muchedumbre o de un local con mucha clientela. Entonces nos tranquiliza saber que los demás no están pendientes de nuestra conversación. El ruido de las conversaciones de fondo tiene un efecto parecido a la música de ambiente. La música enmascara la conversación de la pareja ante otras personas que están en el local y aumenta la sensación de privacidad.
- **Impacto visual y estético.** Se han estudiado los efectos de la decoración, la luz, los colores y el mobiliario de las estancias sobre el comportamiento de sus ocupantes. Y los

resultados confirman lo que ya nos dice la intuición. Los espacios «bonitos», ordenados, limpios, bien decorados nos invitan a quedarnos en ese lugar. Pero hay más todavía: nos relajan y tendemos a valorar más positivamente a las personas que están en ellos. Si, además, la sensación que producen es de calidez, el efecto es mayor todavía, porque ese calor aviva la sensación de confort no solo físico, sino psicológico. Esta calidez se transmite con los materiales (madera, tapicerías, cortinas, muebles), con los colores (evidentemente con los cálidos), con la luz, con la disposición de los muebles y la presencia de otros objetos (flores, libros, obras de arte, etc.).

Es importante saber que el desorden nos induce a abandonar el lugar. Si preparas una cena para dos en casa, es fundamental tener en cuenta todos estos factores que comentamos, pero es especialmente relevante que a la persona invitada ese espacio le sugiera privacidad, calidez, confort y exclusividad. Me refiero a que perciba el espacio especialmente preparado para la ocasión, que no haya restos de otras actividades o el rastro de otras personas. Si eres un padre divorciado e invitas a una posible pareja a cenar, será mejor que no dejes muestras de otras actividades diurnas: juguetes, ropa tendida, paquetes, objetos personales esparcidos por la habitación, etc.

- **Excitación y relajación.** En general la ausencia de ruido produce bienestar, pero a veces esto va en contra de la privacidad, como ya hemos visto. Los sonidos de la naturaleza en calma o una música tranquila pueden ser más positivos que el silencio absoluto. El ruido de la calle, las voces altas, el ruido industrial nos alteran y nos inducen a abandonar el lugar, aparte de no favorecer en ningún momento la conversación.

La música bien merece un comentario. Daniel J. Levitin[3] afirma: «Como instrumento para despertar sentimientos y emociones, la música es mejor que el lenguaje. La combinación de ambos (en su mejor ejemplo, la canción de amor) es el mejor de todos los ceremoniales de cortejo». Sabemos por experiencia que es cierto. Como una buena canción se puede recordar, esto nos permitirá rememorar la situación y a la persona con quien la compartimos con más facilidad, también en su ausencia. De manera que la música no solo crea el ambiente favorable, sino que estimula el recuerdo y favorece la relación prolongada. No es extraño, pues, que los enamorados prefieran la música suave y melódica a otros tipos de música más excitante.

Sin embargo, esta última tiene también su papel en la seducción porque hace que se compartan momentos de euforia, gran excitación y pasión. Y que dos personas se sientan partícipes de emociones similares simultáneamente genera complicidad y conexión emocional. Por lo tanto, si es demasiado pronto para una cena romántica con velas y baladas, invítale a un concierto de rock o a la ópera primero.

## Cuerpos atractivos

Si encontrar pareja estable es tu objetivo o quieres aumentar la lista de contactos de tu agenda, considera la seducción como una actitud vital, más que como una técnica de pesca que solo pones en práctica el viernes por la noche. La persona que te interesa puede presentarse en cualquier momento y en cualquier sitio. Te

3. Véase Daniel J. Levitin, *Tu cerebro y la música*, Barcelona, RBA, 2008.

tiene que encontrar, pues, con las antenas conectadas, predispuesto a actuar y a arriesgarte, receptivo a nuevas relaciones. Más que «estar seductor», se trata de «ser seductor».

Estés donde estés, observa a tu alrededor y prepárate para el momento en que aparecerá esa persona maravillosa.

Tu mente, tu cuerpo y también tu armario deben de estar preparados para esta ocasión especial. Ya hemos hablado de la importancia del aspecto tanto para nosotros mismos como para los demás. Ahora es el momento de hablar de «qué me pongo».

Formales o informales, de día o de noche, de trabajo o con amigos, tener un buen aspecto nos favorece. Pero habrá ocasiones específicas donde nos vistamos para atraer sexualmente. Esto, todavía hoy, afecta sobre todo a las mujeres, que tienen un abanico de posibilidades más variado y resaltan a través de la indumentaria su atractivo sexual, basado en su cuerpo, mucho más que los hombres.

## Lo que le gusta a él

El atractivo de la mujer de hoy resulta de una suma de ingredientes que responden a preferencias biológicas, culturales o sociales.

Desde el punto de vista biológico, sabemos que los hombres están programados para emparejarse con mujeres jóvenes y sanas. Por una razón de pura procreación, necesitan aparearse a una hembra fértil que les dará hijos sanos y los podrá criar sin problemas. Este «nivel de calidad» se manifiesta en:

- Piel tersa.
- Pechos redondos y firmes.
- Caderas anchas.
- Labios carnosos y rosados (que indican juventud).

- Pelo largo y brillante.
- Nalgas redondas y elevadas.
- Higiene.

Conscientes de ello, las mujeres queremos prolongar al máximo este aspecto resistiéndonos a los efectos de la edad. La industria cosmética y de la moda aprovecha esta necesidad femenina y proporciona todo tipo de productos e intervenciones para permanecer «aparentemente» en el período de mayor fertilidad.

Todas las culturas tienen sus formas de resaltar el atractivo de los individuos. Y esta primera percepción juega un papel importante. Pero no queda aquí, sino que esta imagen pondrá en marcha una serie de procesos en los que intervienen las hormonas, las preferencias raciales, los prejuicios sociales, las limitaciones morales, los intereses económicos, el prestigio social, procesos intelectuales, etc.

Por lo tanto, el proceso de seducción no se limita solo a procurar una excelente imagen externa, aunque, evidentemente, es la primera carta que tenemos en la mano.

Como ya vimos en el capítulo correspondiente, la ropa y los complementos tienen varias funciones, entre ellas la de destacar el atractivo sexual o, por el contrario, permitir a la persona un «camuflaje» para evitar cualquier acercamiento en clave sexual. Entre un extremo y otro, tenemos una amplia gama de grises.

Si recuerdas la máxima de «los demás me tratarán según la imagen que proyecto», comprenderás que tu aspecto será clave para determinar el tipo de relaciones que tendrás oportunidad de entablar y con qué perfil de hombres.

La palabra «seducir» tiene varias acepciones y muchas connotaciones distintas según el momento en que la utilicemos. En general, la seducción es un proceso por el cual una persona se siente atraída por otra. La persona seductora despierta interés.

Muchas veces este proceso es inconsciente por ambas partes y tiene el encanto de la insinuación y la sutilidad. Lo vulgar y lo explícito no van de la mano de la auténtica seducción.

Ya hemos visto la importancia de la primera impresión, que se basa en el aspecto a falta de otra información que podamos emitir a través de la palabra. Para los hombres, esta visión inicial es importantísima. En décimas de segundo evalúan la posibilidad que tiene una mujer de convertirse en su pareja de cama, por una noche o para toda la vida. Y esta rapidez es posible porque los hombres seleccionan la pareja por el grado de atractivo físico y la juventud. A pesar de la influencia de la educación, los valores sociales y el peso que pueda tener el pensamiento racional, lo cierto es que la biología masculina prioriza la belleza y la juventud, ambas asociadas a la fertilidad.

## Lo que le gusta a ella

Todas las características propias del macho en el momento de su plenitud física. Las que nos recuerdan al guerrero o cazador experimentado. Esto se traduce en un cuerpo esbelto, fuerte y musculado. Las mujeres prefieren los cuerpos con trasero estrecho y espaldas anchas. Y una mandíbula prominente es un rasgo muy masculino que sugiere coraje y poder. La mujer valora la capacidad de procreación, la fuerza física que la pueda proteger y la habilidad para conseguir alimento para ella y sus crías. De todas formas, esto ha cambiado bastante últimamente, ¿verdad?

Los atributos físicos ya no son suficientes. Al fin y al cabo, el hombre moderno ya no tiene que salir a cazar, sino que tiene que mostrar su habilidad para los negocios, la ciencia, la política o cualquiera que sea su profesión. Cuanto mayor sea el nivel profesional e intelectual de la mujer, más valorará la inteligencia, la creatividad, el prestigio profesional, el reconocimiento social y el poder adquisitivo.

En cuanto al aspecto físico, el hombre resulta atractivo cuando da muestras de vigor, agilidad y salud. La edad es un factor menos importante que en las mujeres, y los auténticos machos alfa lucen los síntomas de la edad con orgullo y como uno de sus atractivos. Un hombre carismático acepta su falta de pelo y sus canas. Pero al mismo tiempo cuidará su figura: puede presumir a la vez de buena forma física y de la «experiencia» que le dan los años. En el caso de los hombres jóvenes resulta atractiva una mezcla de buen físico, carácter aventurero o de líder.

Las señales externas de estatus, desde la corbata hasta el modelo de coche, pueden resultar un buen anzuelo para determinado tipo de mujer. Para otras serán más importantes unos modales exquisitos y una conversación interesante. Y, por qué no, todo a la vez.

## El ritual de cortejo clásico, de inicio a fin

### 1. El cuerpo se transforma

En el momento en que un hombre o una mujer divisan el objeto de seducción, su cuerpo se transforma e inicia unos movimientos (muchas veces inconscientes) con la finalidad de ser más visibles y resultar más atractivos. Además, acentuarán la diferencia entre ambos sexos, que en el caso del apareamiento heterosexual es muy relevante.

#### ¿Qué hacen los hombres?

- Hinchan el pecho y levantan la cabeza.
- Hacen gestos de acicalado como pasar la mano por el pelo, tocarse el nudo de la corbata, etc.

- Si están de pie, se colocan en la posición del vaquero.
- Si están entre amigos, procurarán llamar la atención riendo, bromeando o mostrando alguna habilidad.
- También hacen gala de fuerza o de poder adquisitivo.

#### ¿Qué hacen las mujeres?

- Tensan el cuerpo, levantando el pecho y pronunciando las nalgas.
- Se peinan el cabello con los dedos o lo echan hacia atrás con un movimiento de cabeza.
- Mueven la pelvis de forma pronunciada al caminar.
- Desplazan la pelvis hacia un lado de manera muy evidente si están de pie.
- Cruzan las piernas de forma inclinada cuando están sentadas.
- Miran por encima del hombro, moviendo los ojos de abajo hacia arriba, como se ve en la figura 27.

Figura 27. La mirada oblicua es uno de los gestos más evidentes de la seducción femenina.

## 2. El juego de miradas

Las miradas se cruzan, uno de los dos ha provocado la coincidencia y ha captado la atención del otro. Normalmente el hombre mira más intensamente a la mujer y ella aparta la mirada. Si está interesada, o curiosa, en menos de un minuto volverá a mirar para comprobar si el hombre sigue interesado. Hombre: cuida este momento, porque si te pilla distraído puedes perder el interés. Este proceso de *mirar-desviar-recuperar* se puede repetir hasta cuatro o cinco veces. El hombre, o el más atrevido de los dos, una vez comprobado el interés mutuo, tomará la iniciativa y sonreirá.

Cuando alguien nos mira fijamente reaccionamos instintivamente con inquietud. Las dos respuestas más frecuentes serán la **huida disimulada** (desviamos la mirada, nos apartamos físicamente, cerramos el cuerpo) o **corresponder** al interés de esta persona. En este caso, estamos en el camino de la seducción. ¿Has sentido alguna vez el poder de una mirada seductora, que parece que penetra en tu interior y al mismo tiempo te mima, te atrae y te dice que en este momento solo importas tú?

Una mirada fija a los ojos, intensa y duradera, tiene un poder electrizante. Crea un estado emocional cercano al miedo y parecido al enamoramiento. Si la persona que nos mira nos resulta agradable, la mirada será un halago, y aunque la primera reacción sea la de apartar la vista, será difícil resistir la tentación de comprobar si sigue allí, todavía interesada en nosotros. Este es el primer gran paso en el ritual de la seducción. Incluso entre personas que ya se conocen (compañeros de trabajo, por ejemplo), hay un antes y un después de una mirada intensa. Este contacto visual penetrante y cargado de emoción marca el inicio de un nuevo tipo de relación y abre las puertas a un posible idilio.

**Por la importancia de la mirada en las relaciones de pareja, algunos autores hablan de los ojos como el verdadero órgano del amor.**

Los enamorados se miran la mayor parte del tiempo, aislándose de lo que ocurre a su alrededor. Encuentran en los ojos del otro la confirmación del deseo y la correspondencia emocional. Tú puedes crear esta sensación entre tú y otra persona a la que deseas seducir, mirándola también mientras conversáis o realizáis cualquier otra actividad. Si consigues que el otro te corresponda, es muy probable que el enamoramiento sincero acabe llegando.

---

**Si practicas esto en una relación incipiente, tienes altas probabilidades de que la relación siga adelante. ¿Y qué decir de las relaciones consolidadas? Para evitar el desgaste y la rutina necesitan ser alimentadas constantemente. La mirada atenta y afectuosa entre la pareja, cada día, es una forma de mantenerse unida y con una conexión especial. Es tan importante como las caricias físicas, es una caricia directamente al corazón. Sentirnos visibles, amados, deseados, especiales para el otro mantiene vivo el sentimiento de conexión que despertó el enamoramiento.**

---

Uno de los momentos en que la mirada tiene un efecto poderoso es cuando el otro acaba de hablar y tú no apartas la vista sino que sigues mirando en silencio, como si estuvieras esperando que sigua hablando, como admirando a esa persona, embelesado por sus encantos. Aunque a veces es difícil evitarlo, te recomiendo, de todas formas, no poner cara de bobo y darle a la mirada un aire de admiración e interés.

*Pupila dilatada*

Recuerda el efecto subliminal de la dilatación de la pupila. Este es uno de los momentos en que este movimiento tiene una importancia crucial. La lástima es que no podamos controlarlo voluntariamente. ¿Qué podemos hacer? Si realmente nos gusta una persona, hay muchas probabilidades de que la pupila se dilate y no os daréis cuenta ninguno de los dos. Solo es perceptible una intensidad especial en la mirada. De todas formas, hay maneras de propiciar la aparición de este mensaje subliminal: pensando en lo bella que resulta tu pareja, mirando una parte del rostro que te resulte especialmente atractiva. Cualquier pensamiento negativo te hará perder este efecto: procura no dejarte dominar por la timidez, por el miedo al rechazo ni por tu sentido del ridículo.

También puedes propiciarlo disminuyendo la intensidad de la luz. Si hay poca luz la dilatación de la pupila está asegurada, pues es el movimiento automático de adaptación que realiza el ojo. ¿Quizá por eso los momentos más románticos son al atardecer, de noche o en espacios tenuemente iluminados?

*Mirada copulatoria*

Y no solo en el proceso de acercamiento y de seducción, sino también en el juego sexual, antes y durante la copulación. La mirada es una forma de expresar deseo y de encenderlo en el amado. Hay miradas sexis, lascivas, incendiarias que aumentan la pasión del encuentro. Son miradas intensas, largas, con los párpados ligeramente bajos y con parpadeo lento. Mantener esta conexión visual durante la cópula es una forma de potenciar la pasión y de aumentar la sensación de compenetración entre la pareja.

Marilyn Monroe utilizaba esta mirada de la forma más sensual y provocativa. Madonna, a pesar de tener unos movimientos mucho menos dulces, la incorpora también en su repertorio de gestualidad provocativa.

*La mirada caricia*

Cuando dos personas han sentido ya atracción mutua y han comprobado la intensidad de sus miradas, es el momento de acariciar el rostro del otro con los ojos. Todavía no es prudente el contacto físico, pero le podemos decir al otro que hemos visto su cabello, su oreja, sus labios, y que nos gustan. Los ojos pasan lentamente por encima de estas partes del cuerpo y vuelven otra vez a los ojos. Las mujeres suelen tener un campo de visión más amplio y pueden ver más sin que el otro perciba apenas el movimiento de los ojos. Pero ahora no se trata de ver sin ser visto, sino todo lo contrario: queremos hacer notar que nos atrae esta persona y que encontramos atractivos todos los puntos de su cuerpo.

## 3. La sonrisa

La sonrisa tiene que ser sincera aunque discreta y respetuosa, con los ojos, pero no hace falta mostrar todos los dientes. Normalmente este gesto va acompañado de una inclinación lateral de cabeza, ya que es una forma de transmitir dulzura y apertura. Se hace una discreta señal con la mano o con la cabeza, a modo de saludo.

Las mujeres, en general, sonríen más que los hombres. Los varones han sido educados para mostrar fuerza y poder y, como hemos visto en el capítulo correspondiente, la sonrisa es una señal de docilidad y sumisión, por lo que a algunos les cuesta sonreír abiertamente y prefieren otras señales de reclamo. Sin embargo, la mujer de hoy sabe valorar bien una muestra de amabilidad y apertura, puesto que no necesita sentirse protegida por un gladiador.

En cambio, la ausencia de sonrisa en el rostro femenino es uno de los motivos que ahuyentan más oportunidades de contacto. La sonrisa sincera en todos sus grados, además de un gran cosmético, es una señal de predisposición a la relación, por lo que animará al pretendiente a avanzar en el acercamiento.

## 4. Acortar distancias

Llega el momento inevitable en que uno de los dos tiene que moverse. Hay que reducir el espacio y, paulatinamente, acercarse de tal manera que se pueda hablar. Nunca debes transmitir la idea de que tienes prisa, estás nervioso o desesperado por esa persona.

Es importante cuidar la forma de caminar. El hombre puede parecer elegante o patoso, un caballero o un matón. La mujer puede moverse sensualmente, pero si exagera demasiado será vulgar. Al desplazarte y al acercarte cuida tus modales. Cómo te desplazas entre la gente, cómo llegas a la persona deseada, cómo te presentas dicen mucho de tu educación. La grosería no es atractiva.

En cuanto a la distancia adecuada a la que debes mantenerte, sé prudente. La cortesía obliga a pedir permiso para sentarte al lado de alguien si no has sido invitado a hacerlo. No entres precipitadamente en el espacio íntimo del otro, pues, si no es el momento oportuno, harás que se ponga a la defensiva. Recuerda lo importante que es también para los humanos preservar el espacio personal. Respeta las marcas de territorio. Por ejemplo, no retires un bolso o una chaqueta de una silla para sentarte tú. Espera que el otro tome la iniciativa y te permita ocupar ese lugar a su lado.

## 5. Posición del cuerpo

Cuando la persona que se ha interesado por ti te dirige la palabra es el momento de corresponder mirándola. Si quieres desalentarla, no vuelvas la cara hacia ella y seguramente no volverá a intentarlo. Pero si te interesa entablar conversación, después de volver la cara, se moverán también los hombros y, paulatinamente, desde el tronco hasta las rodillas os iréis colocando de frente. Permanecer frente a frente aumenta la sensación de intimidad y de aislamiento del exterior.

## 6. Hablar y reír

Es conveniente tener temas, frases, fórmulas que no estén muy gastadas para empezar la conversación. Habla de cosas positivas, porque la conversación será más agradable, pero también porque, como lenguaje corporal y habla suelen ser coherentes, tu lenguaje corporal también será positivo y mucho más atractivo. Evita la incontinencia verbal, no hables por hablar, pues cuanto más hablas más probabilidades tienes de meter la pata. Haz pequeñas pausas para mirar atentamente a quien tienes delante, observa cómo reacciona y lo que expresa su rostro. Deja que hable también. Y fomenta con preguntas directas o indirectas que hable de sus aficiones, de la razón por la que se encuentra allí, de sus preferencias en cuanto a música, deporte, etc. Es mejor mostrar interés en el otro que pretender impresionar o llenar el silencio con palabras vacías. Crearás una sensación de confianza si asientes con frecuencia ante las palabras de tu interlocutor. Hazlo lentamente y mientras le miras. De otra forma, podrías dar a entender que tienes prisa para que acabe.

*La voz*

Es un ingrediente importante de nuestra imagen: transmite personalidad y las emociones que sentimos en este momento. Si hablamos con alegría y entusiasmo, es muy probable que contagiemos esta energía a la persona que nos escucha. Tanto a hombres como a mujeres nos gustan las personas seguras, valientes y con autocontrol. Las mujeres prefieren hombres fuertes emocionalmente, equilibrados y serenos. Ellos también muestran esta preferencia por las mujeres, especialmente si buscan una relación estable. En el caso de los hombres, esto se refleja en una voz grave, por excelencia masculina, un habla tranquila y cálida. Para las mujeres, el tono más agudo, jovial y alegre. Sobre todo no grites, modera el volumen de tu voz para crear un efecto de trato personal, de distancias cortas.

Las personas con sentido del humor tienen más posibilidades de éxito que las aburridas o serias. Por no hablar de los pesimistas, hipocondríacos y quejicas. La queja y el lamento son lo más antisexi que existe, para ambos sexos.

Y hacer un relato detallado de tu vida amorosa anterior, plagada de desgracias, traiciones y abandonos, o de los problemas de tu vida actual, ahuyentará a tu objeto de deseo. Si necesitas desahogarte, busca un fiel amigo o un especialista que pueda ayudarte a superar tus traumas.

El hombre divertido muestra su optimismo, su coraje y su espíritu positivo. Esto nos encanta a todos. Si la mujer ríe sus ocurrencias, esta le demuestra que comparte su sentido del humor. Él se siente elogiado. La risa genera complicidad entre las personas que la comparten y relaja, cosa que no viene mal en situaciones de una cierta tensión.

## 7. Tacto

Si estos intentos tienen una respuesta positiva, nos podemos atrever a un contacto físico más directo:

- Conducir a la pareja por el codo o el brazo en una sala.
- Rozar un brazo con otro, una rodilla con otra.
- Pasar la mano por detrás del hombro para acompañar a la mujer a la salida de un local.
- Rodear la cintura con el brazo.
- Ponerse frente a frente a una distancia íntima.
- Besar.

A partir del beso, empieza una auténtica aventura por el universo de la piel y las caricias. Si en este punto te sientes poco hábil, puedes leer algún libro que explique con detalle las posibilidades del masaje erótico, las preferencias de cada sexo, las zonas más sensibles y cómo estimular el deseo y proporcionar placer a través de las zonas erógenas.

El tacto es tan importante en el proceso de seducción que merece toda nuestra atención. Entre otras cosas porque un pequeño error puede interrumpir la creación de esta intimidad deseada. Actúa a nivel inconsciente ejerciendo una influencia positiva en una relación, predisponiendo a las personas a una relación más íntima. Es el gran afrodisíaco que estimula la necesidad de acercamiento. Pero el paso de la relación sin contacto físico al contacto íntimo tiene varios niveles que se van superando progresivamente. Para los más prudentes, antes de entrar en contacto físico directo habrá unos intentos más o menos disimulados y que servirán como test de aceptación de este contacto por parte del otro.

El tacto puede ser una importante estrategia consciente en el proceso de seducción:

- **Para valorar las posibilidades de éxito:** al observar la reacción de la otra persona ante nuestro acercamiento.
- **Para crear vínculos emocionales:** con un desconocido o con alguien a quien no tenemos derecho a tocar podemos generar complicidad y emociones positivas con un roce o una caricia.
- **Para reducir el espacio personal:** veremos ahora cómo se realiza un acercamiento progresivo y se consiguen también los objetivos anteriores.

En el ritual de la seducción generalmente uno de los dos toma la iniciativa y el otro se «deja» seducir y va respondiendo a las señales emitidas por la parte activa.

En este proceso, por rápido que sea, se distinguen varias fases. Cada momento de la historia ha tenido sus rituales de apareamiento. En unos casos este ritual ha podido durar meses, incluso años. En otros momentos, como hoy en día, la seducción puede ser cosa de una noche, o cuestión de minutos. Pero, casi siempre, antes de llegar al contacto físico hay que pasar por unas fases previas que el científico Desmond Morris[4] describe así:

1. Ojo-cuerpo.
2. Ojo-ojo.
3. Voz-voz.
4. Mano-mano.
5. Brazo-hombros.
6. Brazo-cintura.
7. Boca-boca.
8. Mano-cabeza.
9. Mano-cuerpo.

---

4. Véase Desmond Morris, *Comportamiento íntimo*, Barcelona, Plaza y Janés, 1975.

10. Boca-pecho.
11. Mano-genitales.
12. Genitales-genitales y/o boca-genitales.

Antes de llegar al punto 4 (mano-mano), suele haber unos acercamientos táctiles para comprobar la disponibilidad de la otra persona. Cuando no sabemos si el otro tiene el mismo interés que nosotros, o quizá no avanza a la misma velocidad en el ritual de emparejamiento, habrá unos gestos «test» para ver su respuesta. Los primeros son prudentes y poco invasivos. Cualquier error en este momento puede ser fatal para la relación. Por eso hay que avanzar pasito a pasito, a una velocidad proporcional a la velocidad en la que se desarrolla el ritual.

Uno de los recursos más utilizados para iniciar el contacto y comprobar su efecto es utilizar un **objeto intermediador**. Cuando fumar estaba bien visto, encender el pitillo y pasarlo al compañero era una de las argucias más habituales para compartir sutilmente una cierta intimidad. O compartir un vaso. Así es como si tuviéramos nuestras bocas juntas pero sin tenerlas, y especialmente sin que los que nos rodean se den cuenta de que nuestro grado de intimidad va aumentando. Son pequeños test de aceptación del otro. Si accede a compartir vaso y bebe por el mismo sitio que yo, es que no le importará más adelante un contacto directo.

Coger un objeto de la mesa del compañero que te gusta, jugar con él y volver a dejarlo. Prestar la chaqueta, un fular o un sombrero. Admirar una pulsera, una corbata o un collar, tocándolo suavemente. Arreglar el cuello de la chaqueta, el nudo de la corbata. Quitar con delicadeza una pestaña de la mejilla, un hilillo de la solapa o leer las líneas de la mano pronosticando una apasionada vida amorosa son clásicos y socorridos recursos del seductor.

Los primeros toques se realizan en partes del cuerpo protegidas por la ropa:

- Roce de brazos o espalda.
- Roce de rodillas o muslos si estamos sentados.
- Poner bien el cuello de la chaqueta, la corbata, quitar un cabello de la solapa o de la espalda...

En segundo lugar se pasa al contacto piel con piel. Se rozan las manos aparentemente de forma casual. Si es un entorno de ocio y en verano, hay más posibilidades de establecer este contacto en más partes del cuerpo, al nadar, al bailar, al practicar deporte...

Si vemos que el otro no rechaza el contacto en estas situaciones sino que incluso responde con gestos similares, podemos ir avanzando en el ritual.

## 8. Movimientos y sincronización

Está científicamente demostrado que el lenguaje corporal influye de manera decisiva en el éxito de una relación amorosa y se puede establecer la sintonía a través de los movimientos. En el ritual del cortejo se produce un baile donde los dos van al mismo ritmo y coordinan los movimientos, llegan a sincronizar la postura, los gestos, la sonrisa, los movimientos de piernas y pies. Cuando dos personas están en este estadio, podemos afirmar que están en el buen camino. Si uno de los dos interrumpe la sincronización o hay una injerencia externa que corta este diálogo corporal, puede ser difícil volverse a encontrar. Por eso te recomiendo que no permitas interrupciones evitables como atender una llamada o mirar tu móvil para leer los mensajes. Incluso saludar a conocidos puede tener consecuencias fatales. No olvides que tu objeto de deseo debe sentirse muy importante para ti. Nada justifica que dejes de mirarla o de hablar con ella.

## Movimientos seductores en relaciones heterosexuales

En este apartado, mantenemos la perspectiva de unos estereotipos femeninos y masculinos que podemos ver totalmente vigentes en las calles, los medios, las teleseries y las redes, aunque no necesariamente sean practicados y aceptados por todo el mundo.

¿Cómo se ha entendido el atractivo femenino tradicionalmente?

Hay una serie de lugares comunes en los movimientos de la seducción femenina, aunque hay muchos estilos distintos. Cada mujer, en función de su personalidad o del momento, utilizará estos movimientos en las dosis adecuadas de ternura, pasión o provocación. Marilyn Monroe es el ejemplo por antonomasia de la seducción altamente sensual que combina la invitación al contacto y la dulzura: todo es sinuoso en Marilyn, hasta la voz es dulce y sugiere intimidad. Madonna es otro modelo de sex symbol, pero juega más con la fuerza, la energía y la pasión desbocada. Su voz y sus movimientos tienen muy diversos registros, pero hay algo masculino en su comportamiento y sus movimientos. Audrey Hepburn o Diana de Gales son otros modelos de mujeres seductoras que se caracterizan por la elegancia, la discreción y el efecto de transparencia e inocencia.

El barniz permanente de la seducción en los movimientos de la mujer es la sensualidad, la lentitud y el movimiento abierto y ondulado. No son nada seductores los movimientos nerviosos, quebrados, repetitivos, rápidos.

El movimiento de pelvis es uno de los gestos característicos de la mujer, puesto que de esta forma llama la atención sobre la zona de la fertilidad si es vista por delante. Y resalta las nalgas si es observada desde atrás.

El desplazamiento de pelvis hacia un lado y hacia otro aumenta la sensación de diferencia entre la pelvis y la cintura, destacando la típica forma de guitarra del cuerpo femenino, haciendo que el cuerpo sea más redondeado. Cualquier prenda que acentúe estas curvas será un potenciador del atractivo sexual. Piensa en el poder de las danzas orientales o en cómo se mueven Shakira o Jennifer López en el escenario.

Calzar zapatos de tacón ayuda a acentuar estos movimientos. Además de estilizar las piernas, obliga a realizar pasos cortos y un leve balanceo con la pelvis. Según el gusto clásico, unos zapatos de tacón alto bien llevados realzan tu figura, hacen más bellas tus piernas y te dan un movimiento mucho más sensual. Solo tienes que asegurarte de que sabes andar encima de ellos con elegancia.

De todos modos, hay que tener en cuenta el movimiento cada vez más extendido contra el uso de tacones, especialmente entre las mujeres con un cierto estatus profesional. Las razones son varias: comodidad, salud y rebeldía contra una prenda que puede percibirse como un símbolo de la sumisión de la mujer al hombre. Por supuesto, una mujer con zapato plano puede ser muy atractiva.

## Piernas

En los movimientos femeninos, merecen una especial atención las piernas. Aparte de caminar, tenemos una gran variedad de posiciones cuando estamos de pie o sentadas.

### De pie

- De pie con la pelvis desplazada; el peso del cuerpo recae sobre una pierna.

- De pie sin apoyo. Uno de los pies está ligeramente inclinado en perpendicular al otro, de tal forma que la parte interior del muslo y la pantorrilla quedan al descubierto.
- La posición VASE transmite más seguridad que sensualidad; por eso, en entornos profesionales es importante ser conscientes de qué posición adoptamos al estar de pie.

### Sentada

El cruce de piernas es uno de los movimientos más seductores, ya que combina discreción y apertura. Por ejemplo, cuando se cruzan las piernas, con la pierna de debajo inclinada y la de encima con la pantorrilla hacia fuera y mirando hacia el lado donde está la persona objeto de seducción. Esta posición tiene la virtud de hacer que las piernas parezcan estilizadas y más fuertes porque están en tensión.

Si estamos en un sofá, orientar la rodilla correspondiente al lado de la persona que nos acompaña es una forma de acercarnos sutilmente sin que el tronco se acerque demasiado.

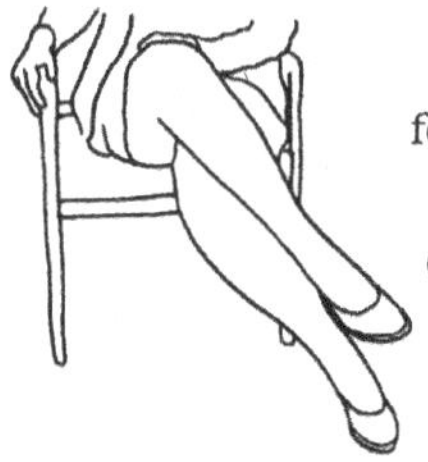

Figura 28. Cruce femenino con intención estética y de atracción sexual.

## Brazos y manos

La gesticulación de la seducción tiene varias funciones: diseminar las feromonas a nuestro alrededor, ser más visibles y atraer la atención sobre las partes del cuerpo que queremos destacar.

Ten en cuenta que podemos guiar la mirada del espectador con los movimientos de brazos y manos. Si juegas con tu melena estás resaltando este atractivo, si te acaricias el cuello y el escote estás atrayendo la mirada sobre esta zona, si te pones una mano en la cintura, con los dedos tocando la cadera, pones el acento en la curva de la cadera y en el vientre. Lo mismo pasa cuando estás sentada, si te acaricias una rodilla, una pierna o un tobillo. Para que sea sensual tienen que ser movimientos lentos, suaves, como una caricia. No es lo mismo que rascarse o sacudirse una mota de polvo.

Los gestos abiertos son por definición gestos seductores. Los más sensuales son los que muestran la parte interna de los brazos o de las piernas. Y los que, aunque sea con algún pretexto, se acercan al otro, como coger un mechón de pelo o un pendiente largo y acercarlo hacia delante.

Jugar con los cabellos es uno de los conjuntos gestuales más variados y más utilizados por las mujeres.

- Peinarse con los dedos y colocarse bien un mechón detrás de la oreja.
- Ahuecarse el pelo por la parte superior de la cabeza o en los lados con los dedos de la mano abiertos y puestos en forma de peine.
- Recogerse la melena por la nuca y levantarla hasta formar una coleta o un moño, aunque este sea solo el ademán y nunca acabe de realizarse la operación de recogido. Este gesto es muy seductor, ya que te permite abrir el tronco, levantar el pecho, mostrar los brazos por la parte interna y, bajando levemente la cabeza, mirar hacia arriba. Además, quedan el cuello y la nuca al descubierto. Esto resulta sumamente atractivo, puesto que muestra una piel delicada que suele estar cubierta o semicubierta además de dejar al descubierto una zona muy vulnerable. De esta forma, la mujer se está mostrando dócil y vulnerable al mismo tiempo. Este mensaje es altamente interesante para el hombre, puesto que es

una invitación a la protección y, al mismo tiempo, una sugerencia hacia la intimidad.

- Coger un mechón de cabello y enroscarlo en los dedos o poner la punta en la boca pueden ser gestos seductores o de concentración. Son seductores cuando el brazo y la mano realizan el movimiento de forma abierta, hacia delante, y cuando el extremo del mechón entra en la boca de manera suave y sin ser mordido. Es de concentración o de nerviosismo cuando el movimiento es rápido, hacia dentro y los labios muerden el mechón de forma tensa y cerrada.
- Incluso las mujeres con el pelo corto realizan movimientos relacionados con el cabello.

## Mover sensualmente la cabeza

Uno de los movimientos característicos de la seducción femenina es mantener la **cabeza ladeada**, muy frecuentemente acompañado por la mirada oblicua. Este era un movimiento característico de Diana de Gales, que emanaba dulzura y una cierta inocencia. Se ganó así la simpatía de los británicos, pero en cambio, por lo que sabemos, no fue nada feliz en palacio ni se la tuvo mucho en consideración.

Una mujer que mira así a un hombre le está prometiendo atención, ternura y, quizá lo más importante para la mayoría de ellos, una cierta fragilidad ante la que el hombre tendrá que sacar todo su instinto protector. No podemos dejar de relacionar este gesto con la actitud de docilidad que implica dejar el cuello al descubierto. Insinuar a un hombre que se le permitirá mantener la posición de poder en la relación es una forma de decirle que se valora su masculinidad y que se le otorga el papel de fuerza y protección que se atribuye a su sexo. En general, las mujeres que se muestran ligeramente sumisas en esta fase del galanteo resultan más atractivas para la mayoría de los hombres porque, a pesar de los cambios que se han producido en nuestra forma de ver el mundo y de relacionarnos entre sexos, sigue estando grabado en el cerebro masculino el rol milenario. Igual que sigue grabada en el cerebro de la mujer la necesidad de protección para ella y sus vástagos.

Este comportamiento por parte de la mujer no tiene nada que ver con su independencia económica, su talento, su autoridad en el trabajo o su capacidad para arreglárselas sola en la vida. Forma parte de un reportorio de gestos de coquetería que utiliza para el acercamiento y para indicar una cierta disponibilidad.

Igual que no es recomendable utilizar este gesto (junto con otros de valor similar) en el trabajo, especialmente en entornos masculinos, tampoco es recomendable prescindir de estos movimientos tan típicamente femeninos si estás interesada en un hombre. La mayoría de los hombres todavía se sienten desconcertados ante una mujer que hace evidentes su fuerza y la seguridad en sí misma. Suelen echarse atrás ante esta demostración de poder que, en su inconsciente, consideran cualidades masculinas y que deben de manifestar ellos.

**Levantar la barbilla e inclinar la cabeza hacia atrás** es un gesto de una potente sensualidad, especialmente si va acompañado de una mirada copulatoria más o menos explícita. Este gesto se puede hacer con el pretexto de colocar bien los cabellos hacia atrás. Si la mujer menea además la cabeza y entrecierra los ojos, el efecto es extremadamente evocador.

## La imagen de la boca

Es sorprendente que, a pesar de ser usuarias del carmín y de haber visto miles de imágenes de publicidad con modelos de labios sensuales y gestos lascivos, muchas personas todavía no saben relacionar los labios de la boca con los labios de la vulva. Es por el parecido entre ellos que unos labios femeninos pueden ser un potente reclamo sexual. Los unos y los otros aumentan de volumen con el deseo e intensifican el color encarnado. Las barras de labios no hacen más que potenciar esta apariencia, que los hace más apetecibles y más llamativos. El aspecto brillante (por el *gloss* que nos aplicamos o al humedecerlos con la lengua) nos recuerda la humedad de la excitación sexual.

Es lógico, pues, que cualquier movimiento con los labios tenga una especial importancia en el ritual de la seducción. La mujer los utiliza como uno de sus reclamos más importantes. Destacan el gesto de «poner morritos» como si fueran a besar, morder el labio inferior, pasar la lengua lentamente, llevarse algo a la boca: una botella, un cigarrillo, un lápiz, un mechón de pelo, la varilla de unas gafas o un dedo, que morderá o chupará suavemente.

El mundo del cine nos brinda excelentes ejemplos de lo que acabo de decir, y especialmente míticas son las imágenes de algunos iconos de la sensualidad fumando y destacando así el gran atractivo de una boca entreabierta o con labios redondeados. Seguro que te vienen a la memoria la enigmática Uma Thurman en *Pulp Fiction*, Sharon Stone echándole humo a la cara de Michael Douglas mientras le seduce en *Instinto básico* o la elegantísima Audrey Hepburn con su larga boquilla en *Desayuno con diamantes*.

Como fumar es un hábito en vías de extinción, nos perderemos uno de los rituales míticos en el proceso de seducción. Pero hay gestos sustitutivos que ponen los labios en el punto de mira: un helado, un bolígrafo, una cañita de refresco, un vaso largo o una barra de labios dispuesta a repasar el carmín.

## Mujeres que toman la iniciativa

El comportamiento sexual de la mujer puede estar condicionado por la educación, el entorno, la personalidad, el momento del ciclo menstrual o la edad, entre otros factores. Algunas mujeres son básicamente «receptivas», mientras otras son «proceptivas», es decir, que toman la iniciativa a la hora de elegir pareja y a la hora de iniciar el contacto con ella.

La psicóloga de la Universidad de Misuri Monica Moore estudió cómo las mujeres despertaban el interés de un hombre y provocaban que se les acercara y les hablara. Otros estudios revelan que los hombres que han sido «activados» por la iniciativa femenina están convencidos de que han sido ellos los iniciadores del cortejo.

Por lo tanto, si tienes algún reparo en ser tú, mujer, la que dé el primer paso, no te preocupes: seguramente tu hombre no se dará cuenta. A continuación tienes una lista de los «primeros pasos» más frecuentes y más exitosos que realizan las mujeres, variados cebos para que pique el hombre que les interesa:

1. Sonreírle abiertamente.
2. Echarle una breve mirada.
3. Bailar sola al compás de la música.
4. Mirarle directamente y tocarse el pelo.
5. Mantener la mirada fija en él.
6. Mirarle, volver la cabeza y volver a mirar.
7. Frotarse contra él «casualmente».
8. Saludarle con la cabeza.
9. Ladear la cabeza y tocarse el cuello al descubierto.
10. Pasar la punta de la lengua por los labios durante el contacto visual.
11. Arreglarse mientras se mantiene el contacto visual.

12. Desfilar delante de él con movimiento de caderas.
13. Pedirle ayuda para algo.

## Movimientos masculinos

Entre los comportamientos típicos está el pavoneo. Se suele producir en compañía de los amigos y consiste en bromear, mostrar alguna habilidad, sacar pecho, mirar delante de ellos a la mujer que le gusta, incluso piropearla. Si tiene a mano su moto, seguro que se monta en ella. Podemos ver escenas típicas de este comportamiento en las películas *Grease* o *West Side Story*.

Si está de pie, adoptará la posición del vaquero, se desabrochará la chaqueta y se pondrá la mano en la cintura. En según qué contexto, si lleva corbata, puede indicar predisposición a una relación «fuera del trabajo» aflojándose el nudo. Especialmente en situaciones informales tiende a separar las piernas y ponerse los pulgares en el cinturón, como los pistoleros del *far west*.

Uno de los gestos inequívocos del hombre que desea captar el interés de la mujer es andar de forma que ella lo vea, con la cabeza alta, pasos largos y tranquilos. Cuando empiece a acercarse físicamente, evitará el tacto directo, pero empezará a crear un espacio íntimo a base de poner barreras hacia el exterior, de manera que otras personas no puedan entrar en este territorio. Por ejemplo, procurará proteger a la mujer manteniéndola entre la barra del bar y su protección corporal. Sentado de lado en un sofá, por ejemplo, adelantará el cuerpo de manera que colocará la espalda hacia el exterior, levantando una muralla para posibles intrusos y dándole a ella un espacio de protección.

Otra de las posiciones típicas es extender el brazo por el respaldo del sofá, o apoyarlo en el respaldo de la silla de ella o en la barra del bar. Se trata de un abrazo simulado que le sirve para comprobar la reacción femenina.

## Otros gestos y movimientos propios de la seducción sexual en los dos sexos

| Hombres | Mujeres |
|---|---|
| • Manos en la cintura con los pulgares dentro del cinturón.<br>• Pulgares hacia arriba.<br>• Mostrar la parte interna del brazo o la muñeca.<br>• Cruzar las piernas con la parte interior de la pierna cruzada hacia la persona deseada.<br>• Mirar el cuerpo de la mujer deseada para volver a mirarla a los ojos.<br>• En general todos los movimientos de apertura pueden estar presentes en este proceso.<br><br>*Como puede observarse, la variedad de movimientos de la mujer es superior a la del hombre.* | • Mirada oblicua.<br>• Levantar el hombro y mirar por encima de él.<br>• Estrechar los brazos hacia el tronco para realzar el escote.<br>• Ahuecarse el pelo o sacudirlo con la cabeza.<br>• Levantar los brazos mostrando las axilas y recogerse o levantarse el pelo por detrás de la cabeza.<br>• Parpadear lentamente.<br>• Dejar los labios entreabiertos.<br>• Tocarse (cuello, lóbulo de la oreja, escote, cadera, rodilla, tobillo).<br>• Mano caída o gesticulación de muñeca blanda.<br>• Cruzar y descruzar piernas.<br>• Apuntar con la punta del pie a alguien que le interesa.<br>• Mover en círculo lentamente el pie de la pierna que está cruzada.<br>• Dejar caer el zapato por la parte del tacón. |

A veces estamos tan entusiasmados con el hallazgo, deseamos tanto que nos corresponda esta persona especial, que no somos capaces de leer los mensajes evidentes de pocas probabilidades de éxito. La emoción nos domina y el ingrediente racional que podría darnos luz sobre la situación no aparece en nuestro auxilio. No percibir estas señales no solo nos puede llevar a situaciones incómodas, sino que nos pueden abocar a una relación desigual, donde el otro percibe nuestra vulnerabilidad y se aprovecha de nuestra incapacidad para leer sus auténticas intenciones.

Es fundamental para tu salud, pues, saber reconocer de forma instantánea los mensajes de indiferencia o rechazo. Con plena conciencia de la situación, después puedes decidir si insistes en el asedio o abandonas para no desperdiciar ni un ápice más de energía.

### Posibles mensajes de rechazo o falta de interés

- Sonrisa cerrada o ausencia de ella.
- Gestos de cierre con los brazos.
- Gestos de cierre con las piernas, tanto de pie como sentados.
- Parte inferior del cuerpo en dirección a la huida y no hacia la persona.
- Cuerpo hacia atrás o paso hacia atrás.
- Cruce de piernas en dirección contraria a ti.
- Jugar con el pelo de forma cerrada.
- La mano en la cara o tapando la boca.
- Rascarse o frotarse los ojos, el oído, la nuca.
- Desviar la mirada poniendo atención a lo que ocurre fuera de la conversación.
- Manipulación de aparatos electrónicos.
- Gestos para cubrirse la piel visible (especialmente las mujeres).
- Inicio de recogida de objetos personales.
- Movimiento repetido de piernas o pies.

## LA SEDUCCIÓN EN ENTORNOS VIRTUALES

Las tecnologías de la relación, información y comunicación (TRIC) han transformado notablemente la forma en que las personas se encuentran y establecen relaciones románticas. Y con los años, han pasado de ser el espacio casi secreto de los que tenían dificultades para ligar a ser una forma habitual de encontrar pareja para distintas franjas de edad, orientación sexual o tipo de relación deseada, de la que se habla abiertamente entre amigos o en familia.

Hablamos de plataformas como Tinder, Grindr, Meetic, Ourtime y muchas más. Sin olvidar que también Instagram o Facebook son redes utilizadas por muchas personas para esta función específica.

Antes de la transformación digital no teníamos más remedio que estar físicamente en un sitio, coincidir con otra persona potencialmente «apareable», decidir si nos interesaba y, en ese caso, iniciar el acercamiento. Hoy podemos reducir esta gran inversión y limitarnos a una mirada rápida a las opciones que nos ofrece un algoritmo desde cualquier lugar, descartar inmediatamente las opciones que no nos interesan e iniciar el acercamiento con quien nos guste con un simple movimiento de dedo.

Estas herramientas han cambiado la **forma de encontrarse** y también la **forma de relacionarse**. A pesar de que, en muchos sentidos, la vida *online* no deja de ser una extensión de la *offline*, han aparecido nuevos patrones de comportamiento y nuevos rituales, facilitados por las características de la propia tecnología, pero también porque la sociedad ha evolucionado y ha buscado en las TRIC las vías para cubrir necesidades que ya existían.

Es frecuente hablar en términos de *virtual/presencial* como si fueran opuestos o nos refiriéramos a hábitats totalmente separados. Pero, en el fondo, la frontera no está claramente definida: en primer lugar, porque las relaciones virtuales son tan *reales* como las presenciales.

---

**Las imágenes que aparecen en una aplicación están en formato digital pero impactan en personas de carne y hueso, con unas emociones reales.**

---

Tenemos que ser conscientes de que vamos saltando constantemente de lo virtual a lo físico sin que nuestro cerebro pueda distinguir tan fácilmente quién nos hace sentir de una forma determinada y cómo lo consigue.

Por ejemplo, aunque el *ghosting* (desaparecer sin dar ninguna explicación) suele ser virtual, provoca un disgusto y una decepción reales en la persona que se queda sin respuesta, hasta el punto de que puede afectar a la autoestima y provocar otros trastornos psicológicos, según indican los expertos. Dejar plantado, marcharse a la francesa, huir de una relación sin dar explicaciones no es algo nuevo. Pero las relaciones virtuales facilitan este tipo de conductas por el poco compromiso y la falta de sensibilidad de muchos usuarios.

Como vemos, la digitalización de las relaciones conlleva nuevas conductas, nuevos estilos de comunicación que traspasan el mundo virtual y que afectan también a las relaciones presenciales.

## ¿Cómo afecta el uso de las aplicaciones de citas a las relaciones sexoafectivas?

### Facilidad, disponibilidad e inmediatez

Según los estudios, las aplicaciones de citas facilitan y aceleran el encuentro, especialmente en el caso de personas que creen tener pocas habilidades sociales, son más reservadas y necesitan un espacio seguro para interactuar.

Los espacios tradicionales para entrar en contacto con una posible pareja (sea eventual o estable) como discotecas o fiestas no son lugares amigables para todo el mundo. Además, por muchas personas que puedas conocer en una noche, la oferta siempre será limitada y la inversión de recursos para acercarte es mucho más importante que en una aplicación digital.

Una plataforma digital tiene muchas ventajas. Es un espacio percibido por la mayoría de sus usuarios como más seguro que el mundo presencial, porque pueden controlar su imagen, eligiendo las fotografías que publican y mostrando un aspecto físico y unas descripciones que los hacen sentir cómodos. Durante el intercambio, además, tienen más tiempo para pensar las respuestas y, por otro lado, les resulta más fácil desinhibirse, coquetear o, si es necesario, hacer *ghosting*.

## Disminución de habilidades

Si bien este aspecto es positivo porque permite aumentar las posibilidades de éxito, la dependencia excesiva de las interacciones virtuales puede mermar la capacidad de algunas personas para iniciar y mantener conversaciones en situaciones cara a cara, así como para interpretar señales no verbales.

En la relación en el plano físico se necesitan unas habilidades mucho más desarrolladas tanto de emisión como de recepción. Los matices de las expresiones en un encuentro presencial aportan mucha más información que una fotografía. Además, hay que interpretar los mensajes no verbales en relación con el contexto y según la influencia que ejerce uno en el otro a lo largo del intercambio. En una aplicación, en cambio, nadie provoca modificaciones en la expresión del otro de manera instantánea. Como máximo, hay un intercambio de mensajes de texto y algunas muestras de comunicación no verbal muy primarias, como emoticonos, signos gráficos o GIF.

## Cambios en los rituales

Hemos pasado de relaciones que siempre eran presenciales, muy probablemente con alguien conocido (del pueblo, del barrio o de la comarca), de consolidación lenta (había cortejos de años de duración) a relaciones rápidas, inmediatas, fugaces y con desconocidos. Antes, el riesgo era mucho mayor, porque también el compromiso era mucho mayor.

Hoy se nos presentan tantas opciones que podemos decidir qué tipo de relación nos conviene más: desde el matrimonio para formar una familia clásica a relaciones múltiples, sucesivas o simultáneas, con personas del mismo sexo o no. Esta diversidad de opciones modifica la comunicación, por supuesto. En este sentido, las plataformas facilitan la claridad en la expresión de los deseos, pero también contribuyen a la pérdida de una parte del ritual de seducción.

Hemos pasado de la escasez a la abundancia: esta sensación de que hay una gran cantidad de «producto» hace que cueste más elegir, porque siempre puede aparecer otra persona tan o más interesante que aquella con la que ya se ha contactado. Esto dificulta el compromiso, y por tanto las relaciones estables y duraderas.

## Libertad y diversidad

Otra transformación favorecida por aplicaciones como Grindr es que se han facilitado los encuentros entre personas del colectivo LGTBIQ+. Estas aplicaciones han ayudado a visibilizar y normalizar la homosexualidad y la diversidad de identidades y orientaciones sexuales, al mismo tiempo que ofrecen un espacio seguro.

En el caso de Grindr, por ejemplo, la propia aplicación da consejos a los usuarios sobre las imágenes que publican, por temas de seguridad. No revelar la identidad o ser cauteloso al dar información sobre la ubicación puede ser importante para personas no heteronormativas, pues hay países donde la homosexualidad es un delito, incluso contactar a través de las redes.

## Control de la propia imagen

Las personas pueden diseñar su identidad y mejorarla a base de artificios técnicos como los filtros, o eludir aspectos de su físico que les generan inseguridades.

Arreglarse para salir de casa, con la esperanza de tener un encuentro amoroso, se ha hecho siempre. Pero el peligro de las herramientas digitales es que este «arreglarse» llegue tan lejos que cualquier parecido con la realidad sea pura coincidencia.

Esto puede generar una frustración posteriormente en el encuentro real, porque se han creado unas expectativas que no se cumplen en el vis a vis.

## Uso del tiempo

A pesar de que uno de los efectos de las plataformas de citas es que se acelera el contacto y se reducen los tiempos de los rituales de cortejo, en realidad ofrecen la ventaja de poder pensar las respuestas. En una conversación cara a cara tienes que saber actuar de manera inmediata. Hay menos posibilidad de planificación y, desde luego, menos posibilidad de engaño.

En estas aplicaciones, las imágenes no son simplemente fotos; son herramientas de comunicación estratégicas que los usuarios emplean para transmitir ciertas facetas de su personalidad, su estilo de vida, sus intereses y, por supuesto, su atractivo físico.

Las personas tienden a hacer inferencias rápidas basadas en la información limitada disponible, y estas inferencias afectan a sus decisiones sobre quién les gusta y con quién inician conversaciones.

Además, **estas aplicaciones permiten falsear mucho mejor las emociones**. Porque, en directo, el control de la expresión facial y de los movimientos es mucho más difícil (aunque siempre hay maestros en esto). Por ello, muchas personas desconfían de los medios virtuales y quieren comprobar «con sus propios ojos» si esa persona es como dice ser y se comporta como parece comportarse *online*.

## ¿Cómo te presentas?

Una fotografía es la primera (y, a menudo, la principal) forma de provocar una «primera impresión» decisiva. Por eso los usuarios tienden a seleccionar fotos que creen que los presentan de la manera más favorable posible. Es habitual, por eso, mostrar el rostro o el cuerpo enmarcados en un entorno de *hobbies*, viajes, vida social, logros, o incluso junto a sus mascotas, para sugerir ciertas cualidades deseables, como la sociabilidad, el gusto por la aventura, los cuidados, el éxito, etc.

No es ningún secreto que el atractivo físico juega un papel significativo en las decisiones de deslizar a la derecha (*like*) o a la izquierda (no *like*). Los usuarios a menudo eligen fotos que destacan su atractivo físico según normas culturales o subjetivas, lo que puede incluir desde la selección del ángulo de la cámara hasta la vestimenta y el entorno de fondo.

El uso de estas redes aumenta el nivel de control sobre la propia imagen. Se diseña, se elabora, se selecciona, se modifica. Buscamos estándares de belleza inalcanzables. Estamos más acostumbrados a posar que nunca. Tenemos miles de imágenes de nosotros mismos y hay personas que controlan a la perfección la identidad digital, hasta quedar esclavizadas por la perfección que se exigen.

Pero en el momento de pasar al mundo no virtual, el artificio no se sostiene. Y el problema no es tanto transmitir una imagen alejada de la realidad, sino llegar a creérsela uno mismo.

Existe una tensión entre presentarse de manera auténtica y la idealización de uno mismo. Algunos usuarios prefieren mostrar imágenes que los retraten en situaciones cotidianas para parecer más accesibles y genuinos, mientras que otros optan por imágenes que potencian al máximo su atractivo, lo que puede incluir desde poses estudiadas hasta el uso de filtros o imágenes editadas.

Siempre ha habido unos cánones de belleza según la época, la cultura y la subcultura, y se han divulgado a través de la pintura, del cine o de la publicidad, pero ahora son millones de personas las que ponen cada día su granito de arena para reforzar una estética con el perverso efecto de que son personas «reales» y no la industria directamente la que nos los impone.

Los estándares de belleza ahora se transmiten de manera masiva por las redes en un círculo vicioso que obliga, si quieres obtener el reconocimiento de tus seguidores o hacer *match*, a responder a unos modelos.

En este sentido, recomiendo la lectura del libro de Esther Pineda sobre la violencia estética.[5] La obra se centra en la presión que

5. Véase Esther Pineda, *Bellas para morir: estereotipos de género y violencia estética contra la mujer*, Barcelona, Ariel, 2021.

recibimos las mujeres pero yo añadiría que también cada vez más los hombres reciben mensajes que los instan a mantenerse lozanos, musculados, con el cabello y la piel cuidados. Cada vez es más frecuente que se sometan a operaciones y tratamientos de estética.

En resumen, las imágenes en las *apps* de citas y las redes son mucho más que simples fotos; son una compleja amalgama de intenciones, deseos, autopresentación y estrategia social. Su análisis puede revelar no solo cómo las personas desean ser vistas en el contexto de las citas *online*, sino también cómo navegan por las normas sociales y culturales en su búsqueda de conexiones románticas o sexuales.

A continuación te explico cómo el lenguaje corporal en las imágenes condiciona la impresión que causas y la interacción posterior. A partir de estas observaciones, puedes obtener pistas para transmitir los mensajes que consideres más adecuados, en función de tu personalidad o de tus objetivos. Elige bien las fotos que publicas y, si aún no te las has hecho, piensa bien en todos los detalles.

Igual que en el cara a cara, las fotografías son responsables de la primera impresión en la pantalla. Quien las vea captará inmediatamente tu actitud (dulce, receptiva, altiva, simpática, tímida, segura, etc.), en gran medida por lo que dice tu rostro.

- **Sonrisa.** En general, tienen más posibilidades de retener la atención los rostros agradables. La sonrisa es el principal elemento embellecedor, aunque hay hombres que eligen la seriedad para transmitir dureza o reflexión (con el ceño fruncido).

  Una sonrisa genuina, que involucra los músculos alrededor de los ojos (sonrisa de Duchenne), puede hacer que una persona parezca más amigable, accesible y atractiva, en contraste con una sonrisa forzada que podría no transmitir el mismo nivel de calidez o autenticidad.

- **Mirada.** La dirección de la mirada puede comunicar diferentes cosas. Mirar directamente a la cámara puede transmitir confianza y disposición para conectar, mientras que evitar la mirada puede dar un aire de misterio o timidez.
- **Postura**. Aunque limitado a imágenes estáticas y muy acotadas en cuanto a entorno, el lenguaje corporal envía mucha información a la persona que observa.

  Una postura abierta, con los brazos relajados o ligeramente separados del cuerpo, puede indicar apertura y confianza. Por el contrario, una postura cerrada, con los brazos cruzados o el cuerpo encogido, puede parecer menos accesible.

  La forma en que una persona se posiciona frente a la cámara (de frente, de lado, etc.) puede influir en la percepción de su personalidad. Por ejemplo, una pose frontal y centrada sugiere confianza, mientras que una pose de lado puede parecer más relajada o artística. Es importante también que decidas si la foto debe reflejar alguna actividad o prefieres que sea un retrato más clásico.

  Cuidado con los selfis, que suelen dar como resultado una cara deformada y en general poco favorecedora.
- **Fondo y contexto**. El entorno o la actividad que se muestra en las imágenes también aporta información. Por ejemplo, fotos en entornos naturales pueden sugerir amor por la aventura y gusto por el aire libre, mientras que imágenes en eventos sociales pueden indicar extroversión.

  Lo que una persona está haciendo en sus fotos puede decir mucho sobre sus intereses y su personalidad. Fotos practicando deportes, tocando un instrumento musical o en medio de una actividad de aventura pueden comunicar un estilo de vida activo y pasiones personales. Piensa qué mensajes recibirá quien te vea con una taza de té en la mano, con un gato en el hombro o con una obra de arte detrás de ti.

- **Indumentaria**. La elección de la ropa puede reflejar la personalidad, los valores y la cultura de una persona, el poder adquisitivo y el grado de visibilidad que quiere tener. La vestimenta elegida, junto con el lenguaje corporal, transmitirá un mensaje de seducción sexual si se muestra más piel, si las prendas resaltan las partes del cuerpo más sexualizadas, y lo mismo sucederá si los gestos son sensuales (como los descritos en el apartado anterior).

## Interpretación subjetiva

Es importante destacar que la interpretación del lenguaje corporal en las imágenes es altamente subjetiva y puede variar según las experiencias, las expectativas y los prejuicios del observador. Lo que una persona interpreta como confianza, otra puede verlo como arrogancia, y lo que uno ve como timidez, otro puede interpretarlo como misterio. Si ya es complejo interpretar el lenguaje corporal en un cara a cara, donde compartimos el contexto, es todavía más arriesgado con una imagen que vemos «en diferido» y sin un entorno de referencia.

---

**La principal limitación de la comunicación no verbal en plataformas como Tinder es la ausencia de interacciones en tiempo real, lo que reduce la riqueza de las señales no verbales disponibles.**

---

En conclusión, los códigos no verbales utilizados en las redes sociales y en las aplicaciones de citas son una herramienta de comunicación poderosa que puede influir en la atracción y el interés.

Una presentación cuidadosa y consciente del cuerpo, de la expresión y del entorno en las fotos puede ayudar a transmitir la personalidad y los valores de una manera que resulte atractiva a posibles parejas o amistades. Pero no hay que olvidar que, si buscamos una relación fuera del mundo virtual, en algún momento tendremos que presentarnos como somos y poner en marcha las habilidades de relación cara a cara.

Por ello, es una buena estrategia presentarte con el máximo atractivo, pero sin falsear ni tu físico ni tu personalidad. Porque, si la relación prospera, en algún momento te enfrentarás a la «primera impresión presencial», que confirmará las expectativas generadas o frustrará inmediatamente la interacción.

Capítulo 7
# MENTIRA, ENGAÑO Y DISIMULO

¿Has mentido alguna vez? ¿Te ha salido bien? ¿A qué lo atribuyes? ¿A tu audacia o a la candidez de la víctima?

Las respuestas a estas preguntas no son tan fáciles como podrían parecer a simple vista.

En primer lugar: ¿a qué nos referimos con mentir? En segundo lugar, «salir bien» o «salir mal» es relativo. Puede que tu víctima haya simulado creérselo y que se hayan intercambiado los papeles. El éxito o el fracaso dependen de muchos factores difíciles de controlar. El mundo de la mentira es fascinante pues encierra un elevado grado de misterio y una cierta incapacidad para manejarlo tanto conceptual como científicamente. Empezando porque las razones que nos llevan a mentir ya son muchas veces sorprendentes y muestran la complejidad de la psicología humana. En el tema de la mentira y la posibilidad de ser detectada sin error, tenemos que ser muy cautelosos. Y los científicos son los primeros en admitir que hay engaños imposibles de detectar.

Algunas personas son maestras en el arte del engaño. Esta habilidad nos fascina y nos preocupa, porque estos individuos pueden tener mucho poder sobre nosotros al hacernos creer una falsa versión de las cosas, una realidad paralela. Y provocando nuestra credibilidad estamos a su merced. Si llegamos a descubrir el engaño nos sentimos utilizados y estafados, y lo que es peor, humillados por no haber sido capaces de detectar el engaño. Cuando a base de mentiras alguien consigue obtener algo de nosotros, lo que más nos duele después no es tanto lo que hemos perdido, sino el haber sido tan bobos: da igual si lo que hemos desperdiciado es dinero, amor o tiempo. Hay personas que prefieren ser incrédulas y desconfiadas y buscan indicios de engaño para parecer más perspicaces y listas ante los demás. «A mí no me engaña» es una expresión para reforzar nuestra imagen de persona observadora e inteligente. Pero un exceso de vigilancia puede llevarnos a errores más graves que el exceso de confianza.

La mentira, el engaño, el disimulo, las verdades a medias son indisociables de la naturaleza humana. Mentimos para bien y para mal. Por razones nimias y para salvar la piel.

Para descubrir la verdad (¡y qué difícil es a veces hablar de verdad en términos absolutos!) se han empleado los más variados métodos, desde las más salvajes torturas hasta el propio engaño. El espía descubre «verdades» secretas gracias a convertirse él mismo en un personaje falso. El policía «honesto» miente con fines lícitos: no alertar a un criminal, generar confianza en un sospechoso para que se autodelate, comprobar la veracidad de un testigo, etc. Y el policía «corrupto» miente en beneficio propio mientras persigue, quizá, al ciudadano honesto. Estamos acostumbrados a la mentira en la vida política: una de las más frecuentes es la «mentira anticipada» o falsa promesa, que consiste en prometer algo que sabemos que no podremos cumplir. Y como ciudadanos de a pie tenemos un amplio margen de tolerancia, según parece, porque no nos rebelamos ante este tipo de fraudes ni siquiera dejando de votar a quienes los realizan.

Las campañas electorales y las campañas de publicidad de productos tensan tanto el hilo de la verdad que hemos incorporado el engaño a nuestra forma de vivir y de ver el mundo. Nadie protesta porque después de tres semanas de usar una crema reparadora para el cutis las arrugas sean las mismas de siempre. Posiblemente seguirá comprándola. Adquirimos productos cuya publicidad nos promete una vida feliz o éxito en el amor. Sucumbimos fácilmente a mensajes engañosos que necesitamos creer. Y así, nosotros mismos fomentamos la mentira.

Las mentiras más claras, evidentes, que aparecen como un insulto a nuestra inteligencia suelen ser formuladas a base de palabras. Un discurso, una falsa confesión o un eslogan. Pero la falsedad adopta apariencias mucho más sutiles: la publicidad refuerza con la imagen la insinuación de las palabras. Así que entre mensaje verbal e imagen se somete al receptor a una fuerte herramienta de persuasión donde se sugieren o se proponen claramente unos beneficios absolutamente inalcanzables para el receptor.

Cada uno de nosotros (algunos más que otros) en las relaciones personales utiliza en esencia las mismas técnicas que la publicidad. Todos conocemos al candidato que se presenta a la selección para un puesto de trabajo para el que no tiene suficiente currículo. Ante esta situación las personas pueden dar respuestas muy distintas. Veamos tres ejemplos: el candidato A, absolutamente honesto que explicará la verdad y toda la verdad; el candidato B, que no mentirá con las palabras pero omitirá información relevante; y el candidato C, que falseará sin ningún escrúpulo los datos que presenta y sobre los que es interrogado.

El candidato A, con su verdad, tiene muy pocas posibilidades de obtener el puesto. El entrevistador dará credibilidad a su mensaje y lo descartará no solo por no tener el historial adecuado, sino quizá también por poco ambicioso.

El C, puede que al mentir a la perfección convenza al seleccionador, pero se enfrenta a la posibilidad de ser descubierto más adelante, a la necesidad de mantener la farsa y, tal vez, a algún problema de conciencia.

El candidato B juega otras cartas. No mentirá falseando información concreta y objetiva, no tergiversará la «realidad», pero permitirá que el entrevistador crea otra realidad a base de omitir información y seleccionar muy bien las palabras con que describe su experiencia o sus aptitudes. De tal forma que, en caso de conocerse la verdad, será difícil acusarle de haber mentido. De cualquier modo, el entrevistador ha imaginado una serie de virtudes que no han sido afirmadas sino sugeridas. Pero esto no es todo. Esta impostura no sería posible si no intervinieran otros lenguajes no tan explícitos como el verbal. El segundo y el tercer candidato seguro que han puesto en marcha toda la complejidad de la comunicación no verbal: se han vestido para el puesto que desean ocupar, expresan seguridad en lo que dicen y cómo se mueven, transmiten confianza en sí mismos y hacen suponer que tienen la experiencia y las habilidades necesarias.

El primer candidato, si no es un auténtico seductor, si no rezuma carisma que pueda compensar su desventaja, caerá en el primer instante.

Y así es la vida. Todos mentimos e incluso nos mentimos a nosotros mismos. Mentimos de forma aceptada y compartida. Mentimos por odio o por egoísmo, por amor y por compasión. Cuando hay en una familia un enfermo muy grave, la familia simula que hay esperanzas y que el diagnóstico no es fatal; y el enfermo, más consciente que nadie de lo que le pasa, simula creer la mentira que se teje a su alrededor. Todos tranquilos. ¡Cuántas veces queremos ser engañados!

¿Y qué decir de la seducción sexual? ¿Quién no ha creído alguna vez en las lisonjeras palabras de un conquistador? ¿Quién no se ha sentido arrebatado por el porte elegante de una persona que ha resultado ser puro egoísmo? Los boleros se nutren de estas historias. Cuánto sufrimiento han causado unas apariencias... **Y es que las apariencias engañan.**

Mentir con las palabras es bastante fácil. A veces bastan un «sí» o un «no». Pero es mucho más difícil mentir con la voz, con el rostro, con el cuerpo. Hasta este punto del libro hemos visto cómo

**el cuerpo expresa abiertamente lo que le permitimos mostrar y delata lo que deseamos fervientemente ocultar**. Nuestro cuerpo y el de los demás.

Hemos aprendido también que a través del control consciente del cuerpo podemos crear estados internos que acaban siendo auténticos.

Por lo tanto, lo que podemos decir es que la frontera entre la verdad y la mentira, en cuanto a expresión de actitudes, estados de ánimo, es muy poco nítida. Y precisamente **gran parte de los movimientos que realizamos inconscientemente son un reflejo de la contradicción interna que vivimos, a veces también inconscientemente**: el impulso sexual y la necesidad de reprimirlo, sentir disgusto y la voluntad de aparentar felicidad, o el nerviosismo y la necesidad de parecer tranquilos.

Tendremos que aceptar, pues, que el ser humano vive engañado y engañándose, y que gran parte de las falsas apariencias que rigen nuestras vidas no solamente son toleradas, sino también necesarias.

Sin embargo, nadie quiere ser víctima del engaño, ni individual ni colectivamente. Reprobamos la mentira porque necesitamos vivir con referentes claros, en confianza con los demás y con algunos pilares seguros. Por eso nos interesa tanto detectar a posibles impostores, porque atentan contra nuestra seguridad física, psicológica y material, y también contra nuestro honor y nuestra dignidad. Queremos descubrir desde las pequeñas travesuras de nuestros hijos hasta las estratagemas de nuestros rivales o las grandes mentiras de estado.

En estos momentos realizan cursos para aprender a detectar mentiras los cuerpos de seguridad, los funcionarios de organismos antifraude y numerosos profesionales relacionados con el ámbito de la justicia. También interesa este tema a las empresas para detectar espionaje industrial, deslealtades en el seno de los equipos, estafas o aspirantes con perfiles sobredimensionados. Pero, aparte de la utilidad profesional, seguro que nos gustaría desarrollar esta habilidad para la aplicación diaria en los asuntos más variados.

Antes veremos qué opinan los investigadores más reconocidos acerca de este tema, qué resultados han obtenido y cómo nos pueden ser útiles a nosotros.

Entre los investigadores que han dedicado más esfuerzos y años a investigar el misterioso mundo de la mentira y el engaño se encuentran Paul Ekman[1] y Philippe Turchet.[2] Como en toda investigación, lo primero que tenemos que hacer es definir y delimitar el objeto de estudio: la mentira. E intentaremos dar respuesta a preguntas clásicas como: ¿se puede detectar la mentira?, ¿se puede engañar sin emitir ninguna señal? y ¿cuáles son las señales que emiten los mentirosos?

## ¿QUÉ ES UNA MENTIRA?

Según Ekman, cuando una persona engaña a otra deliberadamente y no advierte a su destinatario de la falsedad (como en el teatro, por ejemplo), decimos que está mintiendo. Mentimos de dos formas básicas: **ocultando** y **falseando**. **Ocultar** significa omitir ciertas informaciones que nos pueden perjudicar a nosotros, al otro o a la relación. Por lo tanto, parte de nuestro discurso es verdadero, pero oculta una información que el otro necesitaría conocer para poder juzgar correctamente la situación. **Falsear** significa, directamente, sustituir una información por otra, total o parcialmente diferente; esto es lo que todo el mundo entiende por mentir.

---

1. Véase Paul Ekman, *Cómo detectar mentiras*, Barcelona, Paidós, 2009.
2. Véase Philippe Turchet, *El lenguaje de la seducción*, Barcelona, Amat, 2010.

Hay muchas situaciones sociales en que el engaño o la simulación son aceptados tácitamente por las dos partes y no son considerados una mala práctica. Pero en general, la falsedad es condenada socialmente. Se nos enseña desde pequeños que la mentira es mala, nos castigaban por haber engañado, es decir, por haber dicho algo no cierto, o por haber callado ocultando información. En cambio, se nos alentaba u obligaba a utilizar otro tipo de mentira en la que ya seremos diestros toda la vida: el **disimulo**. Simular que estábamos contentos cuando íbamos de visita a casa de unos parientes o elogiar una tarta incomestible. La vida social, la diplomacia, las negociaciones, la convivencia profesional se basan en estas simulaciones y todo el mundo lo acepta. Ya hemos hablado de la importancia que tiene el «rostro social» en el complejo entramado de las relaciones humanas.

Turchet[3] presenta una visión más amplia del acto de engañar y describe los tres tipos más frecuentes de mentira aceptada:

1. **La mentira de sobrestima.** Es la que practican el segundo y tercer candidato que hemos visto anteriormente. En palabras de Turchet «la mentira de sobrestima es la esencia misma del sistema social. Da todo su sentido al principio de éxito social. El éxito programado en nosotros, desde nuestra más tierna edad, pasa por una programación de nuestra imagen proyectada siempre hacia el ser superior que deseamos llegar a ser, que tendemos a llegar a ser pero que aún no somos».
2. **La mentira del asentimiento.** Consiste en callar cuando vemos algo que no nos gusta, como unas afirmaciones de alguien que sabemos falsas o exageradas. Quien calla otorga. Y al no enfrentarnos al interlocutor estamos dándole la ra-

3. Véase Philippe Turchet, *El lenguaje del cuerpo*, Bilbao, Mensajero, 2004.

zón. A veces actuamos así para no dañar a la persona que habla, no desautorizarla públicamente o no generar un conflicto. Representan pequeños actos de cobardía para no enfrentarnos a un ser querido, a un desconocido cuando creemos que no merece la pena, etc. Cuando esta actitud es muy habitual en una persona no solemos llamarla mentirosa, sino más bien cobarde o floja.

3. **La mentira por omisión.** Es la que practica el segundo candidato. Explica que ha trabajado en dos empresas del sector, porque no concreta que se marchó. Si dijéramos toda la verdad acerca de quiénes somos, de nuestros logros y nuestras experiencias, posiblemente se vendría abajo parte de nuestra imagen social, necesaria para la aceptación y el éxito. Entonces explicamos versiones no falsas, pero sí incompletas de la realidad, y esto es lo que induce a engaño.

Ante este tipo de mentiras, no solo nos será útil encontrar posibles indicios de mentira en el sentido más estricto, sino también señales de inquietud, irritación, deseo o cualquier otra emoción que reprimir o disimular, aunque no se produzca el acto explícito de mentir.

Tenemos que adoptar una amplia perspectiva y centrar nuestra observación permanente no solo en los indicios de la falsedad, sino también de la ocultación, el disimulo y las demás mentiras sociales. Tanto si se trata de detectar mentiras estrictas como si se trata de desenmascarar un camuflaje emocional, nos serán útiles todos los conocimientos que hemos desarrollado en la Primera parte del libro, pues **no hay señales corporales exclusivas para la mentira**. Por eso, otro experto en comunicación no verbal, Joe Navarro,[4] propone analizar la gesticulación humana desde la dualidad bienestar/malestar. De tal forma que los gestos indicativos de

4. Véase Joe Navarro, *El cuerpo habla*, Málaga, Sirio, 2010.

malestar, por insignificantes que parezcan, nos están poniendo sobre la pista de un estado de ánimo negativo, una necesidad de huida o una contradicción. La mentira es solo una de las posibles causas de muchas de estas reacciones de malestar.

## ¿SOMOS HÁBILES EN LA DETECCIÓN DE MENTIRAS?

No. Según los resultados que ha obtenido Ekman en varios experimentos, **la mayoría de la gente puede engañar a la mayor parte de la gente en la mayoría de las ocasiones**. Se ha comprobado que, sin un entrenamiento previo especial, una persona no tiene mejores resultados que los que obtendría al azar. Solo algunas personas con una habilidad especial saben leer de forma natural estas señales, pero son realmente excepcionales.

## ¿TODO EL MUNDO SABE MENTIR?

Hay personas que mienten con gran precisión y naturalidad. Lo hacen de forma natural y no sienten ningún reparo ni temen ser sorprendidas. Esta habilidad se va reforzando a medida que van obteniendo éxito en sus engaños. Es difícil sorprenderlas, porque no sienten ninguna emoción negativa ni contradictoria por el hecho de mentir. Incluso algunos mentirosos creen sus propias farsas.

Los actores utilizan la técnica teatral Stanislavski y aprenden a «vivir» (no a fingir) emociones pasadas, por lo que la emoción expresada resultante es del todo auténtica. Si una persona aplica esta técnica para mentir en situaciones de la vida real y no del teatro, será difícil desenmascarar su impostura, pues no está fingiendo sino «viviendo» de forma auténtica esta emoción.

Otras personas, en cambio, no mienten habitualmente y sienten pánico a ser descubiertas. Normalmente, cuando lo hacen, su propio miedo provoca que emitan señales fácilmente detectables. Y es probable que no aprendan a engañar de manera eficaz en toda su vida.

## ¿ES DIFÍCIL MENTIR?

Depende. Mentir es difícil para las personas que no tienen el hábito de hacerlo, y lo es más si en el acto de mentir están implicadas fuertes emociones. El marido que después de su primera aventura extramatrimonial llega tarde a casa y asegura haber tenido una larga reunión de trabajo puede tener más dificultades para ocultar su escarceo que una persona que miente cuando un amigo le pregunta por su sueldo.

La cantidad también ayuda. Las personas que han mentido muchas veces y han tenido éxito en sus numerosas farsas mentirán más fácilmente al ir comprobando que su estrategia es eficaz y pasa desapercibida en su entorno. Estos éxitos van reforzando su sensación de ser especialmente hábiles en el arte de engañar, cosa que les permite actuar con más seguridad y disminuir las señales externas de nerviosismo o miedo.

Hay personas con fuertes convicciones morales que sienten remordimientos por haber incurrido en pecado o en una acción moralmente condenable, independientemente de si pueden llegar a ser descubiertas o no. A otras, el propio temor a ser descubiertas las pone en un estado emocional tan alterado que para liberarse de ese peso deciden confesar su engaño.

Las personas que controlan mejor sus emociones son las que mejor pueden mentir, porque cuando tenemos que ocultar emociones es muy difícil mantenernos impávidos o naturales como si nada pasara. Es difícil ocultar y fingir emociones, y más si no podemos planearlas. **La manifestación no verbal de una emoción es instantánea y no hay tiempo de modificarla o reprimirla.**

## ¿CUÁLES SON LAS DIFICULTADES PRINCIPALES EN LA DETECCIÓN DE MENTIRAS?

Especialmente para observadores no expertos, la primera dificultad es la gran cantidad de información que hay que procesar. Tenemos que observar el aspecto de la persona (especialmente si es un desconocido), su actitud corporal, qué hace con las manos, qué expresiones faciales presenta, el tono de voz, lo que dice y con qué palabras. Y además, situar todo esto en un entorno determinado y teniendo en cuenta una información previa que seguramente tenemos sobre la situación o sobre esta persona.

En segundo lugar, la tensión en que están envueltas muchas de las situaciones en que nos interesa saber si alguien miente. Sospechamos que el interrogado u observado nos esconde algo que nos afecta. Es difícil analizar correctamente las señales, porque los propios nervios no nos dejan ver claramente lo que sucede, o por tener una posición subjetiva. Esta subjetividad nos lleva a buscar indicios que confirmen nuestra versión de los hechos, muchas veces elaborada a priori.

Y una de las mayores dificultades consiste en saber distinguir si los signos de nerviosismo, incomodidad o cualquier otro indicio son realmente muestras de engaño o bien el resultado del temor que siente el inocente a que no le crean, o porque está sometido a presión. Por ello, para no someter a una persona a un interrogatorio que podría provocar esta confusión, muchas veces el observador no revela sus sospechas y observa sin que el otro lo sepa, esperando que se confíe y se autodelate, o espera encontrar señales inequívocas del engaño.

Además, las posibles diferencias culturales entre el mentiroso y el observador pueden confundir al cazador de mentiras, pues el comportamiento no verbal no coincide entre observador y observado. Pasa lo mismo con el desconocimiento de los patrones individuales de conducta del observado. Por ejemplo, hay personas que de una manera habitual hablan con poca fluidez y buscando cada palabra. Este posible indicio de engaño, en este caso, podría ser falso.

La ausencia de señales es otro de los obstáculos, pues la ausencia de indicios no es un signo de veracidad. Y, como asegura Ekman, «no hay ningún indicio de engaño que sea válido para todos los seres humanos».

## ¿QUÉ PASA SI NOS EQUIVOCAMOS?

Depende de si cometemos un **error de credulidad** o un **error de incredulidad**. En el primero no somos capaces de ver indicios de engaño (porque quizá miente muy bien) y creemos al mentiroso. En el segundo no creemos al sospechoso cuando nos está diciendo la verdad porque quizá hemos interpretado mal sus síntomas de nerviosismo. Ambos errores pueden tener graves consecuencias.

Una madre comete un error de credulidad cuando confía en las palabras de su hijo, que asegura no haber fumado porros y sí lo ha hecho. Y comete un error de incredulidad cuando le atribuye la mancha de chocolate en el sofá, cuando este asegura que ha sido otra persona y es verdad. Ambas actuaciones tienen sus consecuencias, más o menos graves.

Si creemos a un embustero, aparte del daño que pueda provocar directamente su embuste, le damos alas para que reincida. Si no creemos a un inocente, podemos causarle graves perjuicios, aparte de lesionar su honor y autoestima. En ambos casos, la gravedad del error depende de las consecuencias que pueda tener nuestra credulidad o incredulidad.

## ¿SON FIABLES LOS APARATOS DE DETECCIÓN COMO EL POLÍGRAFO?

El polígrafo o máquina de la verdad, tan popular por su presencia en películas y programas de televisión, no es aceptado por los científicos ni por la mayoría de los países como prueba judicial, aunque en algunos como Panamá, Guatemala y algún estado de México se utiliza todavía.

Los avances de la ciencia facilitan la aparición de nuevos métodos para detectar el engaño, pero en estos momentos no podemos afirmar que exista algún aparato fiable para pillar una mentira, tenemos que ser críticos respecto de las consecuencias que pueden tener unos resultados erróneos. El polígrafo puede caer, al igual que una persona, en el error de credulidad y en el de incredulidad. Un polígrafo puede no recibir ninguna señal de alteración porque el sujeto que ha mentido sabe controlar muy bien su estado emocional. Y puede condenar a un inocente que dice la verdad porque está sometido a la presión de un interrogatorio, a la injusticia que supone la sospecha que cae sobre él, las posibles consecuencias a las que se enfrenta.

Detecta la alteración de las constantes orgánicas tales como el pulso, el sudor y la tensión arterial, que, en principio, se producen como consecuencia de la tensión emotiva que provoca haber mentido. El problema está en que estas emociones pueden estar motivadas por el miedo, la propia desconfianza en el polígrafo o en el interrogador.

## ¿CUÁL ES LA MEJOR MANERA DE «PILLAR» A ALGUIEN QUE MIENTE?

Crear un clima relajado en que el sospechoso se sienta tranquilo. Hacerle creer que no sospechamos de él provocará una menor atención a los relatos y a los comentarios que hace. Muy probablemente cometerá algún error.

Pero también se puede tender una trampa para que el mentiroso caiga en una autodelación o forzar, a base de tensión, una confesión. No hay un método óptimo y los resultados dependen de cada caso.

## ¿CUÁLES SON LOS SIGNOS QUE PUEDEN SER INDICIOS DE MENTIRA O ENGAÑO?

### Cara

- **Cambio en la expresión del rostro, repentino.** Por la imposibilidad de controlar una emoción.
- **Microexpresiones.** Duran menos de un cuarto de segundo y expresan la auténtica emoción en medio de una expresión simulada. Son difíciles de ver a simple vista, pero son detectables en grabaciones de vídeo a cámara lenta.
- **Expresiones abortadas.** Son ademanes o expresiones que quedan cortadas porque el autor consigue reprimirlas una vez se han iniciado.
- **Rubor.** Suele ir asociado a la vergüenza; en este caso, a la vergüenza por ser pillado. Pero también podría ser la vergüenza de la situación humillante de ser interrogado.
- **Sudor.** Las situaciones de miedo y de nerviosismo activan la producción de sudor. No necesariamente tiene que ser una mentira.

- **Músculos fidedignos.** Hay unos músculos que no podemos controlar voluntariamente y responden a emociones principales. Si estos músculos no son coherentes con lo que decimos con las palabras, hay una incoherencia entre lenguaje verbal y no verbal. Esto nos pone sobre la pista de algo que no funciona.
- **Empalidecimiento.** Por la tensión o el miedo.
- **Labios que desaparecen.** En momentos de tensión o en que no queremos hablar apretamos los labios hasta hacerlos desaparecer. Incluso los mordemos.
- **Expresión asimétrica.** Las expresiones retorcidas y la asimetría en el rostro pueden ser un indicio de falsedad, puesto que los dos hemisferios del cerebro participan de manera distinta en las expresiones voluntarias e involuntarias.

## Voz

- **Una inflexión en la voz.** Especialmente al pronunciar una palabra o palabras que no son ciertas o al final de un enunciado falso. Normalmente se baja el volumen de la voz.
- **Necesidad de carraspear.** Ante la tensión, sentimos un nudo en la garganta y se seca la boca. Ambas cosas pueden favorecer el carraspeo o la tos. A veces, se hace para disimular y ganar tiempo buscando una respuesta creíble.
- **Temblor.** En el rostro, en manos y pies. Es incontrolable y es un síntoma de tensión.
- **Afonía súbita.**
- **Exceso de congruencia.** Hacer una entonación muy marcada, más de lo habitual, o entonación falsa. Se nota histriónica o artificial.

- **Tragar saliva.** Síntoma de bloqueo en la garganta y necesidad de recuperar el control de la voz.
- **La necesidad de pensar cada palabra antes de decirla provoca pausas entre palabras.** El hablante está buscando la palabra justa que no le delate y tiene que pensarla. Podría ser debido a la invención o a una particularidad de esta persona.

## Palabra

- **Deslices verbales.** Cambios de palabras, de nombres de personas, de pronombres, etc. «Ayer estuve comiendo en el restaurante X, solo. [...] Comimos...»
- **Peroratas enardecidas.** Exageración en el discurso para desviar la atención y para reforzar lo que queremos hacer creer. Frecuente en personas que se ponen a la defensiva ante una insinuación de que mienten y simulan ofenderse por la acusación.
- **Lenguaje evasivo.** Poco detallado, evitando hablar de lugares, personas o hechos muy concretos. «Estuvimos manteniendo una reunión algunas de las personas de la empresa hace unos días...»
- **Circunloquios.** Uso de más palabras de las necesarias para expresar algo. «Nos conocimos en un local de ocio nocturno...» en lugar de «discoteca X».

## Cuerpo

- **Movimiento defensivo del cuerpo.** Cualquier movimiento cerrado o de protección del cuerpo puede indicar una necesidad de reacción.

- **Indicador de intención como el de salir de la habitación.** Señal que manifiesta la incomodidad y las ganas de evitar la situación.
- **Respiración rápida.** Causada por la aceleración del ritmo cardíaco, a su vez, causado por una emoción.
- **Tocarse el cuello, pasar el dedo entre el cuello y la camisa.** Gesto adaptador que revela estrés e incomodidad ante la situación.
- **Levantarse el pelo por detrás de la nuca (las mujeres) para sofocar el acaloramiento.** Si no es por causas ambientales u hormonales, la sofocación puede ser un indicio de una fuerte emoción.

## Manos

- **Menos gestos ilustradores.** Parece ser que las personas que mienten realizan menos gestos ilustradores porque están más centradas en el mensaje verbal, que tienen que controlar racionalmente. Las ilustraciones disminuyen cuando se habla con prudencia.
- **Expresiones abortadas.** Expresiones que el hablante interrumpe voluntariamente porque cree que le delatarán.
- **Puños cerrados y con el pulgar escondido.** Este gesto indica una fuerte tensión en el pensamiento.
- **Cruce de brazos con las manos escondidas o con los puños cerrados en las axilas.** Es una actitud defensiva y de fuerte tensión.
- **Manipulaciones.** También llamados gestos **adaptadores**. Joe Navarro los llama *apaciguadores*. Son los movimientos que implican rascar, frotar, masajear, manipular otra parte del cuerpo o un objeto. Hay muchos tipos de gestos adaptadores. Aparecen como señal de incomodidad y tensión.

Turchet nos habla de **micromovimientos** y distingue entre:

- **Microfijaciones:** la mano queda detenida en una zona del rostro o del cuerpo. En este momento hay reflexión.
- **Microcaricias:** la mano acaricia levemente una parte del rostro o del cuerpo. Suele corresponder a una consideración narcisista o a la caricia que desearíamos hacer al otro o recibir.
- **Micropicores:** son leves picazones que pueden aparecer en cualquier parte del rostro o del cuerpo. Podríamos pensar que están producidos por causas físicas o que aparecen espontáneamente y con una distribución fortuita. Pero no es así. **Sentimos micropicor cuando queremos disimular lo que pensamos o lo que sentimos. Se producen en una situación clara de malestar producido por una no concordancia entre actitud y pensamiento.** Experimentamos estos picores cuando sentimos aversión hacia alguien pero no podemos expresarlo, cuando no queremos escuchar algo, cuando tenemos que disimular y cuando no entendemos los argumentos que escuchamos.

  Si nos rascamos en el lado izquierdo responde a una emoción, si nos rascamos en el derecho es por alguna dificultad lógica, de razonamiento.

  Por otra parte, el micropicor surge en la zona del rostro que quisiéramos activar.

## LA COHERENCIA DE LOS LENGUAJES

Cuando hablamos en público, igual que en otras situaciones comprometidas, queremos poner atención a todo lo que hacemos y decimos y nos da la sensación de que no podremos controlarlo todo a la vez. Al principio es así, pero poco a poco encontrarás la conexión necesaria entre el lenguaje corporal y las emociones positivas que quieres transmitir. Cuando esto sucede hay una absoluta congruencia entre lo que decimos y cómo lo expresamos. A veces escucho ponentes saludar y decir que están muy contentos de estar presentando un proyecto tan motivador y veo cómo desvían la mirada, sus brazos cuelgan hacia abajo y la voz es más propia de un mensaje de pésame que de alegría y orgullo. **La incongruencia no da ninguna credibilidad, al contrario, acabamos confiando en el lenguaje no verbal.**

Veamos un ejemplo de **congruencia**: alguien tiene que pedir disculpas por una conducta deshonesta, después de ser descubierto. Como mínimo cuatro indicios nos hacen pensar que sus disculpas son sinceras.

1. La mirada **perdida hacia abajo a la izquierda** justo antes de pedir disculpas, que expresa vergüenza y remordimientos por su actuación. La emoción siempre precede a la palabra y aquí hay total coherencia entre lo que dice y la emoción que ha reflejado su rostro.
2. Un **leve movimiento afirmativo** de la cabeza cuando dice «lo siento» nos indica que es sincero en las palabras.
3. El **leve movimiento de negación** con la cabeza que acompaña su promesa de no volver a hacerlo.
4. El **tono de voz humilde** y la curva de entonación hacia abajo, de pesadumbre y arrepentimiento.

Un **exceso de congruencia** sería un intento de disimulo de inseguridad o nerviosismo, la demostración de una falsa seguridad. Alguien que va a ser interrogado y que se mantiene imperturbable. No hay ningún gesto delator. Lo delator, precisamente, es la ausencia absoluta de ningún indicio de preocupación o nerviosismo, y la sonrisa forzada y mantenida. La mayoría de las personas, aunque fueran inocentes, expresarían nerviosismo o malestar ante esta situación. El exceso de congruencia es una de las causas de la falta de credibilidad que tienen algunas personas, y es curioso que a pesar de sus esfuerzos no consigan ganar confianza.

Como conclusión a este capítulo utilizaré las palabras del propio Ekman: «No hay ningún signo del engaño en sí, ningún ademán o gesto, ninguna expresión facial o torsión muscular que en o por sí mismo signifique que la persona está mintiendo».

## MENTIRA EN LA COMUNICACIÓN DIGITAL

La mentira acompaña al ser humano desde sus inicios como ser social. Y a medida que se sofistican las herramientas de relación, más complejas se vuelven las técnicas de manipulación de la realidad.

Siempre nos ha preocupado que alguien pueda engañarnos y hemos confiado en la intuición y en los métodos para desenmascarar a los mentirosos, como el estudio de indicios en el lenguaje corporal.

Pero hoy se nos complica la tarea porque, además de detectar fraude en un encuentro directo o en imágenes, tenemos que desconfiar de cualquier imagen digital que circula en internet.

En el momento en que redacto este capítulo, está en todos los medios de comunicación y las redes el vídeo de Kate Middleton, princesa de Gales, en el que informa de su enfermedad y del porqué de su silencio hasta el momento, silencio que había provocado un sinfín de especulaciones.

Tras las primeras reacciones, surgieron voces en las redes que aseguraban que el vídeo era falso, generado por IA.

Hasta hace muy poco, tener las imágenes de una persona, sus declaraciones en un contexto identificable, era la prueba fehaciente de la realidad de esa comparecencia. Especialmente si se trataba de un vídeo. Ya no. Hoy tenemos que dudar de la autenticidad de todo lo que circula en las redes y necesitamos comprobar que no hay suplantación de identidad ni manipulación de las imágenes o de los audios. Y luego, si son auténticos, quizá podamos analizar si esa persona miente o no.

## ¿Cómo podemos estar seguros de la autenticidad de las imágenes?

Como veremos a continuación, cada vez es más difícil detectar a simple vista la manipulación de las imágenes, igual que lo es la observación de indicios de falsedad, especialmente si quien miente está preparado para hacerlo.

Detectar el engaño en una relación en directo o descubrir los indicios en imágenes de vídeo es casi una ilusión, a no ser que seamos expertos en el tema o tengamos herramientas que nos ayuden.

Si la publicidad, el marketing político y la prensa, entre otros medios, han utilizado siempre la imagen y la comunicación no verbal para influir en sus públicos, ahora la tecnología lo pone mucho más fácil. Se puede destrozar la imagen de un candidato político, se puede engañar a todo un país con noticias falsas, se puede desinformar a la población con objetivos comerciales, ideológicos o sociales. Los *deepfakes* están presentes en nuestra vida y tenemos que tomar precauciones ante su poder de persuasión, porque hacen cada vez más difícil separar la realidad de la ficción.

Un estudio de dos investigadores del Departamento de Psicología de la Universidad de Lancaster ha evaluado recientemente el realismo de rostros creados por IA. Han llegado a la conclusión de que las imágenes falsas han resultado indistinguibles de las reales, e incluso más creíbles.[5]

Por lo tanto, podemos imaginar el impacto que tiene no solo la creación de imágenes totalmente inventadas, sino también la modificación de imágenes reales a través de la aplicación de filtros en las redes sociales, o la manipulación a través de programas de edición de fotografía.

Algunas precauciones son necesarias antes de creernos lo que vemos. La expresión «lo he visto con mis propios ojos», si hay tecnología de por medio, ya no nos sirve, porque nuestra vista no garantiza la veracidad de lo que vemos.

Por eso, lo más prudente es:

- No conformarnos con la primera información y no dar por verdadero todo lo que aparece en nuestras pantallas.
- Informarnos a través de fuentes solventes, ya sean los medios más rigurosos, las propias instituciones, las personas cualificadas para hablar del tema, etc. En el caso de Kate Middleton, por ejemplo, la Agencia EFE desmintió que el vídeo hubiera sido generado por IA. Y citaba las fuentes del análisis: expertos de la Universidad Autónoma de Barcelona y el resultado de diversas herramientas de análisis, una de ellas la aplicación Deepware.
- Utilizar aplicaciones de detección de falsedad como la mencionada Deepware u otras como Sensity, Hive o Illuminarty.

¿Nuestra observación atenta nos puede llevar a algún descubrimiento? Algunos posibles indicadores de falsificación (mientras la IA no resuelva todavía algunas de sus carencias) son:

---

5. Véase Sophie J. Nightingale y Hany Farid, «AI-synthesized faces are indistinguishable from real faces and more trustworthy», *Proceedings of the National Academy of Sciences*, vol. 119, n.º 8, 2022.

1. **Fíjate en el parpadeo:** la mayoría de las personas realizan esta acción aproximadamente entre dos y ocho segundos, con una duración de una a cuatro décimas de segundo por cada parpadeo. En los *deepfakes* muchas veces no hay parpadeo o no corresponde a un movimiento natural.
2. **Observa la relación entre la cara y el cuerpo de la persona.** La mayoría de las veces solo se falsea el rostro y en algunos momentos se ve la falta de coincidencia en los movimientos. También puede haber diferencias de aspecto físico entre cara y cuerpo: color de la piel, cuello de la camisa, algún complemento, tatuajes, etc.
3. **Analiza la sincronización de los labios con las palabras y la apariencia de la boca.** Por ejemplo, la falta de claridad de la cavidad bucal o los dientes.

Como ves, es fácil que nuestro cerebro caiga en las complejas redes del engaño. Por muchas razones. Por eso, la psicología intenta explicar por qué no vemos las señales que tenemos ante nuestros ojos, incluso cuando la mentira es burda y evidente.

La psicología de la desinformación nos explica por qué somos vulnerables a las noticias falsas, por qué aceptamos como veraz la imagen retocada que muchas personas transmiten a través de las redes sociales y por qué nos dejamos influir sin ninguna prevención por lo que nos llega de forma seleccionada por los algoritmos.

Sabemos que tendemos a la *avaricia cognitiva*, es decir, preferimos la vía fácil para resolver dudas y problemas, en lugar de utilizar las que requieren más análisis y esfuerzo cognitivo.

Además, muchas veces nos creemos invulnerables al engaño. No pensamos que formemos parte de los «ingenuos» ni de los «bobos» manipulables. Y eso disminuye nuestra atención y capacidad crítica.

Lo cierto es que, en general, a todos nos falta capacidad de análisis, atención y observación, así como conocimientos y criterio para poder analizar la comunicación de los demás, sea en modo presencial o en imágenes de todo tipo. De ahí la importancia de conocer en profundidad la esencia y la aplicación de la comunicación no verbal.

# TERCERA PARTE

Capítulo 8

# PLANES DE ENTRENAMIENTO CON GRANDES RESULTADOS

## PUEDO CONSEGUIRLO

La primera condición para el éxito de este entrenamiento es que tú creas en ti y en los resultados. Si sientes unas tremendas ganas de cambiar algo en tu vida y estás convencido de que esto pasa por un cambio de actitud, este plan te va a ayudar.

He dicho ya varias veces a lo largo del libro que nuestra eficacia comunicativa depende tanto de nuestra capacidad para emitir mensajes correctos como de la habilidad para interpretar adecuadamente los mensajes de los demás. Y para conseguir los mejores resultados en los dos sentidos necesitamos hacer algunas inversiones. No partimos de cero: todos contamos con ciertos recursos en función de la educación, el entorno familiar o la predisposición natural al optimismo, la observación, etc. ¿Con qué cuentas tú? Como mínimo tienes en tu haber:

- Conocimientos generales acerca del comportamiento humano.
- Habilidades de comunicación e intercomunicación.
- Capacidad de análisis.
- **Una enorme capacidad para aprender.**

Para sacar el máximo provecho a los conocimientos sobre el lenguaje corporal que contiene este libro, no basta con haberlo leído. Si cierras estas páginas pensando que ya eres un experto en comunicación no verbal, estás muy equivocado. Si tienes la ilusión de que a partir de ahora las cosas te irán mejor porque has desarrollado la habilidad de interpretar el lenguaje no verbal de los demás, tendrás una decepción. Puedes incluso tener este libro en la estantería o en la mesilla de noche para consultar cada vez que tengas un reto ante ti, la mejor forma de gesticular o de vestirte. Pero no es suficiente, porque eso no significa que ya tengas la habilidad incorporada.

Para que funcione, para que sea creíble tu comunicación, tiene que ser natural, tienes que incorporar a tu repertorio todos estos movimientos que necesitas para determinadas ocasiones. Y eso solo se consigue con un buen plan de entrenamiento. De hecho, tengo que confesarte algo: nunca estarás lo suficientemente entrenado, siempre podrás perfeccionar o ampliar estas habilidades. Y esta es la gracia, porque nos permite mejorar cada día y avanzar en nuestro propio conocimiento y en el de los demás a lo largo de toda la vida.

Antes de empezar el entrenamiento tienes que conocer cómo aprendemos los humanos, cómo adquirimos destrezas. Hay cuatro fases:

1. **Ignorancia inconsciente.** En esta etapa, **no sabes que no sabes** algo. Es posible que durante mucho tiempo no hayas sido consciente de lo patoso que eres en la interpretación del lenguaje corporal, ni sabías que hay cursos o libros sobre el tema que pueden ayudarte. Pero, por azar, por alguna experiencia, por algún comentario en televisión o de un amigo, se ilumina algo en tu cerebro y te das cuenta de tus puntos débiles en comunicación y de la necesidad urgente de remediarlo. Estás en el buen camino. Pasas a la segunda fase.

2. **Ignorancia consciente.** Ya sabes que no sabes, o que sabes poco, o que puedes aprender mucho. Reconoces que te vendrían bien unas clases, pero nunca encuentras el momento y ni siquiera sabes dónde las dan. Empiezas a preguntarte por qué se te dan mal algunas actividades profesionales (negociaciones, ventas, trabajo en equipo, presentaciones en público y tantas otras situaciones de comunicación) o personales (la relación con la familia, conocer gente nueva, encontrar pareja, ligar...). **Decides que tienes que hacer algo** y, mientras lo estás pensando, por alguna misteriosa razón, te encuentras con este libro entre las manos. Como yo también he pasado por tu experiencia, comprendo que lo que necesitas es un libro muy práctico, una guía que te permita desarrollar estas habilidades por tu cuenta a la espera de una oportunidad para seguir un curso con un profesional. En cualquier caso, siempre estarás mejor preparado. Te propongo que sigas un plan de entrenamiento.
3. **Conocimiento consciente.** Has leído la Primera parte del libro y muy probablemente cuentas en tu historial lector con otros títulos sobre el tema o relacionados con él. Sabes cómo reflejamos las actitudes a través de la comunicación no verbal, lo podrías explicar a tus amigos, incluso podrías dar una charla sobre el tema. Cuando lo planificas y lo piensas puedes controlar tus movimientos, pero todavía requiere demasiada energía porque te despista otra cosa, como por ejemplo el mensaje verbal. **Todavía no tienes estos conocimientos incorporados a tu bagaje** para poder utilizarlos automáticamente cuando los necesites. Si tienes que hacer una reparación en casa, no es lo mismo buscar en internet la forma de repararlo, ir a la ferretería con una lista del material que necesitas y seguir las instrucciones o el tutorial, que coger al instante lo que

precisas de tu caja de herramientas y repararlo con habilidad en dos minutos. Se trata de esto, de tener estas herramientas disponibles en todo momento y saber cuál escoger para cada ocasión con resultados casi garantizados.

4. **Conocimiento inconsciente.** Caminas, vas en bicicleta, nadas, conduces porque lo has aprendido y lo has practicado horas y horas. Lo tienes tan interiorizado que quizá tienes que hacer un esfuerzo para explicar a alguien en qué consisten estas acciones y qué movimientos requieren. **Ha llegado a formar parte de tu conocimiento, de tus habilidades inconscientes.** Esta capacidad te permite destinar tu energía o centrar tu atención en otras cosas. Puedes conducir y hablar a la vez, puedes nadar y preparar mentalmente la próxima fiesta con tus amigos. Cuanto más interiorizadas estén tus habilidades de emitir y descifrar mensajes, más podrás fijarte en todo lo que sucede a tu alrededor, pensar en el contenido de la conversación, escoger el mensaje verbal adecuado, adaptarte al nuevo rumbo que toma la situación y muchas más cosas a la vez. ¿Parece imposible?

En absoluto. La única condición para el éxito es la constancia, tanto al llevar a cabo el entrenamiento que te propongo como al estar atento y despierto las veinticuatro horas del día. Esta actitud proactiva, observadora y receptora también se tiene que cultivar y forma parte del objetivo de este plan. Desde ahora, ya no podrás dejar de ver todas las señales que hay a tu alrededor, que están ahí (créeme), listas para que tú las interpretes. Igual que el ornitólogo del que te hablé en el prólogo que no puede dejar de ver todo tipo de aves, ni dejar de interpretar todos sus movimientos.

Esta capacidad será una gran ventaja para ti porque, mientras los demás ven solo movimientos, o ni siquiera eso, tú tendrás una información privilegiada que podrás utilizar cuando lo creas oportuno.

Empecemos por el principio.

## FASE I: ¿CÓMO SOY? ¿CÓMO ME EXPRESO? ¿CÓMO ME RELACIONO?

El primer paso hacia una mejora de las habilidades es conocer nuestro punto de partida. ¿Cuál es el material que tenemos que moldear?

Para esto necesitarás información sobre ti mismo, que puedes obtener de:

a. Autoanalizarte.
b. Información que proviene de otras personas.

Es probable que no sepas por dónde empezar. Por esto te propongo que respondas estos cuestionarios.

**Cuestionario 1. Habilidades de relación**

| | Situación | Me cuesta mucho | Puedo hacerlo | Se me da bien |
|---|---|---|---|---|
| 1 | Saludar a personas que no conozco. | | | |
| 2 | Autopresentarme en una fiesta, acto, espacio público. | | | |
| 3 | Iniciar una conversación con un desconocido en un acto. | | | |
| 4 | Contar una historia, viaje, anécdota en una reunión de amigos. | | | |
| 5 | Contar un chiste. | | | |
| 6 | Cantar delante de un grupo de amigos o en familia. | | | |

| | Situación | Me cuesta mucho | Puedo hacerlo | Se me da bien |
|---|---|---|---|---|
| 7 | Iniciar el juego de la seducción con la persona que me gusta. | | | |
| 8 | Hablar de mí en el entorno social. | | | |
| 9 | Hablar de mí en el entorno profesional. | | | |
| 10 | Defender mis opiniones en público. | | | |
| 11 | Defender mis opiniones e intereses ante mis superiores. | | | |
| 12 | Ponerme delante de una cámara de fotos o de vídeo. | | | |
| 13 | Asistir a actos donde no conozco a nadie. | | | |
| 14 | Mantener relaciones cordiales con los compañeros de trabajo. | | | |
| 15 | Mantener el autocontrol en las relaciones familiares difíciles. | | | |
| 16 | Tener temas de conversación para encuentros sociales. | | | |
| 17 | Elogiar a personas próximas o desconocidas. | | | |
| 18 | Explicar algo con implicación y entusiasmo. | | | |
| 19 | Interesarme por los demás: qué hacen, a qué se dedican, qué les gusta, etc. | | | |
| 20 | Despedirme en el momento oportuno y con decisión. | | | |

Para valorar tu actitud ante la comunicación, calcula el resultado del test, teniendo en cuenta que:

a. Me cuesta mucho = 3 puntos
b. Puedo hacerlo = 2 puntos
c. Se me da bien = 1 punto

Si has obtenido una puntuación entre 20 y 30, significa que tienes una actitud positiva ante las relaciones de todo tipo. Te sientes cómodo en la interacción y gozas de buena autoestima.

Si has obtenido una puntuación entre 30 y 50, es muy probable que te encuentres a menudo en situaciones embarazosas y con frecuencia creas que no alcanzas lo que te mereces. Te gustaría salir más airoso en muchas relaciones.

Si has obtenido más de 50 puntos, tienes un perfil de persona insegura, tímida y con aversión a la visibilidad. Te resulta difícil disfrutar de la vida social y evitas las actividades donde tengas que ser el protagonista, entre ellas, hablar en público.

**Cuestionario 2. Puntos fuertes y puntos débiles en comunicación**

| | **Situación** | **Me cuesta mucho** | **Puedo hacerlo** | **Lo hago normalmente** |
|---|---|---|---|---|
| 1 | Permanecer de pie en posición VASE. | | | |
| 2 | Permanecer sentado en posición VASE4. | | | |
| 3 | Caminar erguido, con paso firme y adaptándome a la velocidad necesaria. | | | |
| 4 | Mantener el pecho abierto y sin gestos de cierre. | | | |
| 5 | Mantener la cabeza alta. | | | |
| 6 | Estrechar bien la mano cuando saludo. | | | |
| 7 | Gesticular con naturalidad y sin nada en las manos. | | | |
| 8 | Vestirme con estilo propio y resaltar mi atractivo. | | | |
| 9 | Controlar el movimiento de piernas y pies. | | | |
| 10 | Sonreír. | | | |
| 11 | Controlar la risita o sonrisa permanente de timidez. | | | |

| | Situación | Me cuesta mucho | Puedo hacerlo | Se me da bien |
|---|---|---|---|---|
| 12 | Controlar los gestos de apaciguamiento o de nerviosismo. | | | |
| 13 | Mantener el contacto visual al saludar. | | | |
| 14 | Mirar a mi interlocutor mientras hablo. | | | |
| 15 | Mantener el contacto visual cuando hablo ante un grupo de gente. | | | |
| 16 | Aguantar la mirada atenta de otras personas sin alterarme. | | | |
| 17 | Hablar con un tono de voz alto y firme cuando la situación lo requiere. | | | |
| 18 | Articular los sonidos con claridad. | | | |
| 19 | Dominar los silencios a voluntad y no hablar por hablar. | | | |
| 20 | No hacer sonidos como carraspeos, chasquidos con la lengua, vocales alargadas, etc. | | | |

Suma los puntos igual que en el cuestionario anterior.

a. Me cuesta mucho = 3 puntos
b. Puedo hacerlo = 2 puntos
c. Lo hago normalmente = 1 punto

Si la suma no supera los 20 puntos, tienes las aptitudes básicas para comunicarte bien y muestras un autocontrol del lenguaje corporal que te ayudará a controlar tu imagen. Si tienes entre 20 y 30 puntos, tienes algunos puntos débiles que afectan las bases de la comunicación interpersonal y dañan tu imagen. Si la puntuación está entre los 30 y 60 puntos, es probable que tengas una imagen de persona poco comunicativa, reservada, dócil, incluso torpe. Si te sientes mal en esta situación, es hora de iniciar un cambio en tu vida.

**Cuestionario 3. Revisión de experiencias de la niñez y adolescencia**

| | Experiencia | Sí | No |
|---|---|---|---|
| 1 | En mi infancia, me estimularon poco para comunicarme bien. | | |
| 2 | Tuve un aprendizaje del habla más bien tardío y con algunas dificultades. | | |
| 3 | Mi niñez se desarrolló con pocas interacciones con familiares, vecinos, amigos. | | |
| 4 | La educación que recibí fue muy rigurosa en cuanto al respeto y la formalidad. | | |
| 5 | En mi familia no hay actores, periodistas, políticos (en general gente que tenga visibilidad profesional y pública). | | |
| 6 | En las comidas, en los encuentros familiares, hablaba sobre todo mi padre (o mi madre). | | |
| 7 | Tuve hermanos mayores que se reían de mí cuando hablaba. | | |
| 8 | Me educaron para ser discreto y obediente. | | |
| 9 | Tuve alguna experiencia desagradable en la escuela (teatro, examen oral, lectura en voz alta...). | | |
| 10 | La educación que recibí en la escuela no potenció mis habilidades. | | |
| 11 | No he recibido formación en saber estar. | | |
| 12 | Me he relacionado con un círculo muy reducido de personas. | | |
| 13 | Tenía un alto sentido del ridículo. | | |
| 14 | Siempre me ha dado vergüenza sentirme observado. | | |
| 15 | Me ruborizaba con mucha frecuencia. | | |
| 16 | Creía que era poco atractivo. | | |
| 17 | Creía que era poco inteligente. | | |
| 18 | Me costaba hacer nuevas amistades. | | |
| 19 | Me costaba salir de casa y relacionarme con mis compañeros durante el tiempo libre. | | |
| 20 | Recuerdo haber recibido comentarios del tipo «cállate, no digas tonterías». O «¡tú qué sabrás!». | | |

Si has contestado «sí» a la mitad o más de las propuestas de esta tabla, es altamente probable que hoy tengas serias dificultades para aceptar la visibilidad que suponen muchas actividades sociales y profesionales. Toma conciencia del origen de tus limitaciones actuales y no te dejes condicionar por tu pasado. Puedes reprogramar tu cerebro.

El primer paso consiste en concretar tus objetivos, realistas y alcanzables pero ambiciosos. En la tabla siguiente tienes algunos ejemplos, pero los retos son personales y los tienes que marcar tú según tus aspiraciones profesionales y vitales. Conserva esta lista y comprueba periódicamente tus progresos.

**Cuestionario 4. Definición de objetivos. ¿Qué quiero conseguir?**

| **Objetivo** | **Corto plazo** (entre una semana y dos meses) | **Medio plazo** (entre dos meses y un año) |
|---|---|---|
| Tener una imagen más profesional. | | |
| Tener una imagen más atractiva y carismática. | | |
| Comunicarme con más seguridad. | | |
| Moverme con soltura y naturalidad. | | |
| Que los demás no noten mi timidez. | | |
| Aumentar mi poder de seducción con cualquier persona. | | |
| Atraer sexualmente y seducir. | | |
| Ser capaz de tomar la iniciativa en las relaciones que me interesan. | | |
| Mostrar más autoridad ante mi equipo, alumnos, etc. | | |
| Ser más empático. | | |
| Dulcificar mi aspecto y que los demás me perciban más cercano. | | |
| | | |
| | | |
| | | |
| | | |
| | | |
| | | |
| | | |

## Recopilación de datos externos

Esta labor es bastante compleja y no siempre obtenemos todos los resultados puesto que no podemos saber a ciencia cierta qué piensan los demás de nosotros, y además resulta difícil preguntarlo directamente. Aunque lo preguntes, tienes que saber interpretar las respuestas, pues, por cortesía, para no hacerte daño o, a veces, por envidia, falsearán la respuesta. Por lo tanto, te sugiero que analices cómo son las relaciones que tienes tú con los demás, y esto te ayudará a deducir cómo te ven, cuánto te valoran personal y profesionalmente.

Por ejemplo: ¿te invitan con frecuencia a fiestas, salidas de fin de semana, cenas, etc.?, ¿te solicitan consejo profesional?, ¿te dan consejos sin solicitarlos?, ¿te dejan hablar y te escuchan atentamente?, ¿te proponen negocios o proyectos para compartir?, ¿te piden favores, incluso dinero?, ¿tienes propuestas de tipo sexual muy descaradamente?, ¿percibes intentos de seducción aunque con mucha prudencia por parte de la otra persona?, ¿tus amigos te recomiendan a otros?

La lista de preguntas puede ser larguísima. Elabora tu lista de situaciones frecuentes en las relaciones con tu entorno y empezarás a entender cómo te perciben los demás.

**¿Qué piensan de ti los demás?** (Lo que te dicen espontáneamente o en respuesta a tu pregunta.)

______________________________________________

______________________________________________

______________________________________________

______________________________________________

______________________________________________

______________________________________________

**Críticas más frecuentes que recibes.** (A veces disimuladas en una broma o en una sugerencia.)

______________________________________________________________

**Elogios más frecuentes que recibes.**

## Analiza fotografías y vídeos

### FOTOGRAFÍAS

Las fotografías son «instantáneas» y muchas veces no son un fiel reflejo de la realidad. El análisis de tu actitud ante la cámara y la aparición reiterada en determinada posición serán los elementos más fiables de información. Observa si:

- Te gusta salir en las fotos.
- Protestas cuando ves una cámara enfocándote.
- No sabes cómo ponerte.
- Si estás con un grupo, siempre sales en un extremo o casi no se te ve.
- Sonríes tímidamente (pocas veces es una sonrisa abierta).
- Tu cuerpo está más bien cerrado: analiza tu posición corporal.

## Vídeos

Analizar los vídeos te permitirá observar cómo son los movimientos que realizas, y descubrir todos los que haces sin darte cuenta. Descubrirás tus tendencias y podrás corregir tu estilo de comunicación. A estas alturas del libro ya conoces los principales movimientos y su relación con la personalidad, el estado emocional o la intención. Por lo tanto, podrás analizar tu comunicación no verbal y valorar cuáles son los movimientos que quieres eliminar a partir de ahora y cuáles los que quieres potenciar.

Te recomiendo que hagas el visionado por lo menos dos veces. Cuantas más veces lo veas, más detalles percibirás de tu comunicación. La primera vez, visiónala sin sonido. Comprobarás cómo puedes saber tu estado de ánimo solo con el lenguaje corporal, tu actitud y, especialmente, cómo te perciben los demás cuando te ven. En una segunda visión, incorpora el sonido y analiza ahora la correspondencia entre el habla y el lenguaje corporal. ¿Lo que dices y cómo lo dices tienen coherencia? ¿Resultas creíble, natural y convincente en lo que dices? Cuando dices «os presento este proyecto con mucha ilusión», ¿la voz transmite la ilusión de que presumes?

Ponte cómodo con un bloc de notas y un bolígrafo en la mano. Prepárate un cuadro como el siguiente:

| **Puntos fuertes** | **Puntos débiles** |
|---|---|
| | |

Disponte a visionar tus vídeos como si fueras un periodista que analiza a personajes públicos o un consultor a sus clientes. Toma distancia y anota las impresiones que te llegan en los primeros segundos: ¿qué te transmite tu personaje? Simpatía, tristeza, cansancio, alegría, aburrimiento, timidez, autoridad, dulzura, sumisión, miedo, nerviosismo, etc.

Te pongo un ejemplo de análisis de puntos fuertes y puntos débiles:

| **Puntos fuertes** | **Puntos débiles** |
|---|---|
| Sonrisa agradable.<br>Buena presencia.<br>Buena voz.<br>... | Con frecuencia, la sonrisa es de timidez.<br>Camino con la espalda encorvada.<br>Hay un movimiento repetido en el hombro izquierdo que se va levantando a medida que hablo.<br>Los finales de frase apenas se oyen.<br>... |

Con la ayuda de la información que tienes en las dos primeras partes del libro, podrás interpretar la mayoría de tus movimientos. Conocerás su significado y qué los provoca, pues sabes lo que sentías o pensabas en este momento. Si esta relación entre pensamiento y cuerpo no es tan clara, haz un esfuerzo por analizar tus estados internos y descubrirás mucho sobre ti. Cuando tengas detectadas tus «gracias», tus habilidades, procura tenerlas presentes siempre para utilizarlas y también para potenciarlas. Y con los puntos débiles, ya sabes lo que tienes que hacer: una vez tomas conciencia de lo que te perjudica en cada situación, procura eliminarlo o controlarlo al máximo.

## FASE II: CÓMO ALIMENTAR UNA ACTITUD ADECUADA. PLAN DE ENTRENAMIENTO EMOCIONAL. SUPERACIÓN DE LA TIMIDEZ, LA INSEGURIDAD Y LA VERGÜENZA

Una de las cosas que nos diferencian de nuestros antepasados es la posibilidad de decidir el rumbo de nuestras vidas, la capacidad para cambiar nuestras creencias y crear un nuevo marco para una vida más satisfactoria y en plenitud. Uno de los retos de los hombres y mujeres de hoy es alcanzar la libertad individual en su propio interior. Y decidir cómo queremos que sea nuestra vida, liberarnos de emociones limitadoras y pensamientos autosaboteadores.

Probablemente tú seas una de estas personas que desean provocar cambios en su vida. Incluso puede que reconozcas en ti cualidades de carácter que deberían aportarte mejores resultados, pero aun así estos no llegan. Quizá te sientes limitado para llevar a cabo tus deseos y sabes que el obstáculo está en la forma como te comunicas con los demás. Te gustaría saltar esta valla y todas las que se pongan en tu camino con la agilidad de un atleta que la supera de una larga zancada y sigue corriendo hasta alcanzar la meta. ¿Qué crees que permite a este corredor llegar a su objetivo? Tres cosas:

1. Cree que lo conseguirá.
2. Conoce la técnica para preparar su cuerpo, mejorar los movimientos y superar sus marcas.
3. Entrena cada día y nunca pierde de vista su objetivo.

Para empezar el entrenamiento y enfrentarte a situaciones de comunicación de una forma diferente de como lo has hecho hasta ahora, necesitas confiar en ti y en tu capacidad de acción. Si no te crees capaz, no empieces el entrenamiento, porque el desánimo te acecha en cada ejercicio. Si empiezas y abandonas, te defraudarás a ti mismo y cada vez te creerás menos capaz, porque sabes que no cumples con tus propios compromisos. Te dejarás arrastrar por las circunstancias cuando tú podrías dominarlas.

Por lo tanto, empieza por un trabajo emocional, de autovaloración. La autoestima es el fundamento de tu capacidad de cambio y de tu progreso. La autoestima te da la confianza para emprender cualquier proyecto. Me ha gustado la descripción de la escritora Elvira S. Muliterno[1] que transcribo a continuación:

> La confianza es una parte importante de la autoestima, es un sentimiento de poder interior que se refleja en nuestras acciones exteriores, es tener la seguridad de que vas a poder superar las pruebas que encuentres en el camino, es saber que sea lo que sea a lo que te expongas serás capaz de superarlo con éxito. Es la herramienta que te da la oportunidad de hacer realidad aquello que tanto deseas, te hace creer que puedes lograrlo, te pone en marcha, te mantiene firme en los momentos difíciles y te permite celebrar el éxito.

Concéntrate en analizar tus deseos, tus sueños más genuinos. Cualquier cosa que quieras conseguir, tendrás primero que imaginarla. Y además, te tienes que sentir merecedor de estos logros. ¿Sientes que mereces encontrar un trabajo mejor? ¿Sientes que mereces tener más amigos? ¿Piensas en una pareja ideal y crees que la encontrarás?

Seguramente ya conoces el concepto de las profecías autocumplidas. Si has respondido negativamente a las preguntas anteriores, seguro que nunca vas a conseguir hacer realidad estos

---

1. Véase Elvira S. Muliterno, *Mujer empoderada*, Madrid, Lo Que No Existe, 2012.

deseos. Si crees que no te lo mereces porque tienes un bajo concepto de ti mismo o porque no crees en tus habilidades para conseguirlo, no pasarás a la acción. Y no pasarás a la acción simplemente porque, según tú, no merece la pena hacer el esfuerzo y, además, es mejor estar cómodamente en el sofá lamentándote de la mala suerte que tienes antes que iniciar un trabajo que entraña ciertos riesgos. Eres presa del miedo al fracaso. Por no fracasar, prefieres no hacer nada. Así, el fracaso es absoluto. Piénsalo bien: si empiezas a caminar, encontrarás dificultades y puede que vivas situaciones complicadas. Pero ¿qué pasará si te quedas sin hacer nada? Te quedan la frustración y la poca valoración de ti mismo, porque las cosas no cambian por arte de magia.

Tú eres el motor del cambio. No temas los obstáculos, no temas el fracaso porque nunca es tal fracaso: siempre es una ocasión para aprender y mejorar. La palabra fracaso, tal como la entendemos, debería ser eliminada de nuestro vocabulario. Fracaso significa para muchos pérdida irreversible, humillación. Pero míralo desde otro ángulo: cuando no conseguimos algo que queremos, cuando nos equivocamos, en realidad estamos progresando, porque hemos aprendido algo muy valioso que no habríamos sabido si no hubiéramos pasado a la acción. El crecimiento permanente es lo que nos mantiene vivos y nos hace más humanos. Vivir sin mejorar día a día es sobrevivir, vegetar.

Pon en marcha la razón y la emoción. La razón te permitirá valorar la posibilidad real de llevarlo a cabo. La emoción te dará el impulso, la fuerza para emprender este camino. Si es materialmente posible, puedes alcanzar este sueño. Seguramente has escuchado la frase «cuidado con lo que sueñas porque se puede hacer realidad».

Pero entre la imagen que tenemos en nuestro cerebro y la realidad hay un paso importante: la **acción**. Tienes que actuar, si no siempre estarás en la fase de la imaginación, tu sueño solo será una imagen en tu cerebro. Esta es imprescindible para empezar y una gran fuente de energía, pero no es suficiente. Tienes que actuar. Con la acción avanzas: en lugar de gastar energía, la ganas con cada paso, como lo hace una dinamo. Poco a poco estás más cerca de lo que deseabas, y cuando miras atrás te sorprende el cambio que has experimentado.

Una de las tentaciones más frecuentes y más dañinas para el ser humano es renunciar a algo por no creer en su capacidad de hacerlo o por no asumir el gran esfuerzo que representa emprender este proyecto. Cuando te dispongas a subir una montaña, no mires lo alta que está la cumbre, empieza a caminar; camina y no pares. Cuando te des cuenta estarás en la cima.

Mi padre me transmitió su fuerza y su tenacidad con su ejemplo y también con sus historias. Cuando me sentía desbordada por la cantidad de tareas que tenía ante mí, me contaba la historia de un campesino que tiene que arar un campo enorme y le pide a su joven hijo que lo haga. El hijo mira el campo y, resoplando, le dice a su padre que esto es imposible, que no podrá ararlo todo. Su padre le dice: «De acuerdo, no te preocupes. ¿Puedes arar este trozo que te marco con estas piedras?». El hijo contesta que evidentemente lo puede hacer sin ningún problema. Entonces el padre le va marcando sucesivamente pequeñas superficies hasta que el joven se da cuenta de que ha llegado al final. Haz como el joven campesino y empieza.

Crear hábitos positivos y estar preparado para la acción son dos de los grandes aliados con los que debes contar a partir de ahora.

## Toma conciencia

Toma conciencia de lo que te limita, tanto si son pensamientos, emociones o hábitos negativos.

Identifica pensamientos como:

- Yo no puedo hablar en público, nunca superaré el miedo a hacerlo.
- No soy seductor/a, no tengo esta habilidad.
- Me cuesta hacer amigos porque no soy simpático.
- Soy apto para trabajos técnicos pero no estoy capacitado para dirigir equipos.
- Me gustaría participar en la política local, pero no me veo como candidato.

Identifica emociones como:

- Miedo: al ridículo, a la visibilidad, al conflicto, etc.
- Tristeza.
- Cansancio.
- Frustración.

Identifica hábitos como:

- No cuidar tu salud.
- No cuidar tu aspecto.
- Rehuir la visibilidad.
- Rechazar oportunidades personales o profesionales.
- Mantener una mala posición corporal.
- Tocarte o rascarte mucho la cabeza.
- Morderte las uñas.
- Bajar la mirada cuando conoces a alguien o te cruzas con un conocido.

Estos son solo algunos ejemplos de lo que en estos momentos pueden ser los frenos para conseguir tus sueños. Pasa del sueño al objetivo real cambiando tus pensamientos, emociones y hábitos negativos. Avanza en los tres ámbitos en paralelo. Si te vienen a la cabeza pensamientos negativos, solo tienes que formularlos en positivo. El lenguaje rige nuestra mente. A través del lenguaje nos damos órdenes. Por ejemplo, en lugar de decir: «Me cuesta hacer amigos porque no soy simpático», puedes decir: «Me acercaré más a la gente para cultivar mis relaciones». La perspectiva cambia radicalmente y tendrá efectos sobre la predisposición que tienes hacia los demás.

No dejes que estas tendencias negativas sigan siendo automatismos perjudiciales. No dejes que actúen automáticamente sobre tu vida. Toma conciencia y transfórmalas en herramientas que trabajarán a tu favor por tu voluntad.

Si tienes clara la idea de lo que quieres conseguir, entonces enfocarás todas tus habilidades y toda tu energía a conseguir este reto. Es muy importante que lo tengas identificado claramente. Defínelo y escríbelo. Durante una época importante de mi vida, que supuso un cambio radical en lo personal y en lo profesional, llevaba conmigo una libretita donde había dejado constancia de mis objetivos. También había escrito consejos y frases que había leído en los libros donde buscaba consejo para guiarme en el proceso de cambio. Cuando sentía que me fallaban las fuerzas, o que perdía el norte, sacaba mi libretita y volvía a leer los objetivos y las frases inspiradoras para centrarme de nuevo y mantener la actitud positiva y optimista.

Enfócate en lo positivo de lo que quieres conseguir, no en las limitaciones que crees tener. Recuerda, dale siempre mensajes positivos a tu cerebro.

Lo fabuloso de esta interacción entre cuerpo y pensamiento es que no solo el cuerpo refleja el pensamiento o las emociones, sino que estos se pueden ver modificados gracias a la acción del cuerpo. Es decir que, si me propongo que mis movimientos sean optimistas, abiertos, seguros y confiados, el cerebro recibirá estos estímulos y producirá pensamientos y emociones que tienen que ser congruentes con mi lenguaje corporal. Los actores viven su emoción para poder interpretarla. Mediante la técnica Stanislavski, reviven una situación de su experiencia vital y vuelven a sentir las emociones asociadas a esta experiencia. No fingen, sino que sienten. También nosotros podemos hacer este proceso, y también podemos invertirlo.

Pensamiento ——→ cuerpo

Cuerpo ——→ pensamiento

Aquí tienes la clave del éxito de este entrenamiento que te propongo. A base de hacerlo lo conseguirás. Si repites muchas veces movimientos corporales de seguridad, sabrás hacerlos y además te sentirás seguro. El cuerpo tiene memoria, por lo tanto, tendrá aprendido el lenguaje de seguridad para poder activarlo cada vez que lo necesites. Asimismo, podrás hacerlo con los movimientos de la escucha activa, de la seducción, etc.

Estás leyendo y quizá crees que todo esto está muy bien. Pero cerrarás el libro dentro de un rato y no pasarás a la acción, dejarás los ensayos, los ejercicios para más tarde. «Lo haré mañana, esperaré al fin de semana...» ¿Te suena? Quítate la pereza de encima y empieza ya. Puedes estar seguro de que para conseguir cambios importantes en nuestra vida tendremos que realizar algún esfuerzo. Tenemos que salir de nuestra «zona de confort». Si las cosas que haces te resultan demasiado fáciles, sospecha de su eficacia. Para progresar hay que cambiar hábitos, romper rutinas que tenemos desde hace años y que tan cómodas resultan, arriesgarse a probar lo desconocido. Hay que dedicar energía y tiempo, afrontar miedos e incluso invertir algo de dinero a veces. Cambiar no es fácil, pero merece la pena.

## El poder del lenguaje

La PNL (programación neurolingüística) nos habla del poder del lenguaje en la comunicación interna que establecemos con nosotros mismos y la comunicación exterior con los demás. El lenguaje moldea el pensamiento, y viceversa. Y podemos programar nuestro pensamiento a través del lenguaje. ¿Qué me digo a mí mismo? ¿Me animo, me estimulo y me doy órdenes para pasar a la acción? ¿O me compadezco, me freno y me digo que no podré conseguir el reto que otros sí pueden conseguir?

Este no es un libro sobre el lenguaje verbal, pero no podemos pasar por alto su relación con el lenguaje corporal. Entre ellos tiene que haber congruencia para que sea creíble nuestro mensaje. Fíjate en estas dos frases:

a. Tenemos un reto: remontar las ventas a los niveles anteriores a la caída del mes de febrero.
b. Tenemos un problema: las ventas han caído en el mes de febrero y ahora tendremos que remontarlas.

Como ves, una única realidad genera como mínimo dos posibles frases, correspondientes a dos formas de ver las cosas. Pero cada frase describe la realidad de una forma distinta.

a. Da una visión optimista y nos invita a la acción. Está enfocada en el objetivo y mira hacia el futuro.
b. La segunda se centra en el problema (la palabra problema ya es una palabra perdedora de por sí) y nos plantea la acción como una obligación ardua y desagradable. La diferencia, como ya habrás visto, está en la etiqueta que hemos utilizado para describir la situación: **reto** o **problema**.

«**Reto**» nos transmite una visión positiva. Yo me activo ante un reto y puedo contagiar mi actitud a mis colaboradores, que se apuntarán al reto más fácilmente que a solucionar problemas.

«**Problema**» es una palabra con energía emocional negativa. Un problema es una carga, no es estimulante, sino todo lo contrario.

Si yo me digo esta frase a mí misma, el efecto será muy distinto según utilice a) o b). Mi predisposición a emprender la tarea será muy distinta y con probabilidades de éxito distintas. Pero ahora imagina que tengo que pronunciarla ante un grupo de colaboradores: como el lenguaje verbal y el corporal tienen que ser coherentes, pronunciaré a) con el cuerpo activo y un tono de voz enérgico, incluso con una sonrisa. Si pronuncio b) seguro que no habrá sonrisa en mi rostro, sino solo preocupación, seriedad, incluso abatimiento o decepción. El cuerpo tenderá a estar cerrado, encorvarse y la voz será más grave y apagada.

Entrénate, pues, para cambiar el lenguaje verbal de modo que incida sobre tu actitud. Así, tu actitud se reflejará en el lenguaje corporal. Y viceversa: si trabajas sobre el lenguaje corporal también cambiarás el tono de tus pensamientos.

Fíjate en estas expresiones tan frecuentes y en cómo condicionan la actitud a la hora de comunicar:

- «Intentaré explicarles mi proyecto.»
- «Seré breve, no quiero aburrirlos.»
- «Esta obra es de alguna manera fruto de mi interés por el arte.»
- «A mí me toca ocuparme de la parte administrativa del proyecto.»

Seguro que tu gesticulación sería muy distinta si las cambiaras por:

- «Les explicaré mi proyecto. O «será un placer exponerles mi proyecto.»
- Hay que eliminar este tipo de expresiones («no quiero aburrirlos...»), que favorecen lo que queremos evitar.
- «Esta obra es el resultado de mi pasión por el arte.»
- «Yo soy el responsable de la parte administrativa del proyecto.»

## El poder de la imaginación y los roles

En uno de los talleres que he impartido recientemente en un instituto, una alumna de quince años ha simulado el inicio de la presentación oral de un trabajo. Como es normal a su edad, se sentía observada, cohibida, tímida... Y lo reflejaba claramente, aunque sin querer, en todos sus movimientos. El resultado era la imagen de una coqueta tímida, más bien pava y nada convincente para demostrar la calidad de su trabajo. Fuimos comentando su actitud corporal, sus gestos, los movimientos que hacía con el pelo... Si seguía las indicaciones que yo le daba para corregir sus gestos, parecía una marioneta porque no conseguía armonizar de forma natural todos sus movimientos.

Para una persona no entrenada, el control consciente de todos los movimientos a la vez es bastante difícil. Si la gestión de este lenguaje es racional, puede que el resultado sea poco natural y además no lo llegamos a controlar todo. Acto seguido le propuse un ejercicio de imaginación e interpretación: «Imagínate que en lugar de una estudiante de quince años eres una ejecutiva de treinta. Vuelve a hacer la entrada en escena y la autopresentación». El resultado fue tan sorprendente que sus compañeros arrancaron en aplausos. Se había puesto en el papel, se veía mayor y en otro rol y automáticamente cambió la actitud y, por ende, el lenguaje. Esto es lo que nos pasa muchas veces: estamos acostumbrados a un determinado rol y a unos hábitos de comunicación. Nos cuesta salir de esta actitud y nos aterroriza vernos en otra imagen, o que los demás nos vean con otra imagen.

Lo primero que tienes que hacer, pues, es imaginarte a ti mismo según el objetivo que te hayas marcado. Por ejemplo, si quieres conquistar a esa persona que te gusta, te imaginas en una situación especial con ella y te ves comportándote como un seductor. Aquí está el secreto: que te ves actuando según el rol que deseas desempeñar y no de acuerdo con lo que haces habitualmente. La imaginación es muy poderosa porque nos permite vivir las cosas varias veces y a nuestra manera, según nuestro deseo. Si somos capaces de imaginarlo, es muy probable que seamos también capaces de llevarlo a la práctica en la realidad. Pero esto será mucho más eficaz si además ensayas e interiorizas este personaje.

En los cursos que imparto, cuando estamos en esta fase del proceso, algunos alumnos me dicen que se sienten incómodos representando un personaje que no son ellos. Sienten que están haciendo puro teatro y se les plantea una contradicción, un problema ético: ¿estarán engañando a su interlocutor?, ¿se convierten en impostores? ¡No! Recuerdo la primera vez que di una charla en mi población natal ante más de cincuenta mujeres de una asociación, entre las que estaba mi madre. Era también la primera oportunidad que tuvo mi madre de verme hablar en público. Creo que fue uno de los días que peor lo he pasado ante una audiencia, y fue precisamente porque me costaba mostrarme ante mi madre en otro papel que no fuera el de hija. Pensé que me vería extraña e impostada. No fue así. Aunque ella empezó escuchando más nerviosa que yo, porque temía una mala opinión de las mujeres del pueblo sobre mí, poco a poco se fue tranquilizando hasta ser mi más atenta seguidora. Entendió rápidamente que el escenario y el tipo de acto exigían de mí una determinada actuación, y que esto me hacía aparecer ante sus conciudadanas con la autoridad y el protagonismo propios de este tipo de actos.

Así que te aconsejo que pienses en los distintos personajes que tienes que interpretar a lo largo del día: hijo, compañero, padre, empleado, directivo... Pero seguro que necesitas incorporar algún otro: seductor, líder, orador, negociador, profesor, etc. Cuantos más roles tengas que desempeñar, más personajes deberás tener preparados, como si fueran trajes que te pones según la ocasión. **Puedes tener un traje de comunicación no verbal para cada uno de estos roles, siempre adaptándolo a tu medida.**

Si no te pones el traje adecuado para la ocasión, no serás eficaz, puede que no llegues ni a ser creíble en tu papel. Esto le ocurría a un cliente mío, gerente de una empresa española que opera en toda la península. Acudió a mi despacho para preparar la presentación de los nuevos proyectos para la convención anual. A pesar de su cargo, tenía pánico a la visibilidad, era un hombre reservado y discreto. Al ensayar la presentación yo le animaba a poner más énfasis en lo que estaba diciendo, a subir el volumen de voz, a enfatizar las pausas y a abrir los gestos... En un momento dado, interrumpe el ensayo y me mira con cara de perrito asustado: «Cuando me vea así mi mujer se reirá de mí». Pues justamente esto nos indicaba que íbamos bien en el entrenamiento. No quería provocar un divorcio, pero sí teníamos que conseguir que este directivo apareciera ante el millar de asistentes de una forma bastante distinta a como lo percibía su mujer en casa. Igual que no iría a la convención en zapatillas y sin afeitar, también tenía que desplegar un repertorio de habilidades adecuadas para este evento.

Aquí el rol de marido casero y amoroso no le servía para nada. Lo que le pasaba a mi cliente era que no estaba habituado a ponerse en el rol de directivo comunicador y no se sentía cómodo en él. Tenía que aprender el estilo de comunicación y entrenarlo hasta llegar a la fase 4 del proceso de aprendizaje, la del conocimiento inconsciente. A base de repetirlo y entrenar, llegó a sentirse cómodo y a aceptar que no dejaba de ser él mismo por adoptar otro perfil. Era él, el de siempre, comunicando de forma pertinente en una nueva situación. Y está claro que tuvo un éxito absoluto con su público, que no pensó que estuviera haciendo teatro, porque la forma de comunicar era coherente con el tipo de evento y la misión de este directivo en este escenario.

## Los anclajes

¿Qué es un anclaje? «Anclaje» viene de «ancla», utensilio que sirve para fijar una embarcación en el punto deseado.

Esta es una de las técnicas más eficaces para superar determinadas barreras psicológicas que, por un motivo u otro, hemos creado involuntariamente y que nos suelen perjudicar en la consecución de nuestros objetivos. También se aplica para conseguir determinados estados internos que nos tienen que permitir llegar a las metas deseadas.

¿Qué estado interno necesitas para enfrentarte a tu jefe, pronunciar un discurso o dirigirte a la persona que te gusta? Todos necesitamos una actitud positiva para afrontar este reto. Hacen falta optimismo, valentía y mucha energía para transmitirla a nuestro interlocutor. ¿De dónde vas a sacarla si lo único que puedes pensar es en los nervios que pasarás, la vergüenza o el riesgo de quedarte en blanco y quedar fatal ante todo el mundo? ¿Qué hacer si no puedes dejar de pensar en todas las desgracias que te pueden suceder en el momento de ponerte en pie?

Con un anclaje podrás cambiar en un instante tu estado emocional. Primero lo tienes que crear. Te explico los pasos que tienes que seguir para conseguirlo:

1. Enciérrate en una habitación tranquila y cerciórate de que nadie te interrumpirá (el móvil tampoco).
2. Piensa, busca en tu pasado algún momento en el que te hayas sentido muy feliz y, si puede ser, vencedor. Por ejemplo, cuando marcaste aquel gol espectacular, cuando te concedieron el premio en el certamen de poesía, cuando el profesor te felicitó en clase y te sentiste orgulloso de tu trabajo o alguna otra situación similar.
3. Cuando tengas identificada esta escena, tienes que revivirla. Vuelve a ver todo lo que pasó: la luz, los colores de las cosas, los sonidos, las palabras que te decían y que decías tú, el latido del corazón, el sudor... Todo con la máxima fidelidad. Es necesario que lo revivas.
4. Mientras lo revives, puedes hacer algún gesto que irás relacionando con la emoción positiva. Este gesto puede ser una señal de fuerza con el brazo, tocarte muy cerca del corazón, chasquear los dedos... También puedes decir, al mismo tiempo que haces el gesto, una frase que te motive: «¡Soy el mejor!», «¡Será un éxito!», «¡Al ataque!», etc.
5. Haz este gesto y di la frase unas cuantas veces mientras revives la energía de la escena del triunfo.
6. Quizá con unas cuantas veces no será suficiente y mañana tendrás que repetirlo, y pasado mañana. Llegará un momento en que, solo haciendo el gesto y pronunciando la frase, la emoción positiva te embargará y dejarás fuera de combate cualquier actitud negativa que te bloquee o te reste facultades.
7. Si quieres comprobar que esto es así y quieres acelerar el proceso, crea un anclaje con música. Escoge una canción, una pieza musical que te contagie mucha energía y te estimule, que te haga sentir capaz de todo. Y asóciala también a la escena vivida. Quizá ya tienes una música asociada a una escena de gloria. Utilízala si te carga las pilas.

Cuando estés a punto de salir de casa, escucha esta música una, dos, tres veces, cuatro veces, las que sea necesario. La música te generará el estado emocional que necesitas para sentirte protagonista y creerte capaz de convencer. Procura que siempre sea la misma música asociada a un estado concreto. Puedes tener varios anclajes: uno para estimularte, otro para relajarte, otro para superar una dificultad determinada, etcétera.

Como puedes ver, un anclaje es una forma sana, económica y práctica de enfrentarte a situaciones que requieren un esfuerzo extra y que suponen una dificultad importante. Podrás utilizarlos para superar una entrevista de trabajo, afrontar una conversación difícil, dirigirte a la persona a la que ni te atreves a mirar...

Utiliza los anclajes para estimularte y pasar a la acción o para relajarte en momentos de tensión. Cuando puedas autoprovocar estos estados de ánimo en las situaciones que quieras, tu comunicación no verbal reflejará este estado y no necesitarás controlarla de una manera consciente. Eliminarás gran parte de los gestos delatores porque no estarás simulando, sino sintiendo de manera auténtica esta emoción.

## FASE III: CONVIÉRTETE EN TU PROPIO ENTRENADOR PERSONAL

Te propongo un plan de entrenamiento que te permitirá incorporar nuevos hábitos de comunicación en muy poco tiempo. Se trata de pasar del aprendizaje consciente a la práctica inconsciente. Cuando uno aprende nuevos movimientos, en la primera fase tiene que hacerlos voluntariamente, dedicándoles toda la atención. Con la repetición, conseguirás hacerlos sin darte cuenta, cosa que te permitirá después concentrar toda tu energía en otras cosas.

Si estás bien entrenado, podrás utilizar el lenguaje corporal como herramienta permanente de gestión de tu imagen, sin apenas esforzarte. Solo tienes que saber qué es lo que deseas obtener en cada momento y adecuar tu lenguaje corporal a la situación y a la imagen que quieres transmitir.

Comenzaremos por situaciones muy frecuentes y fácilmente practicables en casa o en espacios de la vida social o profesional.

Empezamos por los tres puntos de partida:

1. Estar de pie.
2. Caminar.
3. Estar sentado.

Estas tres son las posiciones básicas para nosotros a lo largo del día. Aunque todos sabemos hacerlo desde muy pequeños y lo hemos repetido miles de veces, es necesario saber **cómo** lo hacemos y **qué ven los demás** cuando nos ven en estas posiciones o movimientos.

## Saber estar de pie

Aunque parece extraño, muchas personas no saben estar de pie y les cuesta sobre todo permanecer en esa postura sin hacer nada. Por ejemplo, esperar a que alguien las atienda, aguardar su turno de intervención en una ceremonia, escuchar, estar en un acto público, etcétera. Además, entre movimiento y movimiento, cuando detenemos la marcha en cualquier situación, nos quedamos quietos. Piensa en todos los movimientos que tendrás que hacer al acudir a una entrevista de trabajo:

1. Llegada a la oficina de selección o de la empresa en cuestión. Te detienes delante de recepción.

2. Te acompañan a una sala de espera, sala de reuniones o despacho. Te paras unos instantes ante la puerta que te abren.
3. Quizá esperarás de pie a la persona que te va a entrevistar. Cuando aparezca por la puerta tienes que darle la mejor impresión.
4. Al finalizar, antes de empezar a caminar hacia la puerta, tendrás unos segundos para levantarte y despedirte. Esta será la última impresión del cara a cara antes de desaparecer.

Este solo es un ejemplo de cómo a lo largo del día y en muchas situaciones distintas la posición corporal es la base de nuestra imagen. Ya hemos visto en el capítulo 3 que, para transmitir seguridad, confianza en nosotros mismos y energía, la posición tiene que ser:

**V**ertical.
**A**bierta.
**S**imétrica.
**E**stable.

Grábalo en tu memoria: **VASE**. Repite esta palabra cada vez que entrenes y pronúnciala mentalmente cuando quieras tener una actitud firme, elegante y convincente.

Vamos a practicar:

1. Ponte delante de un espejo donde puedas verte entero.
2. Pon los pies en paralelo y ligeramente separados por una distancia de unos 10 cm. La pelvis tiene que estar centrada. El peso del cuerpo se

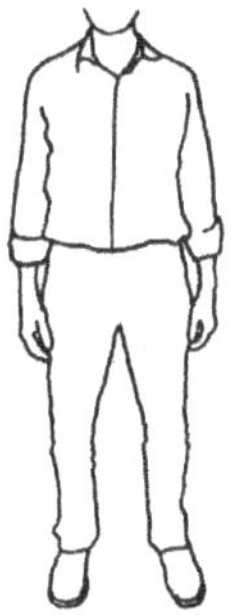

Figura 29. Practica la posición VASE con el cuerpo «encendido».

distribuye por igual entre las dos piernas. Nota la sensación de firmeza, de equilibrio. Estás bien asentado sobre el suelo.
3. Relaja los hombros y saca pecho. Ahora colócate de perfil y observa si tu cabeza está en la línea de los hombros. Si está por delante, tienes que corregir la posición. Caderas, hombros y cabeza tienen que estar alineados.
4. Permanece así durante medio minuto. Acostúmbrate a estar en esta posición hasta que te resulte la más cómoda. Cada 30 segundos, descansa, camina, muévete y vuelve a la posición inicial 30 segundos más. El cuerpo tiene memoria, por lo tanto, cada vez te será más fácil colocarte así hasta que llegarás a hacerlo casi sin pensar.

Ya en tu actividad diaria, recuerda utilizar tu posición VASE cuando estás:

- Ante un mostrador esperando que te atiendan.
- Delante de tu jefe cuando te habla o te da instrucciones.
- Cuando inicias una exposición en público.
- Cuando te presentas o eres presentado a alguien en una reunión familiar o profesional.
- Cada vez que detienes tu marcha en la calle o en los pasillos de un edificio.
- Cuando estás ante tus alumnos, especialmente al empezar la clase y el curso.
- ...

## Caminar con elegancia y seguridad

La forma de andar es una muestra de nuestra actitud corporal general y está estrechamente relacionada con la actitud que mantenemos al estar de pie. Si el cuerpo está tónico y bien colocado, se reflejará tanto en movimiento como en posición de reposo. Dominar la forma de estar de pie te ayudará a caminar con estilo. En realidad, durante el día realizamos numerosas combinaciones y tenemos que entrenar nuestro cuerpo para que responda automáticamente, adaptándose a la necesidad de cada momento.

Empecemos el entrenamiento:

1. Después de practicar la posición básica de pie VASE, sin relajarte, camina por tu casa, entra en las diferentes habitaciones sin bajar la cabeza, sin encorvar la espalda y moviendo ligeramente los brazos al ritmo de los pasos.
2. Si dispones de algún espejo en un pasillo o en alguna pared, aprovecha para **observar tus movimientos**. Imagínate que no eres tú. ¿Qué dirías de esta persona? ¿Es optimista? ¿Está segura? ¿Está nerviosa? ¿Es enérgica?

   Prueba modificaciones en los movimientos y notarás los cambios de imagen. Practica el paso firme y seguro, el paso enérgico y decidido y todos los que quieras dominar.

Figura 30. Al caminar, los movimientos de los brazos y las piernas son congruentes.

3. Cuando tengas estos movimientos básicos muy bien practicados, incorpora un maletín o un bolso. Intégralos en tu movimiento.
4. Salimos a la calle. Caminar entre la gente es uno de los mejores entrenamientos para **cambiar de actitud corporal** y **controlar mejor nuestros movimientos**.
5. Toma conciencia de tu cuerpo, de tus piernas, de tus brazos y de tu cabeza. ¿Cómo son tus pasos?

6. Muchas personas caminan con pasos largos y el tronco hacia delante como si tiraran de un carro. Otras, ligeramente inclinadas hacia atrás, como si alguien tirara de ellas. Ni lo uno ni lo otro: **busca la verticalidad**.
7. Cualquier ruido de arrastre de los pies indica que estás cansado, tienes poca energía o llevas una carga emocional muy pesada. A los pasos arrastrados suele ir unido un encorvamiento de la espalda, es la posición del que arrastra un saco lleno de piedras. La persona que se cruce contigo difícilmente se sentirá dispuesta a compartir contigo estas cargas tan pesadas. Por lo tanto, busca un paso ágil. Camina levantando los pies. Endereza la espalda y levanta la cabeza.
8. **Camina por la parte central** de la acera, si es posible. O, por lo menos, no te arrimes demasiado a las paredes como si tuvieras que protegerte de un bombardeo.
9. Camina sin prisas, con paso firme. Cada vez que adelantas un pie, este tiene que apoyarse primero en el talón. **Los pasos tienen que ser proporcionados a la longitud de tus piernas.** Si son demasiado cortos, darás la impresión de estar estresado o nervioso. Si son zancadas, perderás porte y elegancia.
10. **Los brazos nos ayudan a caminar con gracia.** Se mueven adelante y atrás en sentido contrario al de las piernas. Si los brazos quedan colgando verticalmente sin balanceo, podemos parecer rígidos y seguro que no nos percibirán como personas ágiles y enérgicas. A más velocidad de paso, más se levantan los brazos, a no ser que estén ocupados en bolsos, paquetes, etc.
11. **No pongas las manos en los bolsillos.** Denota pereza.
12. Al caminar, **mira a la gente con quien te vas cruzando**. Puedes desviar la mirada hacia otra persona, hacia el

horizonte o al frente. Pero no bajes la mirada hacia el suelo o la apartes rápidamente a un lado. Si te encuentras con conocidos, salúdalos con una mirada a los ojos y una sonrisa, por lo menos.

13. Este caminar, aplícalo también en la oficina, en una gran superficie, en cualquier espacio público.
14. De vez en cuando, **asegúrate de que mantienes tu estilo**, mirando el reflejo de tu figura en un escaparate o en cualquier otro cristal de tu recorrido.

## Estar sentado

Cuando nos sentamos, no siempre lo hacemos para descansar. Existe una gran diferencia entre sentarse en el sofá del salón para ver una película y comer palomitas o mantener el tono de solemnidad en el banco de una iglesia cuando se casan unos amigos.

En este apartado trataremos especialmente de las situaciones formales, porque en general las informales no nos plantean ninguna dificultad. En relación con las posiciones básicas anteriores veremos la posición para estar sentado. Diferenciaremos entre permanecer en una silla o en un sofá.

### Sentado en sofás

La propia naturaleza de este asiento favorece que nos relajemos. Tenderemos a perder la tensión del cuerpo, relajaremos la columna, adelantaremos las nalgas en una tendencia a la horizontalidad y seguramente no seremos tan recatados en cuanto a la posición de las piernas. De todas formas, te aconsejo que estés preparado para sentarte en un sofá de manera más formal, porque algunas reuniones de trabajo o encuentros familiares de compromiso se realizan en pequeños salones con mesas bajas para dar un aire de familiaridad o de comodidad. No te dejes llevar por las apariencias, mantente en estado de alerta, aunque debes conseguir que tu aspecto sea relajado y natural.

## Sentado en una silla

Los asientos destinados al trabajo, en general, son cómodos y favorecen la posición correcta, no solo desde el punto de vista ergonómico, sino también de rendimiento en el trabajo. Las sillas, sean del tipo que sean, nos obligan a adoptar una postura parecida al cuatro (4). Los occidentales nos sentamos casi siempre en esta pieza del mobiliario tan variado en usos y estilos. Los japoneses, en cambio, tradicionalmente se sientan al estilo *seiza*, arrodillados en el suelo; y hay otras culturas que se sientan en cuclillas o con las piernas cruzadas.

Para trabajar, lo ideal es que la silla favorezca una posición activa, sin dejar de ser cómoda.

- Espalda recta.
- Pies en el suelo.
- Altura adecuada para mover los brazos según la actividad.

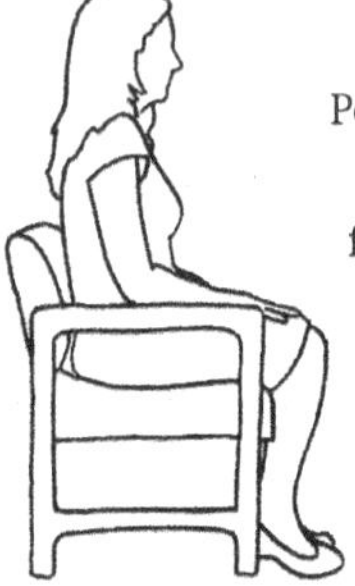

Figura 31. Posición VASE4. Corrección y formalidad en posición sentada.

Te animo a probar todos los asientos de tu casa. ¿Cómo te **sientas** y cómo te **sientes** en cada uno de ellos?

Coge una silla y procura adoptar la posición del cuatro según la figura 31. Simplemente tienes que pasar de la posición VASE que ya has entrenado a la posición VASE4 que es la equivalente en posición sentada:

- **V**ertical: me refiero a la línea vertical que tiene que seguir la espalda, culminada por una cabeza colocada en la misma línea. Imagina que tienes un hilo invisible que sale de la parte superior de tu cabeza y está unido al techo y te tira hacia arriba. Los hombros tienen que estar relajados.
- **A**bierta: igual que antes, el pecho tiene que ir hacia delante en lugar de hacia dentro. Esta posición indica una actitud positiva y favorable a la relación con el interlocutor o hacia la tarea que tengas que desarrollar. Si te encuentras en una ceremonia, es imprescindible para que te vean elegante y formal.
- **S**imétrica: la primera razón para guardar la simetría es la salud de tu columna vertebral. Después de esta, tenemos muchas más: imagen de equilibrio, estabilidad, concentración, formalidad, incluso productividad. La simetría está relacionada con la estabilidad. Es difícil permanecer estable si no hay simetría en el cuerpo.
- **E**stable: puedes comprobar lo que acabo de decir inclinando el eje del cuerpo, el tronco, hacia la derecha y las piernas hacia la izquierda. En algunas ocasiones te puede dar un aire interesante o sexi, pero ten en cuenta lo que te interesa transmitir.
- **4**: el trasero hacia atrás, tocando el fondo de la silla y en línea recta con la espalda. Si nos sentamos en la mitad de la silla daremos sensación de inestabilidad y provisionalidad. Y si nos sentamos en el extremo parecerá que estamos preparados para salir corriendo. Muchas personas pueden trabajar así durante horas. Aparte de las consecuencias que con toda seguridad tendrá para su espalda, están informan-

do sobre su carácter nervioso, sobre el estrés que padecen e incluso de su falta de concentración.

Mantén los pies en el suelo, en paralelo y en posición perpendicular a la línea de los muslos. Procura mantener juntas las rodillas. Si cierras del todo las piernas, parecerás formal, serio, discreto, incluso obediente. Si las dejas ligeramente abiertas desde los pies hasta las rodillas, te percibirán con más seguridad y energía. Está claro que si eres mujer esta posición no es muy recomendable llevando faldas. Prueba todas las posiciones y verás el efecto en el espejo.

Aunque te parezca incómodo, hay situaciones que requieren esta actitud y es importante que estés habituado a ella.

Aunque tengas una mesa delante y tus piernas no se puedan ver, te aconsejo que mantengas la posición VASE4; todos los movimientos que hagas con las piernas se reflejarán en el tronco.

## Cruce de piernas

Si no tienes una mesa que cubra tus piernas, probablemente será más cómodo y conveniente cruzarlas. Puedes probar las distintas formas sentado delante de un espejo.

### Si eres mujer

Los cruces más habituales son dos y tienen distintas variaciones.

Figura 32. Tanto para hombres como para mujeres, este es un cruce formal en Europa.

1. **Cruce formal profesional:** sentada y sin perder

la posición VASE4, cruza las piernas de tal forma que los muslos permanezcan pegados. La columna no pierde su posición inicial, permanece recta y vertical. La pierna que queda debajo tiene que seguir en ángulo recto y el pie correspondiente tiene que estar bien apoyado en el suelo. Esta es la posición más correcta, por ejemplo, en una reunión donde no tengas mesa.

2. **Cruce seductor:** sentada en una silla o en un sofá, cruza las piernas pero desplaza la que se encuentra en la parte inferior hacia un lado, y coloca la de encima en paralelo, manteniéndolas juntas.

### Si eres hombre

Las posiciones típicas masculinas para la verticalidad se trasladan al estar sentado. Las piernas abiertas se corresponden a los muslos abiertos cuando están sentados. Es su posición de poder.

Sin embargo, esta posición que podemos entender en el sofá de casa, entre amigos viendo el gran premio de Fórmula 1 o en un bar de copas, no se considera muy profesional. Por lo tanto, te sugiero que también entrenes la posición formal/profesional que acabamos de describir y que revises lo que hemos visto sobre el cruce de piernas en la Primera parte del libro.

## ¿Qué hacemos con los brazos?

### Con mesa

- Mantén las manos siempre sobre la mesa. Tienen que permanecer a la vista de tu interlocutor.

- Si estás hablando, las manos gesticularán como si estuvieras de pie, aunque normalmente el área de movimientos es más reducida.
- Procura no jugar con un bolígrafo, trocito de papel o cualquier otro objeto.
- Si estás escuchando, mantén las manos juntas, con los dedos cruzados, de forma relajada.

#### Sin mesa

- Pon las manos sobre los muslos, con los dedos entrelazados o una mano dentro de otra, pero nunca con fuerza o con tensión. No juegues con el anillo, el reloj o cualquier otro objeto.
- Si estás hablando, puedes gesticular igual que si estuvieras de pie. Si la situación es formal, los gestos se reducen y en algunos momentos casi desaparecen.
- Puedes apoyar los antebrazos en el reposabrazos de la silla si la distancia entre ellos te permite juntar las manos. Si no, parecerá que estás siendo juzgado.

## Practica en casa

Imagina que se va a producir una reunión en un saloncito y que estáis sentados en sofás bajos y mullidos. Prepárate para una conversación y no para ver la tele o escuchar música después de una jornada laboral.

No te arrellanes en el sofá, no te hundas en los blandos cojines, no extiendas los brazos a lo largo del respaldo ni cruces las piernas a la americana. En lo posible, mantén la posición del 4, ya sea bien encajado en el sofá, con la espalda bien apoyada en el cojín vertical, o adelantando el cuerpo de tal forma que los pies puedan apoyarse en el suelo. En este caso, seguramente deberás inclinar el tronco hacia delante, mostrando interés en la conversación y una actitud proactiva. Ten especial cuidado con las piernas, sobre todo si eres mujer. Es más fácil tener un descuido y separar las rodillas cuando estás en un sofá. Si llevas falda, quizá ofrezcas una visión poco adecuada a tus compañeros de reunión. Puedes cruzar las piernas, pero ten en cuenta que al hacer este movimiento las faldas se acortan unos centímetros. En estos casos, a no ser que tu intención sea lucir piernas, agradecerás vestir pantalón.

Cuando estás en un sofá, las manos casi siempre descansan en los muslos, preparadas para acompañar las palabras con los gestos. Acostúmbrate a estar con las manos quietas en posición de silencio y escuchando a otras personas. No te frotes la rodilla, ni te acaricies la pierna ni el tobillo. Si llevas unos zapatos flojos (anchos), sin atar, no dejes que el talón quede al descubierto. Y para los hombres es casi imperdonable desde el punto de vista de la imagen que dejen al descubierto una parte de la pierna. El calcetín tiene que llegar hasta justo por debajo de la rodilla. Otro tema ya es el color del calcetín.

## Otras situaciones que puedes entrenar

### Entrar en un establecimiento

Con demasiada frecuencia nos sentimos víctimas de la falta de atención por parte de empleados públicos o de personal de atención al cliente. Aunque es cierto que en muchos casos esto es debido a la falta de motivación y de preparación profesional de estas personas, los usuarios también tenemos una parte de responsabilidad en el trato que recibimos.

Para empezar, tenemos que ser visibles. Y además, diferentes. Cuanta más presencia tengamos, más difícil será que nos ignoren. Deberíamos provocar en este empleado la necesidad y las ganas de atendernos en seguida. Vamos a ver si lo conseguimos:

1. Nos disponemos a entrar con la actitud corporal que ya hemos entrenado y caminando como hemos hecho por la calle.
2. Saludamos en general y sin mirar a nadie en concreto cuando entramos en el espacio, con voz alta y sin titubear. Esfuérzate en pronunciarlo con alegría.
3. Nos dirigimos al mostrador buscando la mirada del empleado y sonreímos. Saludamos de nuevo, deseando buenos días o buenas tardes. No te precipites a hablar. Deja un par de segundos de silencio y empieza a hablar con calma.
4. Trata a esta persona como una persona y no como si fuera una máquina. Por lo tanto, mírala con frecuencia a los ojos y sonríele. Busca su complicidad. Al despedirte repite el proceso del saludo y aléjate sin atolondrarte con paso firme y la cabeza alta.

## Dirigirte a un desconocido

Iniciar una relación con un desconocido puede resultar una hazaña imposible para muchas personas. Si eres de los tímidos que no ven nunca el momento de acercarse a alguien, siempre tienes la sensación de que molestarás y te da miedo fracasar en el intento, te estás perdiendo muchas oportunidades de conocer a gente interesante. Las personas solemos responder de forma agradable cuando quien se nos acerca resulta simpático y nos inspira confianza.

Si vives en una ciudad mediana o grande, puedes practicar esto cada día. Justamente en las aglomeraciones demográficas es donde tendemos más a cultivar el individualismo y el aislamiento. Dejamos de comunicarnos con la gente de nuestro alrededor. Recuerda que ante la densidad de población tendemos a protegernos con la indiferencia hacia los demás. Esto nos permite más movilidad e independencia, pero también nos convierte en seres ensimismados ajenos a lo que ocurre a nuestro alrededor.

Si eres tímido y te cuesta relacionarte con los demás, si romper el hielo o iniciar una conversación son acciones que te generan incomodidad, practica estos ejercicios de acercamiento. Te los pongo por nivel de dificultad. Estos ejemplos no están exclusivamente pensados para la seducción sexual, aunque también te pueden resultar útiles. Te aconsejo que te prepares una lista de fórmulas, que no estén muy trilladas, para iniciar una conversación, con distintos objetivos y en distintos ámbitos. Así, en el momento de actuar, no tendrás que hacer el esfuerzo de pensar en ello y podrás dedicar tu energía a otros aspectos del encuentro.

### En un supermercado

- Pregunta a alguien que esté en el mismo pasillo que tú dónde puedes encontrar determinado producto.
- Pregunta a alguien que esté cerca del producto que tú quieres comprar si te puede aconsejar en cuanto a marca y calidad.
- En la caja, coméntale a la cajera lo atareada que la ves y lo eficiente que es.

### En la calle

- Pregúntale a alguien si puede indicarte alguna dirección.
- En un barrio, busca a un autóctono y dile que no eres de la zona. Pídele que te aconseje un restaurante «bueno, bonito, barato».
- Ofrécete a ayudar a alguien: una mamá con un cochecito, una persona mayor a llevar unos paquetes, etc.
- Ofrécete a tomar una foto a unos turistas.

### En una exposición

Es mejor que te dirijas a personas que vayan solas, pues quizá estarán más predispuestas a entablar conversación.

- Sonríe a una persona con la que vas coincidiendo en el recorrido.
- Pregunta algo sobre el autor o sobre el tema y comenta lo interesante que es la exposición.
- Dirígete a alguien que te interesa con frases del tipo: «*Vaya, creía que a nadie más que a mí le interesarían estos fósiles*». «*No sabía que tuviéramos un pintor tan extraordinario en esta ciudad.*»

### En una cafetería

- Pide prestado el periódico.
- Pide permiso para sentarte a la misma mesa si no hay mesas disponibles.
- Pregunta a alguien dónde ha comprado un complemento, libro u otro objeto que te llame la atención, después de admirar su belleza o estilo.

- Elogia el buen comportamiento del perro que acompaña al vecino de mesa.
- Haz algún comentario positivo sobre los niños de al lado.

#### EN UN CONGRESO, ACTO DE *NETWORKING*, CURSO O CONFERENCIA

- Preséntate a las personas que se sientan a tu lado.
- Preséntate a una persona que admiras y no conoces personalmente.
- En el descanso, inicia conversación con otro asistente acerca del interés del encuentro, de lo agradable del edificio, del encanto de la ciudad, etc.
- Acércate al conferenciante y felicítalo por su ponencia.
- Y todo un reto: deja en el maletín y en modo silencio tu *smartphone* mientras dura el acto.
- Haz una pregunta en la parte del coloquio.

## Hablar en público

El conocimiento del tema y la preparación de la intervención son las claves del éxito ante la audiencia. Es decir, necesitamos conocer el mensaje y tener una buena estrategia para transmitirlo. Aunque no es suficiente. **Las habilidades de comunicación marcarán la diferencia entre transmitir unos contenidos y seducir a la audiencia.** Por eso es imprescindible tener estas habilidades bien desarrolladas. Y, como los deportistas, no es suficiente entrenar asiduamente para mantenerse en forma, sino que hay que ensayar cada vez que tengamos un acto especial.

## El ensayo

Ensayar es vivir con antelación la intervención que tenemos que hacer ante un público, con la ventaja de que aquí podemos equivocarnos, volver a empezar, rectificar las veces que sean necesarias. Cuando ya tengas el tema preparado, ensaya un par de veces con la mayor fidelidad posible el acto que tienes que realizar. Grábate en vídeo. Al visionar las imágenes te darás cuenta de todos los movimientos que has hecho (o no has hecho) durante la intervención. Y además comprobarás tus habilidades vocales.

¡No solo te recomiendo que ensayes, sino que te diría que es obligatorio! Estas son las razones:

1. **Pasar del pensamiento a la palabra no es tan fácil como parece.** Creemos tener muy claras las ideas, pero cuando queremos expresarnos no fluyen con facilidad, y menos en una situación de tensión como estar ante el público.
2. **Lo planificado sobre el papel tiene que someterse a prueba.** Si lo digo en voz alta, comprobaré la coherencia de la estructura y la cohesión de todo el discurso. Incluso con apoyo audiovisual, será necesario enlazar bien los contenidos y hacer unas buenas transiciones.
3. **Solo ensayando podrás saber el tiempo que tardas en pronunciar tu discurso.** Después del ensayo podrás recortar o ampliar para ajustar el discurso al tiempo de que dispongas en tu intervención.

Hay muchas más razones poderosas para ensayar tus intervenciones, pero permíteme insistir en la importancia de esta práctica para tener unos resultados excelentes. El lenguaje corporal es el reflejo de tus actitudes y tus emociones íntimas (que crees secretas). Pero casi siempre te delata incluso ante un público no entrenado en descifrar este lenguaje.

Cuando ensayas estás afianzando el contenido y después te resultará más fácil encontrar las palabras o expresiones para transmitirlo. Además te sentirás más seguro y tus movimientos y tu voz lo reflejarán.

Cuando estás pensando, buscando una palabra, un dato, una idea, los ojos se mueven y pierden el contacto visual con tu interlocutor, en este caso con el público. Este puede tener la sensación de que estás improvisando (cosa probablemente cierta) o de que no dominas mucho el tema. En cambio, cuando estás presente y has preparado lo que quieres decir, puedes mirar directamente a las personas del público, que tendrán la sensación de seguridad por tu parte y de que estás estableciendo un auténtico diálogo con ellas.

El ensayo del mensaje verbal es fundamental, pero no olvides ensayar los mensajes que quieres transmitir con el cuerpo y con la voz. El entusiasmo, la convicción, la credibilidad, la profesionalidad se transmiten más a través del cuerpo que de la palabra. Si eres natural, expresivo, coherente y seductor, el mensaje será mucho más eficaz. Incluso puede salvar una intervención mediocre en cuanto a contenido. Un contenido riguroso y brillante, en cambio, puede pasar desapercibido si el envoltorio no lo acompaña.

Pasamos, pues, a ensayar el movimiento para una intervención en público siguiendo todos los pasos.

**Entrada en escena.** Te recomiendo que en casa practiques yendo de la habitación hasta el salón, donde tienes a tu público imaginario esperando. Repítelo las veces que haga falta hasta que te encuentres cómodo en la forma de caminar y de entrar en la sala. Debes evitar:

- Tocarte la ropa o cualquier parte del cuerpo.
- Carraspear.
- Acicalarte.
- Caminar excesivamente deprisa.
- Mirar tus notas.
- Ponerte la carpeta delante del pecho cual escudo.
- Mirar el suelo.
- Dar la espalda al público al cerrar la puerta del salón.
- Empezar a hablar antes de colocarte en la posición del orador.

## Inicio

Una vez en el espacio que has imaginado como tu escenario, no te precipites. Colócate en el centro en un lugar muy visible. Coloca el cuerpo en la posición que has ensayado en el capítulo para estar de pie. Mira a tu público y sonríe. Cuenta mentalmente hasta cinco y empieza saludando. A partir de este momento, todas las miradas se centran en ti. Piensa que estás comunicando a dos niveles simultáneamente:

- **Consciente.** Contenido. Es el mensaje técnico, teórico, racional, muchas veces abstracto. Pueden ser datos, leyes, argumentos o hipótesis que no podrían ser expresados de ninguna forma sin la palabra.
- **Consciente e inconsciente.** Muchos gestos serán conscientes, pero la mayoría los hacemos sin darnos cuenta. Y el público los recibe también de manera inconsciente. Es decir, no los analiza racionalmente, pero la información le llega. Incluso le llega más adentro porque no hay filtro de ningún tipo. Esta información, por lo tanto, será lo que hará que tu mensaje sea creíble o no. Que tú seas creíble o no. Esta infor-

mación es acerca de tu actitud (eres entusiasta o no, eres emprendedor o no, tienes confianza en ti mismo, etc.), de tus sentimientos en este momento (miedo, decepción, alegría, ira, agresividad, dulzura, docilidad, etc.), de tu personalidad (sumisa, dominante, distante, cercana, etc.), de tu rol profesional y tu experiencia (cargo, trayectoria, poder, etc.), de tus intenciones respecto al público (buscar complicidad, embaucar, deslumbrar, presumir, etc.).

## Durante tu discurso o presentación

Para seguir con el ensayo una vez has entrado en el tema, puedes releer los consejos de la Segunda parte del libro sobre comunicación en público. Ten en cuenta que la posición corporal, la gesticulación, la mirada y la expresión del rostro son decisivas en una intervención.

## Final

El cierre de la intervención oral es otro de los momentos clave de la puesta en escena. El final puede ser decisivo en la respuesta del público y es la última impresión que se llevará de nosotros. No es fácil hacer un buen final sin haber preparado el mensaje y sin haber ensayado la forma de decirlo. Suele ser un momento incómodo porque sabemos que son las últimas palabras que pronunciamos. ¿Cómo practicarlo?

Antes de pronunciar las palabras de cierre que hayas preparado, vuelve a la posición de inicio, donde has empezado, y colócate otra vez en la posición VASE. Si tienes algún objeto en las manos, es mejor que lo dejes en la mesa. Respira y mantén una pausa mientras miras a tu público. Pronuncia la frase sin titubear y sin apartar la mirada del público. Cuando acabes, haz otra pausa y, finalmente, puedes pronunciar: «Muchas gracias». Con este ritual darás importancia y solemnidad a tu mensaje y estarás mostrando que tu ponencia tiene importancia desde principio a fin.

## La telegenia: una habilidad imprescindible

Grabar un vídeo o emitir en directo ya no son actos puntuales, sino que forman parte de las tareas cotidianas de muchas personas, aunque no sean *influencers*.

Millones de personas de todas las edades se ponen hoy frente a su móvil y graban mensajes para sus redes sociales: consejos, reivindicaciones, bromas, bailes, escenas triviales... Parece que una gran parte de la humanidad ha encontrado la fórmula para ser una estrella.

Aunque no es obligatorio estar en redes, sí nos encontramos muchas veces con que, en el plano profesional, necesitamos tener estas habilidades entrenadas. Porque nunca se sabe cuándo alguien nos pedirá una entrevista para un videopódcast, tendremos que promocionar nuestro propio producto o servicio, o necesitaremos grabar tutoriales como expertos en un tema. Hoy en día, incluso los periodistas te pueden pedir que les mandes un audio o un vídeo con las respuestas a sus preguntas.

Pero no a todo el mundo le resulta fácil hablar mirando a un objetivo, ni verse después y atreverse a publicarlo.

La telegenia es esta habilidad para «enamorar a la cámara», la capacidad para resultar atractivo en pantalla e influir en el público. Utilizábamos este término para referirnos a estas habilidades en la era de la televisión, y ahora lo aplicamos a todos los nuevos formatos audiovisuales que ya tienen más influencia que la televisión tradicional.

No te preocupes si todavía no dominas tu imagen audiovisual. Este don se puede cultivar. Influyen el aspecto físico, la expresión del rostro y los movimientos. Además, cuentan el interés del contenido, la facilidad de palabra, el entorno y también la edición del vídeo. Ahora, muchos de estos recursos están en nuestras manos. Por lo tanto, podemos aprovecharlos para conseguir los resultados deseados.

Para que nuestros materiales audiovisuales tengan éxito y nos procuren una buena reputación, tienen que estar alineados con el estilo y los valores de nuestra marca. Pueden ir de lo más divertido e informal a lo más técnico y serio. Pero lo recomendable es que siempre tengas todo bajo control y sea fruto de una planificación estratégica y de unas habilidades bien entrenadas.

Por eso, si eres de los que tienen aversión a la cámara o estás empezando en el formato vídeo, te animo a hacer los ejercicios que sugiero en el cuadro que hay a continuación. Ganarás confianza y manejarás mejor este recurso.

Lo que hemos visto en el apartado anterior sobre hablar en público sirve también en este caso, si quieres obtener vídeos con una cierta formalidad. Pero también puedes conseguir un efecto más cercano, divertido y espontáneo si rompes con estas pautas. Depende de para qué lo quieras, de tu público y del medio en que se publicará, porque no es lo mismo TikTok, Instagram o YouTube que un tutorial para un curso *online*.

Para obtener los mejores resultados, te recomiendo que antes de grabar una imagen que pueda ser distribuida en cualquier plataforma o red te plantees lo siguiente:

- ¿Por qué es beneficioso para ti ese vídeo? ¿Ganas visibilidad, te ayuda a posicionar tu marca, te proyecta como un referente en un tema...?
- ¿Qué imagen quieres transmitir? Profesional/no profesional, formal/informal, clásica/transgresora, cercana/distante, etc.

- ¿Dónde se publicará? Cada medio y cada red social tienen su estilo y su formato. No nos sirve la misma versión para todas las redes. La duración o la posición de la cámara, por ejemplo, es algo que tener en cuenta.

**Vamos a la práctica...**

- **Guion.** Por breve que sea el vídeo y fácil que consideres el mensaje, te aconsejo que prepares un guion, aunque sea de forma muy esquemática. Te dará seguridad y evitarás repeticiones.
- **Mentalización.** Tu estado de ánimo tiene que ser positivo, porque la energía se refleja de forma automática en tu cuerpo. Si es necesario, haz ejercicios de respiración o de relajación. Si necesitas concentrarte, aíslate por unos minutos y centra la mente en lo que vas a decir.
- **Conciencia del cuerpo.** Ponte delante del espejo para comprobar que tu cuerpo transmite positividad. Utiliza música animada para empaparte de buenas vibraciones. Mueve los músculos faciales y todo el cuerpo para evitar la rigidez. Puedes bailar un poco al ritmo de la música justo antes de encender la cámara.
- **Calentamiento vocal.** Realiza ejercicios para preparar la voz. Emite sonidos varios, canta, ensaya las frases que quieres decir. Mueve los músculos de la boca para mejorar la articulación y destensar la mandíbula.
- **Ensayo.** Te ayuda a sintetizar, a encontrar las palabras adecuadas y a tener claras las distintas escenas (si las hay).

  Ensaya los mensajes en voz alta. Primero, solo el contenido. Luego, desde el sitio donde te vas a ubicar: sentado, de pie, en movimiento...
- **Análisis.** Haz una primera grabación de prueba y obsérvate. Es muy probable que no estés satisfecho. ¿Qué puedes mejorar?
- **Imagen.** Elige bien el tipo de atuendo (grado de formalidad, por ejemplo) y los colores en función de lo que te favorezca y del escenario en el que grabas. Si es posible, ten preparadas dos o tres opciones y haz pruebas de imagen con la iluminación final. Prefiere colores que contrasten bien con el fondo y no distraigan.
- **Micrófono.** Si utilizas micrófono de solapa, lo más fácil es vestir camisa o chaqueta. Otros tipos de cuello (cisne, por ejemplo) dificultan la colocación del micro.
- **Iluminación.** Nunca te pongas a contraluz. La luz artificial es necesaria incluso cuando hay buena luz natural. Unos buenos focos que te iluminen frontalmente son necesarios para evitar sombras en el rostro.
- **Maquillaje.** Normalmente, la iluminación nos hace parecer más pálidos. Podemos resaltar nuestras cejas, pómulos y labios con un maquillaje discreto, pero que nos ayude a ganar expresividad. Hombres y mujeres podemos recurrir a trucos de maquillaje para resaltar la mirada o los labios, con colores neutros: crema de cacao para labios, maquillaje del color de tu piel para unificarla, polvos mates contra brillos, etc.

- **Lenguaje corporal.** También tenemos que pensarlo previamente y ensayarlo si hace falta. Porque es necesario encontrar el nivel de energía, el tono, el grado de informalidad o de formalidad que queremos dar al mensaje.

  Tu lenguaje corporal dependerá del plano que elijas. ¿El vídeo será vertical u horizontal? En general, cuanto más abierto sea, más movimiento puede haber de cuerpo entero. Si es más cerrado, como un primer plano, la atención se centrará en la expresión del rostro.

  En cuanto al plano medio (de cintura para arriba), te permite mover las manos ligeramente, con gestos coverbales y algunos gestos ilustradores. Recuerda siempre que te verán en un cuadradito (la pantalla) con unos bordes que no deberías sobrepasar. Cuando grabes, no dejes de tener presente el plano, que es el marco en el que se te verá.

  No juegues con objetos ni hagas gestos repetitivos que puedan distraer: son indicios de inseguridad o nerviosismo. Procura ser natural y crear la sensación en el espectador de que estás hablando con él.
- **Variedad de expresiones.** Cambia tus expresiones faciales de acuerdo con el mensaje para mantener el interés. Recuerda la importancia de la coherencia entre lo que decimos y cómo lo decimos. Buscamos variedad expresiva, pero no histrionismo (a no ser que sea parte del papel).
- **Mirada.** Tienes que conocer, en función de cada medio y formato, dónde debes mirar: al objetivo de la cámara cuando estás hablando ante un móvil o un ordenador, y directamente a la persona que te hace las preguntas si se trata de una entrevista.
- **Sonrisa.** Utiliza tu sonrisa para transmitir calidez y accesibilidad. Por lo menos al inicio del vídeo. No tienes que sonreír siempre y debes adecuarte al tema, pero recuerda que los rostros agradables nos atraen más y, por lo tanto, puede ayudar a captar la atención y a que tu vídeo reciba más visitas.

# EPÍLOGO

Acabo este libro con la ilusión de haber contribuido a ampliar tus conocimientos sobre la comunicación humana. No lo habría escrito si no estuviera convencida de que podía ofrecer una herramienta tan útil como los cursos que imparto, con la ventaja añadida de que puedes consultarlo las veces que lo necesites y ampliar su contenido a través de los vídeos que encontrarás en mi web y en mi canal de YouTube.

En este y muchos otros temas soy deudora del saber que encierran los libros. Soy lo que soy gracias a ellos porque, más que *saber*, me han aportado *sabiduría*: nuevos puntos de vista, motivación para actuar, capacidad de reflexión y la posibilidad de cambiar y de asumir nuevos retos. Me gustaría que *La gran guía del lenguaje no verbal* contribuyera también a tu proceso de crecimiento personal.

*La gran guía del lenguaje no verbal* es fruto de la selección y la recopilación de los conocimientos de los más importantes expertos en el tema y mi experiencia como consultora y entrenadora en habilidades. Las investigaciones sobre este tema avanzan cada día y nos permiten tener más herramientas para mejorar nuestras relaciones con los demás. Sin embargo, nos encontramos todavía en los albores de una ciencia que acaba de empezar y por ello deberemos estar atentos a nuevos descubrimientos. Ni el saber ni el desarrollo personal tienen límites.

Espero volver a encontrarte en otros libros y en otros medios, en la calidez del papel y en la luz de las pantallas, para compartir más y avanzar cada día.

# ALGUNOS LIBROS PARA APRENDER MÁS SOBRE COMPORTAMIENTO NO VERBAL


Baró, Teresa, *Guía ilustrada de insultos*, Barcelona, Paidós, 2014.

–, *Manual de la comunicación personal de éxito*, Barcelona, Paidós, 2015.

–, *Inteligencia no verbal*, Barcelona, Paidós, 2018.

–, *Imparables*, Barcelona, Paidós, 2021.

Burgoon, Judee K., Guerrero, Laura K., y Floyd, Kory, *Nonverbal communication*, Nueva York, Routledge, 2016.

Cuddy, Amy, *Presence*, Londres, Orion Books, 2016.

Darwin, Charles, *La expresión de las emociones en los animales y en el hombre*, Madrid, Alianza Editorial, 1998.

Ekman, Paul, *Cómo detectar mentiras*, Barcelona, Paidós, 2009.

–, *El rostro de las emociones*, Barcelona, RBA Libros, 2012.

Galindo, M.ª Mar, y Méndez, M.ª del Carmen (comps.), *La lingüística del amor*, Madrid, Pie de Página, 2022.

Gladwell, Malcolm, *Inteligencia intuitiva*, Madrid, Santillana, 2006.

Goleman, Daniel, *Inteligencia emocional*, Barcelona, Editorial Kairós, 1996.

–, *Inteligencia social*, Barcelona, Editorial Kairós, 2006.

Green, Robert, *The concise art of seduction*, Londres, Profile Books, 2003.

James, Judi, *La biblia del lenguaje corporal*, Barcelona, Paidós, 2010.

Linden, David J., *Touch*, Nueva York, Penguin Books, 2016.

López Pérez, Rafael M., Gordillo León, Fernando, y Gau Olivares, Marta, *Comportamiento no verbal*, Madrid, Pirámide, 2017.

Napp, Mark L., *La comunicación no verbal. El cuerpo y el entorno*, Barcelona, Paidós Comunicación, 1980.

Navarro, Joe, *El cuerpo habla*, Málaga, Editorial Sirio, 2010.

Pease, Alan y Barbara, *El lenguaje del cuerpo*, Barcelona, Amat, 2006.
–, *The body language of love*, Londres, Orion Books, 2012.
Turchet, Philippe, *El lenguaje del cuerpo*, Bilbao, Mensajero, 2004.
–, *El lenguaje de la seducción*, Barcelona, Amat, 2010.
Weisinger, Hendrie, *La inteligencia emocional en el trabajo*, Madrid, Vergara, 2001.